게임 개발자가 알려주는

유니티 게임 제작 입문

홍동희 지음

2D 플랫포머
게임, 슈팅게임
예제 제공

입문자를 위한
프로그래밍
연습

UNITY 6
대응
전면개정

AK IT

이 책을 구입해주셔서 감사합니다. 예제 코드 다운로드 방법 및 문의 방법에 대해 다음 사항을 참고해주시기 바랍니다.

저자 깃허브

책에 게시된 완성 예제 코드는 저자의 깃허브에서 다운로드할 수 있습니다.

https://github.com/proonan29/LearnUnity01/tree/main/Rev01

부록 데이터 다운로드 사이트

(주)AK커뮤니케이션즈의 홈페이지 자료실에서도 완성 예제 코드 파일을 다운로드할 수 있습니다. 부록 데이터는 허가 없이 배포하거나 웹 사이트에 게재할 수 없습니다.

http://www.amusementkorea.co.kr/

출판사 홈페이지 문의

(주)AK커뮤니케이션즈 홈페이지의 [고객센터]에서 1:1 문의를 이용해 주세요. 질문 내용에 따라서는 답변을 드리기까지 며칠 이상 기간이 요구되는 경우가 있습니다.

http://www.amusementkorea.co.kr/

게임 프로그래머라면 자신이 처음 만들어본 게임이 실제로 작동했을 때의 경이로운 느낌을 잊을 수 없을 것입니다. 게임 산업이 크게 발전한 현재에도 게임을 만든다는 것은 여전히 특별한 일입니다. 많은 사람들이 게임 개발자, 특히 게임 프로그래머가 되기를 원하지만 게임을 만들기 위해서는 일반적인 프로그래밍 지식 이외에도 게임과 관련된 전문적인 지식과 경험이 많이 필요합니다. 그러한 어려움은 '유니티 3D'라는 게임 엔진이 등장하면서 상당히 해소되었습니다. 그 때문인지 유니티는 현재 게임 시장에 출시된 게임엔진 중 가장 많이 사용되고 있다는 평가를 받고 있습니다.

이 책에서는 유니티를 이용해 게임 프로그램을 직접 개발할 수 있는 능력을 키우는데 초점을 맞추고 있습니다. 프로그래밍에 처음 입문하는 초보자들은 코딩을 공부하는데 어려움을 많이 겪는데, 자신의 실력에 맞는 좋은 예제를 많이 실습해보며 효과적으로 돌파해야 합니다. 차근차근 수준에 맞는 예제를 직접 작성해 보면서 자신이 원하는 프로그래밍 실력을 갖추게 하는 것이 이 책의 목표입니다.

지속적으로 새로운 버전을 발표하고 있는 유니티 엔진이 최근에 발표한 **유니티 6**는 새롭게 많은 기능이 추가되고 사용자 UI도 조금 바뀌었습니다. 이에 개정판에서는 유니티 6를 이용한 내용으로 기존의 내용을 새롭게 개편하였습니다. 그러나 기존의 내용 역시 유니티 입문자들을 위한 내용으로 반드시 배워야 할 중요한 내용으로 이루어져 있기 때문에 근본적으로 달라지는 부분은 없다는 것을 알려드립니다.

게임 개발에서 코딩을 너무 어렵게 생각하면 도중에 포기하게 됩니다. 천천히 그러나 용기를 가지고 게임 개발의 세계로 뛰어들어보세요. 이 책은 게임 개발의 입문자에게 용기와 지름길을 알려주는 좋은 친구가 될 것입니다.

2024년 12월
홍 동희

유니티 3D는 게임 개발에 사용되는 가장 보편적이고 강력한 게임 개발 엔진 플랫폼입니다. 게임 개발이라는 어려운 주제를 가지고 공부를 시작하신다면, 당연히 유니티 기초 과정을 잘 이해하고 습득하는 것이 중요할 것입니다.

해당 입문서는 30년 이상 게임 개발 경험과 2022년부터 최근까지 유니티 테크놀로지스 코리아에서 솔루션 개발 매니저로 활동하면서 쌓은 지은이 홍동희 님만의 통찰력과 노하우를 담고 있어, 많은 게임 개발 초심자들이 유니티를 잘 습득하여 더 좋은 게임을 만드는 개발자로 성장하는 계기가 될 것이라 생각됩니다.

유니티 테크놀로지스, 아시아 태평양지역 마케팅 부사장 김인숙

유니티 게임 개발에 입문하려는 개발자들을 위한 훌륭한 안내서입니다. 이 책은 초보자들도 쉽게 따라할 수 있는 예제와 실습을 가지고 있으며, 이를 통해 유니티 엔진의 핵심 개념과 프로그래밍 기법을 잘 소개하고 있습니다. 게임 제작의 전체적인 프로세스와 함께 유니티를 사용하여 창의적이고 흥미로운 게임을 만들어나갈 수 있는 방법을 알려 줍니다. 즐겁게 따라하면서 동시에 유익한 유니티 게임 개발을 학습하는 완벽한 지침서가 될 것입니다.

Tech Lead, Metacore Games. 홍성민(Chris Hong)

범용 게임엔진이 등장하기 전에는, 일부 개발자들만이 자신만의 엔진의 한계 내에서 게임을 제작할 수 있었습니다. 이후 유니티 3D의 출현으로 더 많은 사람이 쉽게 게임을 만들 수 있게 되었지만, 각 구성 요소의 필요성에 대한 깊은 이해는 종종 무시되곤 합니다. 이런 맥락에서, 업계의 선배이신 홍동희 님의 초보자를 위한 유니티 서적 출간은 매우 값진 일로, 그분의 오랜 경험에서 나온 노하우를 배울 훌륭한 기회가 되길 바랍니다.

원더스쿼드 대표이사, 서관희

프로그래밍에 대한 이론을 배우는 건 어렵지 않지만, 프로그래밍이 어려운 이유는 프로그래밍의 시작은 응용하는 것부터 비로소 시작되기 때문입니다. 따라서 프로그래밍 교재를 선택할 때 단순히 이론을 정리한 것보다 프로그래머로서 많은 경험과 노하우를 담아낸 책을 선택하는 것이 좋습니다.

저자께서는 1세대 게임 개발자로 폭넓은 경험을 하셨고 끊임없이 자기 발전을 위해 새로운 기술을 배우고 계시기에 단순히 유니티 프로그래밍에 대한 내용이 아닌 다양한 관점의 프로그래밍 노하우가 녹아 있습니다. 유니티 프로그래밍을 넘어 게임 개발자에게 도움이 되는 경험이 담겨 있는 책을 읽고자 하시는 분들께 추천드립니다.

글로벌게임연구회 회장, 동양대학교 게임학부 게임학 박사 남기덕 교수

제가 평소에 존경해오던 게임 1세대 개발자 홍동희 님의 유니티 입문자를 위한 서적이 출간됨을 진심으로 축하합니다. 예전에는 게임을 만드는 것이 기술적으로 난이도가 상당한 작업이었습니다. 현재에는 특히 유니티 게임엔진이 등장하여 보다 쉽게 게임을 개발하는 것이 가능해졌습니다.

특히 오랜 개발 경험과 교육 경력을 살린 시니어 게임 개발자가 집필한 입문서가 있다면, 게임 업계의 후학의 양성을 위해 긍정적인 결과가 있을 것으로 생각합니다.

한국게임정책학회 회장, 숭실대학교 이재홍 교수

게임산업이 불모지였을 때부터, 게임을 만들어 오신 홍동희 님의 유니티 게임 개발 입문 서적이 출간되게 되었습니다. 현재, 인디게임의 개발이 활발해지는 시점입니다. 좋은 인디게임의 개발을 위해서 게임 개발을 쉽게 인도해줄 좋은 가이드가 필요하다고 생각합니다. 이번에 나온 입문서는 초보 개발자들에게 게임 개발에 첫발을 딛기 위한 안내자 역할을 충분히 잘 할 수 있을 것으로 기대합니다.

(사)부산인디커넥트페스티벌 서태건 조직위원장

한국 인디게임 개발자들이 모바일 기반으로 게임을 제작할 때 가장 많이 사용하는 엔진이 유니티 3D입니다. 오랜 개발 경력을 가진 1세대 개발자이신 홍동희 님께서 오랫동안 준비하신 이번 입문서는 많은 모바일 게임 개발을 준비하는 개발자들에게 좋은 지침이 될 것으로 생각합니다. 게임 개발을 꿈꾸는 개발자들에게 새로운 세상을 활짝 열어주는 유니티 입문서가 출간되어 대한민국 인디게임 산업 발전에도 큰 도움이 될 것입니다. 다시 한번 서적 출간을 축하드립니다.

한국모바일게임협회, 황성익 회장

대한민국의 게임산업은 세계 4위의 거대한 시장으로 발전하였습니다. 그리고 여전히 수많은 게임 개발자들을 필요로 합니다. 훌륭한 게임을 만드는 작업은 단순히 기술적 수준으로 해결되는 것이 아니라 인문 · 사회 · 과학 · 예술 등 모든 분야의 지식이 결합된 콘텐츠를 제작하는 것입니다. 저자인 홍동희님은 대한민국 1세대 게임 개발자로서 수많은 게임 프로젝트를 제작하고 수많은 학생들에게 교육했던 경험을 기반으로, 이 시대에 필요한 유니티 프로그래밍 입문서를 여러분들에게 선보이게 되었습니다. 여러분들에게 기술만이 아닌, 영감과 감성이 결합한 게임을 제작하는 데 있어 뛰어난 안내서가 되기를 기원합니다.

(사)한국게임개발자협회 회장, 경기게임마이스터고등학교 정석희 교장

제가 중학교 때 '세균전'이라는 게임을 매우 재미있게 즐긴 적이 있습니다. 그 게임을 만드신 게임 업계의 대선배님께서 유니티 책을 쓰셔서 정말 기쁩니다. 게임 제작에 유니티를 빼놓고는 이야기를 할 수 없는 시대가 되었습니다. 특히 모바일 게임, 개인 개발, 인디게임 제작에는 유니티가 매우 강력합니다. 또한 학생도, 초보자도 세상을 뒤흔드는 게임을 제작할 수 있는 세상이 되었습니다. 거기에는 너무나도 쉽고 빠르게 게임을 제작할 수 있는 유니티 엔진이 정말 큰 역할을 하고 있습니다.

이 책은 입문서입니다. 유니티가 무엇인지도 모르는 사람이 따라 하면서 게임 개발을 할 수 있도록 세심히 설계되었다고 생각합니다. 끝까지 정독하실만한 가치가 충분히 있으며, 그렇게 하신다면 자신의 게임을 제작하는 데 큰 기반이 될 것입니다.

한국콘텐츠진흥원 게임인재원 김주환 전임교수

목차

Chapter 01

유니티 개발자가 되기 위한 첫걸음

유니티의 개념 및 사용 방법에 대해 알아봅시다.

이 장의 핵심

- 유니티 게임엔진의 구성을 알아봅시다.
- C# 스크립트에 대해 알아봅시다.
- 유니티 공부의 핵심을 알아봅시다.

유니티는 게임엔진입니다. 게임엔진이란 게임을 만들 때 필요한 엔진 라이브러리 및 게임 제작에 필요한 기능을 모아 놓은 에디터입니다. 유니티는 아주 인기 있는 게임엔진으로 현재 게임 시장의 약 70%를 점유하고 있다고 알려져 있습니다.

유니티는 게임을 비롯한 2D, 3D 그래픽을 지원하는 앱을 만드는 데 탁월한 플랫폼입니다. 특히 최근 메타버스(3D 그래픽을 이용한 가상 세계)를 구축하는 데 많이 사용되면서 유니티의 인기와 효용성이 더 높아졌습니다.

유니티로 할 수 있는 일

유니티는 모바일 게임, 데스크탑 게임을 비롯해 각종 메타버스 관련 앱(VR, AR 앱)을 만드는 데에도 많이 사용됩니다. 유니티는 여러 운영체제 및 데스크탑 및 모바일을 동시에 지원하는 하이브리드 앱 플랫폼입니다. 즉 유니티를 이용하면 윈도우, 맥OS, 안드로이드, iOS, 스팀 등 다양한 운영체제의 게임을 한 번에 개발할 수 있습니다.

유니티는 게임을 만드는 데 최적화되어 있지만 탁월한 3D 그래픽 능력을 이용해 자율주행이나 공장 자동화 등의 시뮬레이션 관련 산업에서도 사용됩니다. 향후 적용할 수 있는 분야가 아주 많습니다. 예를 들어 현실에 존재하는 물체를 가상 환경에서 똑같이 구현하여 사용하는 방법이 있습니다. 새로운 자동차를 개발할 때 실물 자동차를 만들어 테스트한다면 시간과 비용이 많이 들지만, 유니티를 이용하여 가상의 자동차를 만들고 테스트한다면 시간과 비용을 크게 줄일 수 있습니다. 실제와 동일한 존재를 가상 공간에 만드는 것을 디지털 트윈(digital twin)이라고 합니다.

▲ 디지털 트윈 개념도 : 가상의 자동화된 공장

유니티를 잘 사용하기 위해 필요한 것

유니티의 고수가 되기 위해서 가장 필요한 것은 스크립트를 이용한 프로그래밍 능력입니다. 특히 C# 언어를 이용하여 유니티가 제공하는 여러 기능을 잘 사용하는 것이 중요합니다. 두 번째는 유니티가 제공하는 여러 부가 기능을 파악하는 일입니다.

유니티의 기본 스크립트 언어는 C#입니다. C#은 C++에서 파생되었고 프로그래밍의 형식은 C++, 자바와 상당히 흡사합니다. 이 언어는 마이크로소프트에서 C++보다 쉽게 윈도우 프로그래밍을 지원하기 위해 만들어진 언어입니다. 일반적으로 초보자들에게 골칫거리인 포인터를 배제하였으므로 C++보다 사용하기 편리하다고 할 수 있습니다. 만일 C++을 이미 배워본 경험이 있는 독자라면 쉽게 C#을 습득할 수 있습니다. 반대로 프로그래밍을 전혀 접해본 적이 없는 초보자라도 C++보다는 쉽게 접근할 수 있습니다.

유니티로 게임을 만들기 위해서 스크립트의 사용은 필수입니다. 모든 오브젝트의 제어는 스크립트를 통해서 가능하므로, 유니티 게임 프로그래밍을 배우는 것은 바로 C#을 잘 사용하는 방법을 배우는 것을 말합니다.

유니티 게임엔진 라이브러리

유니티가 가진 기능을 C#을 이용하여 컨트롤하는 것이 유니티 공부의 핵심입니다. 유니티는 2D, 3D, 배경, 셰이더(Shader), 입력 및 사운드와 관련된 다양한 라이브러리(기능)를 제공합니다. 해당 내용은 매우 방대하지만 예제 게임을 통해 차근차근 필요한 내용을 배울 수 있습니다.

3장에서부터 유니티가 제공하는 여러 기능에 대해 설명할 예정입니다. 이후 예제를 직접 만들어 보면서 게임엔진을 효과적으로 이용하여 원하는 게임을 만드는 방법을 배우게 됩니다. 앞으로 다룰 내용은 아래와 같습니다.

- 유니티 프로젝트 생성
- 게임 오브젝트의 개념
- 2D 게임 프로젝트
- 사용자 입력의 처리
- 물리엔진의 이용
- 사용자 인터페이스(UI)의 제작과 사용
- 다양한 게임 관련 기술

- 유니티 에디터 세부 사항
- 오브젝트의 배치 및 원하는 Scene의 제작
- 스프라이트 사용 방법
- 프리팹의 제작 및 사용
- 사운드 효과 및 배경음악의 처리
- 파티클 시스템

TIP 여러 가지 예제를 통해 C#을 배우는 것도 이 책에서 추구하는 주요 목표 중 하나입니다. 능력 있는 유니티 개발자가 되려면 C# 언어를 잘 사용할 수 있어야 합니다. 책에 나오는 예제를 열심히 따라서 만들어보면 실력이 금방 늘어납니다.

유니티는 게임 개발을 위한 인기 있는 게임엔진으로 알려져 있습니다.

2D, 3D 그래픽을 지원하며 모바일 게임, 데스크탑 게임, 메타버스 앱 등 다양한 플랫폼에서 개발할 수 있습니다. 유니티는 게임을 비롯한 다양한 분야에서 활용되며, 디지털 트윈 개념을 통해 현실을 가상 환경에서 구현하는 것도 가능합니다. 유니티를 잘 사용하기 위해서는 C# 프로그래밍 능력과 유니티의 기능을 이해하는 것이 필요합니다. 유니티는 다양한 기능과 라이브러리를 제공하며, 예제를 통해 C#을 배울 수도 있습니다.

학습 포인트

- 유니티 게임엔진의 특징
- 유니티로 할 수 있는 일
- 유니티를 잘 사용하기 위한 방법
- C# 스크립트의 개요
- 유니티 라이브러리

Chapter 02

유니티로
게임 개발 시작하기

유니티를 공부하기 위해서 제일 먼저 해야 할 일은?
당연하지만 유니티를 설치하는 것입니다.

이 장의 핵심

- 먼저 유니티 허브를 설치해야 합니다.
- 유니티 허브에서 유니티 버전을 선택하고 옵션을 설정합니다.
- 유니티를 설치해본 적이 있고 각종 프로그램의 설치에 자신이
  있는 사람들은 3장으로 이동하세요.

유니티를 사용하기 위해서는 유니티에 가입한 뒤 유니티 허브, 비주얼 스튜디오, 안드로이드 및 iOS 모듈을 설치해야 합니다.

유니티 회원 가입하기

먼저 자신의 개인 이메일을 이용하여 유니티 사이트에 가입하여야 합니다. 이것은 유니티 허브를 통해 유니티를 설치하는 도중에 진행해도 됩니다.

01 유니티 웹사이트(unity.com/kr)에서 오른쪽 상단의 회원 아이콘을 클릭한 뒤 [Unity ID 만들기]를 클릭해 회원 등록을 신청합니다.

02 이메일을 이용하여 회원으로 등록합니다. 이메일, 사용할 암호, 사용자 이름, 법적인 이름을 입력합니다. Required라고 되어 있는 모든 필수 요소에 체크합니다. [Create a Unity ID] 버튼을 클릭해 유니티 회원 ID를 생성합니다.

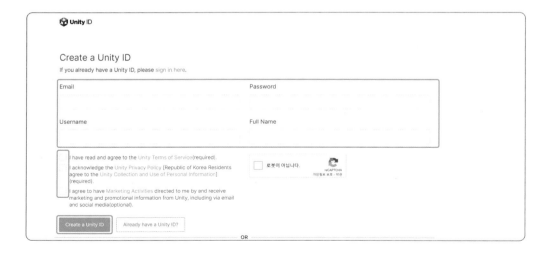

유니티 허브와 유니티 설치하기

유니티는 버전 업그레이드가 자주 이뤄지는 소프트웨어입니다. 1년에도 몇 번씩 새로운 버전이 출시되므로 어떤 버전을 사용할 것인가에 대해서 한 번쯤 생각해봐야 합니다. 이렇게 자주 신버전이 출시되므로 설치를 쉽게 도와주는 프로그램이 도입되었는데 이것이 바로 유니티 허브(Unity Hub)입니다.

유니티 허브는 유니티 홈페이지(unity.com/kr/download)에서 다운로드합니다. 윈도우, 맥OS, 리눅스 버전이 있으므로 자신이 사용하는 컴퓨터의 운영체제(OS)에 맞추어 선택합니다. 다음은 윈도우 운영체제를 사용할 때 유니티 허브를 설치하는 방법입니다.

01 윈도우 버전이라면 [Windows용 다운로드] 또는 [Download for Windows]를 클릭해 유니티 허브를 다운로드합니다. 다운로드된 유니티 허브 설치 파일을 실행합니다. 다운로드 버튼을 이용하거나 탐색기의 다운로드 폴더를 이용합니다.

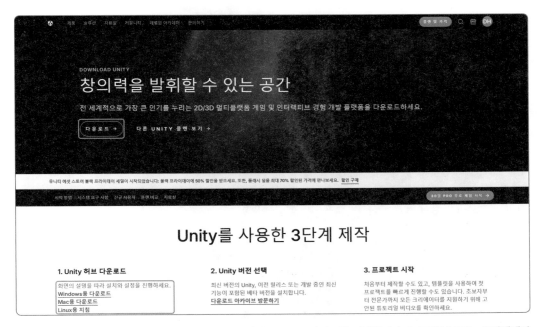

TIP 윈도우 운영체제에서 유니티를 설치할 때는 일반적으로 C: 드라이브를 권장합니다. C: 드라이브에는 운영체제가 설치되어 있으며 보통 속도가 빠른 SSD가 기본적으로 장착되기 때문입니다.

02 다음 과정을 거쳐 유니티 허브를 설치합니다.

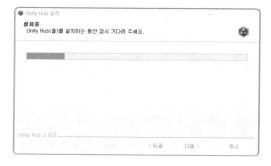

03 유니티 허브 창이 나타나면 [Sign in] 버튼을 클릭하고 앞서 가입한 유니티 계정으로 로그인 합니다. 로그인은 자동으로 유니티 홈페이지에서 진행됩니다.

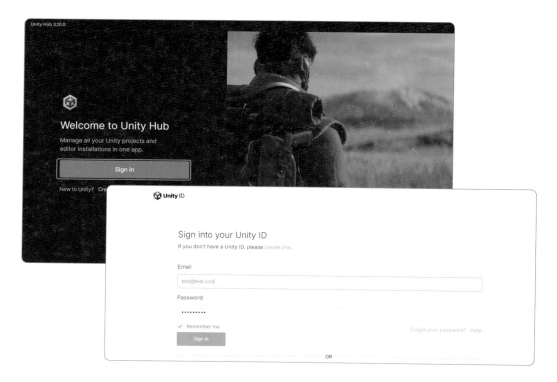

04 [Skip installation]을 클릭합니다. 다음 화면에서 [Agree and get personal edition license] 버튼을 클릭합니다.

TIP 유니티에는 무료 버전과 상용 버전이 있습니다. 공부를 위해서라면 무료인 개인(Personal) 버전을 권장합니다. 나중에 상용화를 준비하거나 수익이 생기면 플러스(Plus) 또는 프로(Professional) 버전으로 업그레이드할 수 있습니다. 이 책에서는 게임 프로그래밍 공부를 위해 개인 버전으로 강의를 진행합니다.

05 [Installs]를 클릭하고 [Install Editor] 버튼을 클릭합니다.

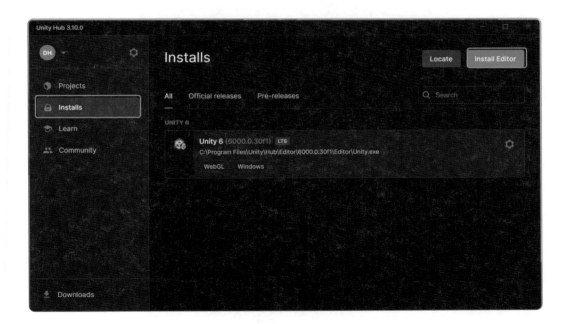

06 자신이 사용할 유니티 버전을 골라서 선택합니다. 유니티를 설치하는 시점에 따라 여러 버전이 있습니다. 유니티 허브를 이용해 가급적 LTS(Long Term Support)의 최신 버전을 설치합니다. LTS 버전이란 사후 지원이 장기간 계속되는 안전성이 높은 장기 지원 버전을 말합니다.

이 책에서는 최신 버전의 유니티 6 (6000.0.28) LTS 버전을 사용합니다. 하지만 반드시 이 책과 동일한 버전을 사용할 필요는 없습니다. 일반적으로 유니티 허브가 권장하는 가장 최신 버전을 설치하면 됩니다.

07 다음 화면에서 모듈을 설치합니다. [Android Build Support], [iOS Build Support]에 체크하고 스크롤을 내려 LANGUAGE PACKS에서 [한국어]에도 체크한 뒤 [Continue] 버튼을 클릭합니다.

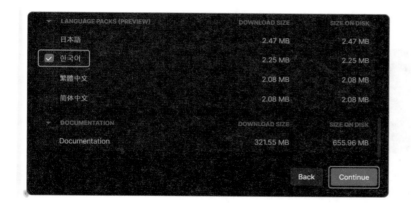

08 라이선스 확인 여부에 체크한 뒤 [Continue] 버튼을 클릭합니다. 안드로이드 SDK, NDK 라이선스의 확인 여부에도 체크한 뒤 [Install] 버튼을 클릭합니다.

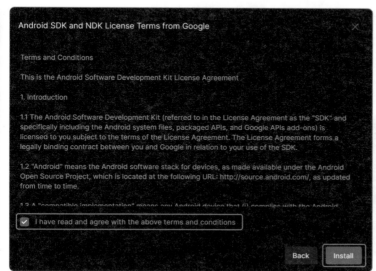

TIP 유니티 에디터에서 만든 게임을 스마트폰이나 태블릿 PC(안드로이드 혹은 iOS)에서 실행하려면 유니티 허브에서 위와 같은 모듈을 설치해야 합니다. 혹은 나중에 필요할 때 별도로 설치할 수도 있습니다. 자신의 컴퓨터가 윈도우 운영체제라면 안드로이드 모듈을, 애플 맥OS라면 iOS 및 안드로이드 모듈을 함께 설치하는 것이 좋습니다.

09 유니티 설치가 진행됩니다.

TIP 설치가 제대로 완료되지 않는 경우, 유니티 웹사이트 다운로드 아카이브인 https://unity.com/kr/releases/ editor/archive에서 직접 원하는 버전을 찾아서 다운로드 할 수 있습니다.

유니티 허브에서 환경 설정

01 유니티 허브에서 [Preferences] 아이콘을 클릭하고 [Projects]에서 'Project location'에서 프로젝트 위치를 지정합니다. 윈도우의 경우 작업 폴더는 원칙적으로 운영체제가 있는 C: 드라이브를 사용하고 있습니다. C: 드라이브에 SSD가 장착되어 있고 남아 있는 용량이 충분한 경우 작업 폴더를 C: 드라이브에 지정해줍니다. 반대로 컴퓨터에 D: 드라이브가 장착되어 있고 SSD인 경우 D: 드라이브를 작업 폴더로 지정하는 것이 좋습니다.

TIP 특히 작업물이 있는 프로젝트 폴더의 관리는 매우 중요합니다. 백업을 해놓지 않으면 소중한 프로젝트가 날아갈 수 있습니다. 프로젝트의 경로를 기억하기 쉬운 곳으로 하는 것이 좋습니다. 내가 만든 유니티 프로젝트가 어디에 존재하는지 아는 것은 매우 중요합니다. 가급적 프로그래밍 관련 폴더는 **영문만을 사용하는 것이** 좋습니다!

02 [Installs]를 클릭하고 유니티 프로그램을 설치하는 폴더를 지정합니다. 가급적 SSD가 장착된 드라이브에 유니티 프로그램과 필요한 모듈을 설치합니다. 이렇게 설치해야 유니티의 작동 및 프로젝트 불러오기가 빨라집니다.

유니티 프로젝트 폴더를 지정할 때 SSD의 용량이 충분하다면 SSD가 장착된 드라이브를 선택합니다. 용량이 충분하지 않다면 HDD가 장착된 드라이브를 선택합니다. 프로젝트 폴더를 설치할 드라이브는 남아 있는 용량을 우선으로 선택하는 것이 좋습니다.

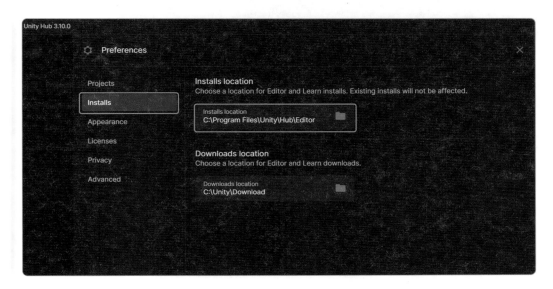

03 [Appearance]에서 [Language]를 [한국어]로 변경합니다.

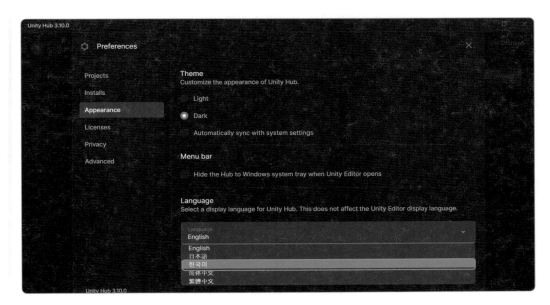

04 유니티 허브의 설치 및 원하는 버전의 유니티 에디터와 모듈의 설치를 마쳤다면 이제 유니티 허브에서 첫 번째 프로젝트를 만들 수 있습니다. 이제부터 유니티 게임 에디터를 사용하여 간단한 샘플 게임을 만들어 볼 수 있습니다.

비주얼 스튜디오 설치하기

유니티는 C#을 프로그래밍 스크립트 언어로 사용합니다. C#은 마이크로소프트가 개발한 프로그래밍 언어로 C++, 자바와 유사점이 많습니다. 이 언어를 사용하기 위해서 비주얼 스튜디오 (Visual Studio)라는 개발 툴을 사용합니다. 유니티를 사용하기 위해 이 프로그램은 반드시 설치해야 하며, 유니티를 설치할 때 유니티 허브가 함께 설치해줍니다.

01 브라우저를 열어 'Visual Studio'를 검색해서 웹사이트(visualstudio.microsoft.com/ko)에 접속합니다.

02 비주얼 스튜디오를 사용하기 위해서는 마이크로소프트에 이메일을 이용한 사용자 등록을 해야 합니다. 그런 다음 다운로드 항목에서 무료 버전인 커뮤니티(Community)의 [Visual Studio 다운로드]를 클릭하여 비주얼 스튜디오를 다운로드합니다.

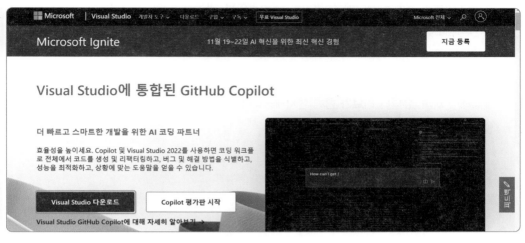

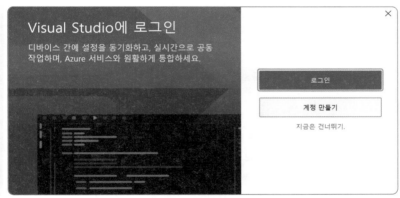

TIP 비주얼 스튜디오는 최신 버전인 2022 버전을 사용하는 것을 권장합니다. 특히 2022 버전은 2019 버전에 비해 프로그래밍 단계에서 코드 추천 기능이 대폭 강화되었습니다. 이 기능을 이용하면 코딩이 매우 편리합니다.

2장 같이 정리해보기

유니티 사용을 위해 유니티에 가입하고, 유니티 허브, 비주얼 스튜디오, 안드로이드 및 iOS 모듈을 설치해야 합니다. 회원 가입은 유니티 사이트에서 진행되며, 유니티 허브를 통해 설치를 도와줍니다. 유니티 허브를 설치한 후 원하는 버전의 유니티 에디터와 필요한 모듈을 선택하여 설치합니다. 비주얼 스튜디오는 C# 스크립트 언어를 사용하기 위해 설치해야 하며, 유니티 허브가 함께 설치해줍니다. 설치 과정을 완료하면 유니티를 사용할 준비가 됩니다.

학습 포인트

- 유니티 허브 설치
- 유니티 에디터 설치
- 유니티 회원 가입하기
- 비주얼 스튜디오 설치하기
- 각종 필요한 모듈 설치
- 유니티 허브 환경 설정

Chapter 03

유니티 프로젝트 생성 및 에디터 화면 구성

유니티 에디터의 세부적인 기능 및 사용 방법에 대해 알아봅시다.

이 장의 핵심

- 유니티 게임 에디터의 화면 구성을 알아봅시다.
- 유니티 에디터를 이용하여 오브젝트를 배치합니다.

유니티 프로젝트 생성하기

이전에 설명한 대로 유니티 허브, 유니티 에디터 및 비주얼 스튜디오가 설치되었다
면 유니티 에디터를 실행시켜 간단한 예제를 만들어볼 수 있습니다. 먼저 유니티 허
브를 실행시킵니다. 유니티 허브의 아이콘은 오른쪽과 같습니다.

01 유니티 허브의 오른쪽 상단의 [새 프로젝트]를 선택합니다.

02 템플릿에서 Universal 3D를 선택합니다. 프로젝트 이름을 입력합니다. DemoGame1을 입
력합니다. 템플릿 형식은 Universal 3D를 이용하며 [프로젝트 생성] 버튼을 클릭해서 첫 번째
프로젝트를 생성합니다. 일단 unity Cloud 및 Version Control은 사용하지 않습니다.

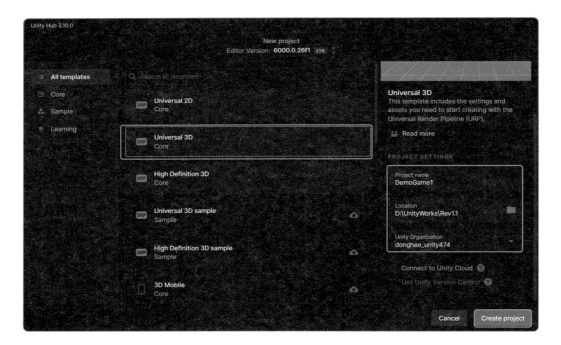

03 이제 프로젝트가 새로 생성되고 유니티 에디터의 기본 화면이 나타납니다.

유니티 에디터의 화면 구성

앞서 말한 대로 유니티를 실행하면 먼저 에디터 화면이 나타나는데 각 화면의 구성이 의미하는 바는 아래의 설명과 같습니다. 각 부분에 대해 너무 자세하게 설명하는 것보다 실제로 작업하면서 각 화면의 사용법을 익히는 것이 좋습니다. 화면의 레이아웃(창의 위치)은 바꿀 수 있습니다.

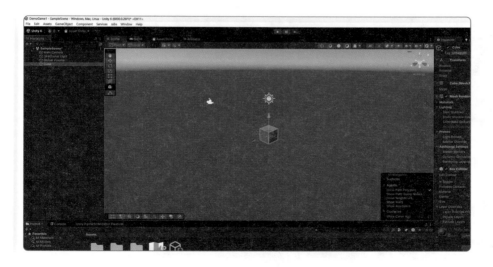

Scene 화면과 게임 화면

Scene 화면은 게임에 사용되는 모든 오브젝트를 배치하기 위한 화면입니다. 이것은 영화 촬영 장면을 생각하면 됩니다. Scene에서는 카메라, UI, 게임 오브젝트를 비롯한 모든 구성요소의 배치를 확인하여 조작할 수 있습니다. 게임에 사용될 장면을 편집하고 오브젝트를 배치할 수 있는 화면입니다.

반대로 게임 화면은 최종적으로 관객이 보게 되는 완성된 장면을 미리 보여주는 화면입니다 여기서는 카메라 또는 오브젝트를 수정하거나 인식할 수 없습니다. 게임 화면은 실제 게임이 실행되었을 때 나타나는 화면입니다. PC 또는 디바이스(휴대폰)에서 실행될 때 나타나는 최종 게임 화면과 같습니다.

오브젝트의 위치나 속성 등을 이동하고 조작할 수 있습니다. 게임에 등장하는 화면을 편집하는 실습은 이후에 예제를 만들 때 다시 다루겠습니다.

게임을 개발할 때 배경 오브젝트를 설치하거나 플레이 도중 오브젝트들의 위치를 확인하는 것도 바로 Scene 화면에서 이루어집니다. 영화의 배경이 되는 스테이지 작업을 생각하면 이해가 쉽게 될 것입니다.

Scene 화면에서 게임에 사용되는 물체를 생성하여 배치하거나 위치를 수정하고 크기를 조절하며 회전시키는 등의 작업이 가능합니다. 아래의 그림에 있는 버튼을 사용하여 원하는 기능을 사용할 수 있습니다.

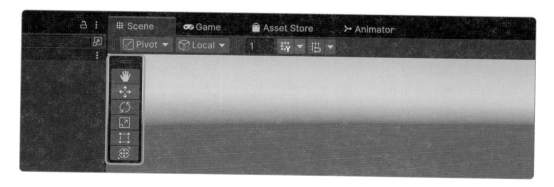

첫 번째 버튼인 핸드 툴(Hand Tool, )은 Scene 전체를 이동시키는 3D 지도 모드로 생각하면 됩니다. 핸드 툴을 선택한 상태에서 마우스를 이용한 동작은 다음과 같습니다.

- 왼쪽 버튼은 화면을 수평 이동할 수 있습니다.
- 오른쪽 버튼을 화면을 회전시킬 수 있습니다.
- 가운데 버튼/스크롤 버튼은 화면을 상하 이동시킬 수 있습니다.
- 스크롤 휠은 화면을 확대 또는 축소할 수 있습니다.

나머지 버튼의 사용은 4장에서 실습을 통해 다룹니다.

Game 화면

게임 화면은 Scene에서 만든 화면이 실행시켰을 때의 모습을 보여줍니다. 최종 사용자에게 보여지는 게임화면으로, 여기서는 사용자가 오브젝트를 변경하는 등의 작업을 하지 않습니다.

[플레이] 버튼을 누르면 실행 모드에서 키보드 및 마우스를 이용해 게임을 실제로 플레이해 볼 수 있습니다.

Project 화면

프로젝트는 현재 프로젝트가 저장된 폴더의 내용을 보여줍니다. 일반적으로 유니티를 사용할 때는 프로젝트 하나당 하나의 폴더를 생성합니다. 그 프로젝트 폴더 안에 Scene, C# 스크립트, 스프라이트, 3D 모델링, 이미지, 사운드 등 게임 제작에 필요한 모든 파일 및 폴더를 추가할 수 있습니다.

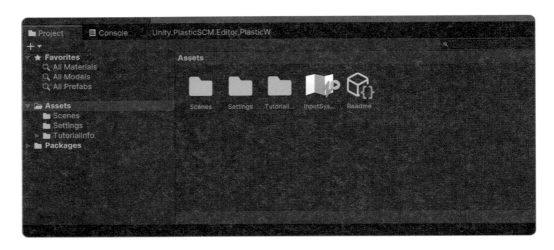

Hierarchy 창

현재 Scene에 존재하는 모든 게임 오브젝트를 보여주는 화면입니다. 여기에는 카메라를 비롯해 모든 UI 요소와 조명, 배경과 캐릭터를 포함한 등장하는 모든 게임 오브젝트가 나타나 있습니다. 게임 오브젝트를 선택하여 내용을 편집하고 싶을 때 이 화면에서 원하는 이름을 골라 간편하게 선택할 수 있습니다.

Inspector 창

Inspector 창은 하나의 오브젝트의 상태를 지정하기 위한 화면입니다. Hierachy 창에서 선택한 오브젝트의 상세한 내용을 확인하거나 수정할 수 있습니다.

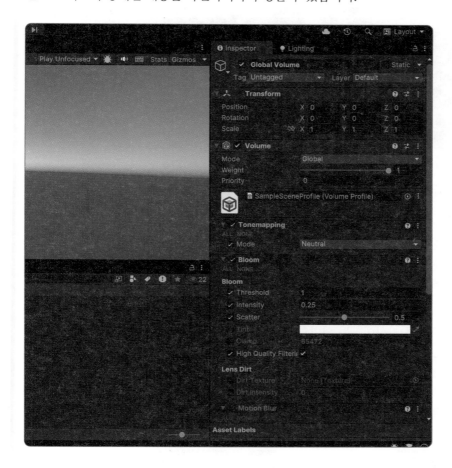

기본적으로 모든 게임 오브젝트는 위치, 회전, 크기와 같은 트랜스폼(Transform) 정보를 가지고 있습니다. 트랜스폼과 모든 기능을 담당하는 여러 컴포넌트의 정보도 Inspector 창에서 확인하고 수정할 수 있습니다. 스크립트 관련 컴포넌트를 추가, 삭제, 수정하는 것도 여기서 할 수 있어서 게임 개발 과정에서 Inspector 창을 자주 사용하게 됩니다. 컴포넌트에 대해서는 4장에서 조금 더 자세히 설명합니다.

Console 화면

Console 화면은 게임의 실행에서 발생하는 디버그 관련 메시지를 표시합니다. 이것을 이용하여 게임의 실행 도중 나타나는 문제를 찾을 수 있습니다. 자동차의 운행정보 계기판 같은 의미로 생각하면 됩니다. 스크립트의 문제로 오류가 있거나 경고가 나타나는 경우 이곳에 다양한 메시지가 표시됩니다.

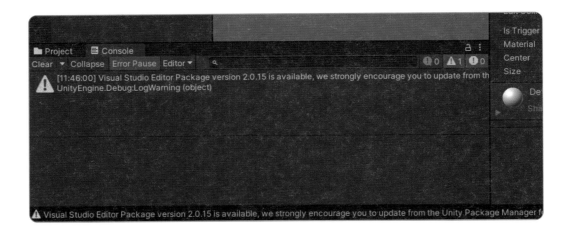

스크립트를 이용하여 프로그램을 작성할 때 경고 및 오류가 이곳에 나타납니다.

에셋 스토어

유니티로 게임을 만들 때, 그래픽 요소를 가지는 다양한 게임 오브젝트가 필요합니다. 사운드 및 배경음악이 필요한 경우도 있습니다. 유니티에서는 이렇게 외부에서 가져올 수 있는 그래픽, 사운드, 프로그램의 요소를 자산이라는 의미의 에셋(asset)으로 표현합니다. 에셋은 직접 만들 수 있지만 남들이 만든 것을 무료로 이용하거나 구매하여 사용할 수도 있습니다.

유니티 에디터에서 에셋 스토어를 이용하려면 [Window] → [Asset Store]를 선택한 뒤 크롬이나 사파리 등의 웹 환경에서 유니티 에셋스토어를 이용합니다.

에셋 스토어에서 원하는 카테고리를 선택하여 검색할 수 있습니다.

카테고리 아래쪽에는 원하는 가격을 설정할 수 있으며 '무료 에셋'을 선택하면 무료로 제공되는
에셋만 따로 검색할 수 있습니다.

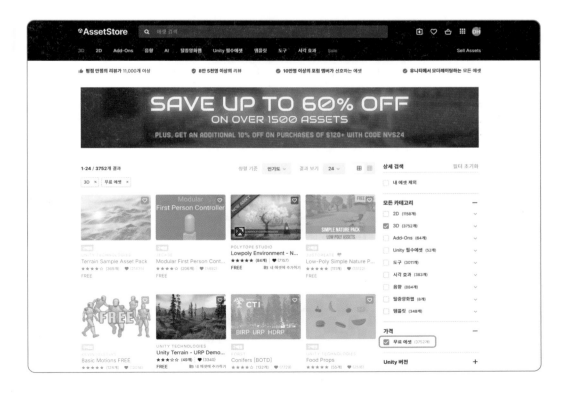

에셋 스토어에서 제공되는 무료 에셋을 사용하여 예제 게임을 쉽게 만들어볼 수 있습니다. 또한 유니티에서 제공하는 게임 프로그래밍 예제도 [내 에셋에 추가하기]를 클릭하면 무료로 다운로드해 공부할 수 있습니다. 무료 에셋을 포함한 에셋의 구입은 에셋 스토어에서 즉시 이루어지며 구입된 모든 에셋은 바로 유니티로 불러와 사용할 수 있습니다.

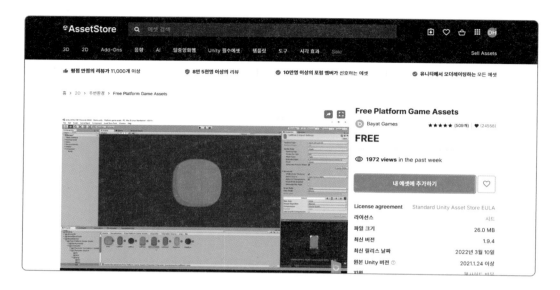

아직 구매하지 않은 무료 에셋은 [승인] 버튼을 클릭한 뒤 [Unity에서 열기] 버튼을 클릭하면 에셋 스토어에서 구입한 에셋을 유니티에서 열어볼 수 있습니다.

이미 구매한 에셋은 [unity에서 열기] 버튼을 눌러, 나타난 팝업에서 [Unity Editor 열기] 버튼을 이용하여 에디터로 가져올 수 있습니다.

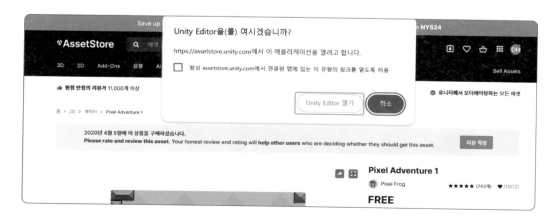

패키지 매니저

이제 유니티 에디터에서 패키지 매니저가 나타나면서 에셋 스토어에서 구입한 에셋을 유니티로 가져올 수 있습니다.

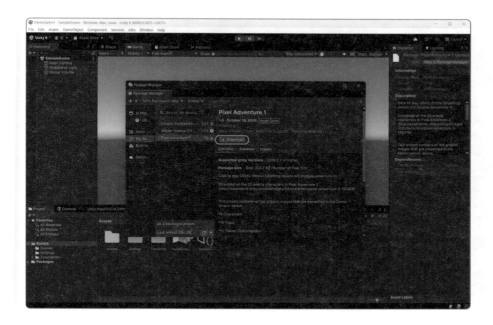

유니티 에디터에서 패키지 매니저가 나타나면, 설명란의 [Download] 버튼을 누릅니다. 다운로드가 완료되면 설명란의 버튼이 [Import to project]로 바뀝니다. [Import to project]를 클릭하면 에셋이 로딩되면서 불러오기 화면이 나타납니다.

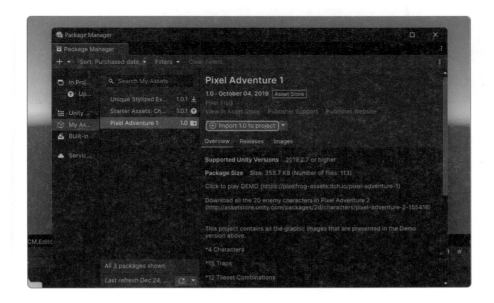

Import가 완료되면 불러온 에셋에서 원하는 것을 선택하는 화면이 나타납니다. 일반적으로 모든 항목을 선택하여 팝업 하단의 [Import] 버튼을 눌러 프로젝트로 가져옵니다.

이것으로 구매한 에셋이 현재의 프로젝트에 추가됩니다. Project 창에서 추가된 폴더를 확인할 수 있습니다.

패키지 매니저는 유니티 에디터의 상단 메뉴 [Window] → [Package Manager]에서도 불러올 수 있습니다.

Project Settings

프로젝트에 대한 설정은 유니티 에디터의 [Edit] → [Project Settings]에서 불러올 수 있습니다. 여기서는 빌드할 프로젝트의 명칭 등 다양한 설정을 할 수 있습니다.

이것에 대한 자세한 설명은 게임 빌드 부분에서 따로 상세하게 다룹니다.

Build Profile / Build Settings

빌드 설정은 유니티 6 에디터의 [File] → [Build Profile] 또는 이전 버전의 [File] → [Build Settings] 메뉴에서도 불러올 수 있습니다. 여기서는 빌드(build)될 실행 파일의 명칭이나 여러 가지 설정을 변경할 수 있습니다. 이것에 대한 자세한 설명은 이후 게임 빌드 부분에서 따로 상세하게 다룹니다.

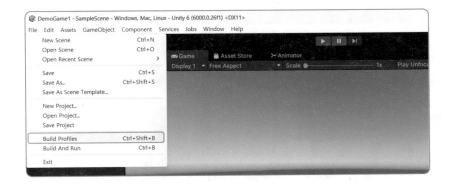

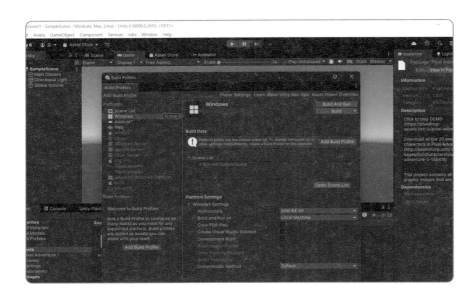

기본 빌드 설정은 Windows 또는 macOS이지만 안드로이드, iOS로 빌드 설정도 변경할 수 있습니다. 이 때는 필요한 모듈이 Unity Hub를 통해 미리 설치되어야 합니다.

Scene 저장하고 종료하기

실습이 끝났으면 현재 Scene 화면의 내용을 저장합니다. Scene에서 작업한 내용을 저장하려면 상단 메뉴에서 [File] → [Save]를 선택하면 됩니다.

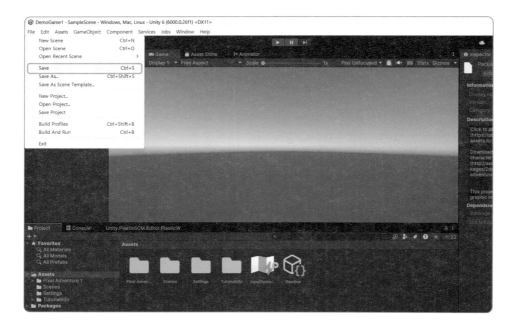

만일 이전에 저장한 적이 없는 Scene이라면 새로운 Scene 이름으로 Scenes 폴더 아래에 저장합니다. 만일 Scenes 폴더가 없다면 Assets 폴더 아래에 Scenes 폴더를 새로 만들면 됩니다.

작업하던 내용이 Scene으로 저장되었다면 상단 메뉴 [File] → [Exit]를 선택하여 유니티 에디터를 종료할 수 있습니다. 유니티 허브는 유니티 에디터와 관계없이 종료할 수 있습니다.

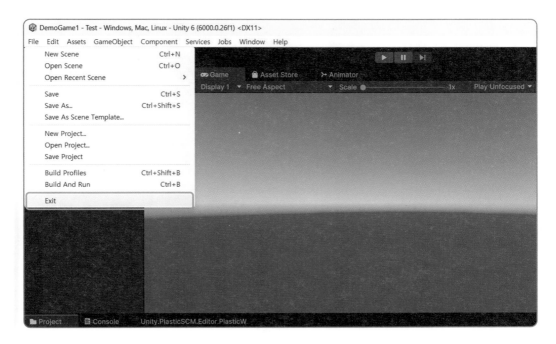

자신이 원하는 작업을 하기 위해 유니티 에디터를 사용하고 필요한 작업을 하기 위해서 각 화면의 사용 방법을 알아보았습니다.

유니티 프로젝트 생성을 위해서는 유니티 허브와 유니티 에디터를 설치해야 합니다. 유니티 허브를 실행한 후 새로운 프로젝트를 생성할 수 있습니다. 유니티 에디터는 Scene 화면과 게임 화면으로 구성되어 있습니다.

Scene 화면에서는 게임에 사용될 오브젝트를 배치하고 편집할 수 있으며, 게임 화면은 최종 게임 실행 시 나타나는 화면입니다. 프로젝트 화면은 현재 프로젝트가 저장된 폴더의 내용을 보여줍니다. Hierarchy 창에서는 현재 Scene에 있는 모든 게임 오브젝트를 확인하고 편집할 수 있으며, Inspector 창에서는 선택된 오브젝트의 세부 정보를 수정할 수 있습니다. Console 화면은 디버그 메시지를 표시하여 문제를 해결하는 데 도움을 줍니다. 에셋 스토어에서는 그래픽, 사운드, 프로그램의 요소인 에셋을 가져와 사용할 수 있습니다. 유니티 에디터의 패키지 매니저를 통해 외부 에셋을 다운로드하여 사용할 수도 있습니다.

학습 포인트

- Hierarchy 창
- Project 창
- Console 창
- Inspector 창
- Scene 화면
- Game 화면
- Asset Store 화면
- Package Manager 창
- Scene의 저장
- 에디터의 종료

Chapter 04

게임 오브젝트 사용하기
(물체의 이동, 회전, 크기 조절)

게임 오브젝트의 배치, 회전 및 크기 변화에 대해 알아봅시다.

이 장의 핵심

- 게임 오브젝트의 개념 및 이동, 회전, 크기 조절 방법을 알아봅시다.
- 유니티 에디터를 이용하여 새로운 오브젝트를 배치합니다.
- 트랜스폼(Transform)이 무엇인지 알아봅시다.

게임 오브젝트란?

게임 프로그래밍의 기본은 물체의 이동입니다. 어떤 게임을 봐도 물체의 이동이 수반되는데 물체의 이동은 게임엔진을 이용하여 구현해야 하는 가장 기본적인 동작입니다. 유니티 엔진에서는 게임에 등장하는 모든 존재를 게임 오브젝트(game object)라고 부릅니다. 게임을 만든다는 것은 결국 스크립트에 의해 게임 오브젝트를 조작하는 것입니다.

게임 오브젝트는 유니티 Scene 가상 공간에 존재하는 단일 개체를 말합니다. 원래는 좌표와 이름 등 트랜스폼(transform)이라는 간단한 속성만을 가집니다. 게임 오브젝트는 컴포넌트 추가를 통해 필요한 여러 가지 기능을 추가할 수 있습니다.

유니티 화면을 구성하는 Scene은 카메라와 그 밖의 여러 다른 오브젝트로 구성됩니다. 유니티 Scene을 구성하는 모든 것(카메라 포함)이 전부 게임 오브젝트입니다.

실습을 위해 이전 Chapter의 배운 내용을 이용하여 Unity Hub에서 새로운 프로젝트인 Lesson01을 생성해 봅시다. 이전과 마찬가지로 Universal 3D 템플릿을 선택합니다.

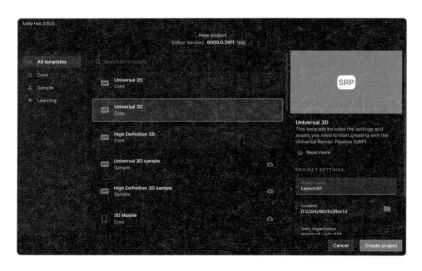

▲ 처음으로 생성된 Scene에는 기본 오브젝트로 메인 카메라(Main Camera)와 기본 조명인 Directional Light, 후처리 특수효과인 Global Volume까지 3개의 게임 오브젝트가 들어 있습니다.

게임 오브젝트 생성하기

유니티 에디터에 간단한 3D 오브젝트를 추가해봅니다. Hierarchy 창에서 오른쪽 버튼을 클릭해 [3D Object] → [cube]를 선택합니다. 또는 상단 메뉴에서 [GameObject] → [3D Object] → [Cube]를 선택해도 동일합니다.

에디터에 새로운 오브젝트인 정육면체가 나타납니다. 이 오브젝트의 이름은 현재 Cube로 되어 있으며 왼쪽 Hierarchy 창에서 확인할 수 있습니다.

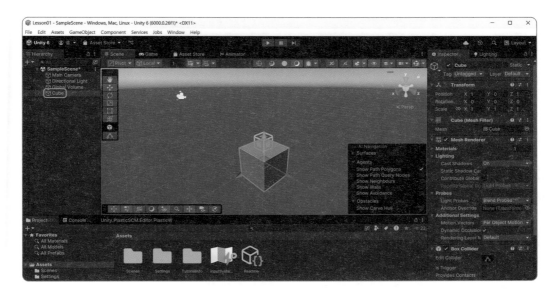

게임 오브젝트 이동하고 배치하기

앞에서 만든 Cube 오브젝트를 Scene 화면에서 선택한 뒤 기즈모 화살표를 이용하여 오브젝트를 원하는 위치로 움직여봅시다.

Scene 화면에서 이동 툴(Move Tool, 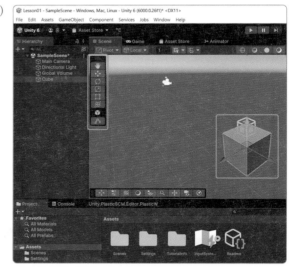)을 선택하고 어떤 오브젝트를 선택하면 그 오브젝트를 이동 또는 회전시킬 수 있는 도구인 화살표가 나타납니다. 이 화살표를 기즈모(gizmo) 또는 핸들이라고 합니다. 기즈모를 클릭하고 드래그해서 오브젝트를 원하는 위치로 움직여봅시다. 이동 모드는 아래의 아이콘을 선택해야 합니다.

붉은색 화살표는 X축 방향, 초록색은 Y축 방향, 파란색은 Z축 방향의 이동을 나타냅니다. 기즈모의 화살표를 드래그하여 오브젝트의 X, Y, Z 위치(Position) 값을 (1, 0, 1)에 위치시켜 봅시다.

오브젝트를 이동 배치하는 또 다른 방법은 오른쪽 Inspector 창에서 Transform의 Position의 X, Y, Z 값을 직접 키보드로 입력하는 것입니다.

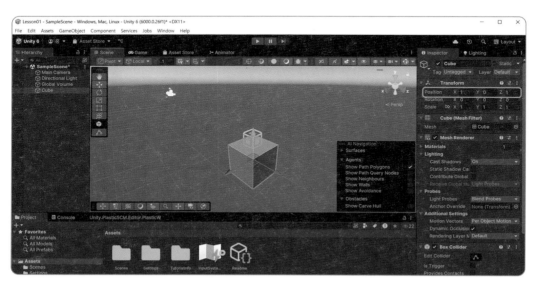

▲ 오브젝트의 위치를 Inspector 창의 Transform의 Position에서 확인합니다.

게임 오브젝트 회전

회전 툴(Rotate Tool, )을 이용하여 오브젝트를 회전시켜 보겠습니다. 아래의 그림은 회전 툴을 선택했을 때의 상황입니다. 선택된 Cube 오브젝트를 3개의 원이 둘러싸고 있습니다. 각각 빨강, 초록, 파랑의 색을 가지고 있으며 각각 X, Y, Z 축을 의미합니다. 유니티에서 이 세 가지 색은 항상 X, Y, Z 좌표축을 의미합니다.

Y축으로 오브젝트를 회전시킬 경우, 다음의 그림과 같이 초록색 원을 마우스로 클릭하여 노란색으로 표시될 때 움직이면 됩니다. 물론 이 방법보다는 Inspector 창에서 정확한 각도를 입력하는 방법을 추천합니다.

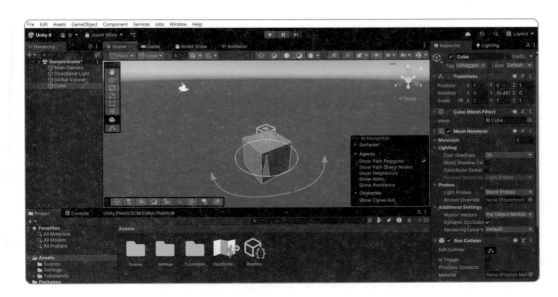

게임 오브젝트 크기 조절

크기 툴(Scale Tool, ▣)을 이용하여 오브젝트의 크기를 조절해보겠습니다. 아래의 그림은 크기 툴을 선택했을 때의 상황입니다. 선택된 Cube 오브젝트에 3개의 막대가 위치하고 있습니다. 각각 빨강, 초록, 파랑의 색을 가지고 있으며 각각 X, Y, Z 축을 의미합니다.

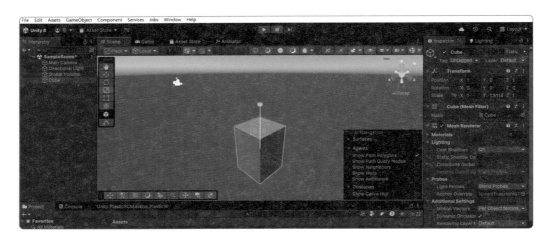

회전 툴과 마찬가지로 각각의 막대를 클릭하여 움직이면 해당 좌표 방향의 크기가 조절됩니다. 초록색 막대를 잡고 움직이면, 주사위 모양의 정육면체를 아래위로 길쭉한 사각기둥으로 만들 수 있습니다.

사각 툴(Rect Tool, ▣)을 이용하여 오브젝트의 크기를 조절해보겠습니다. 아래의 그림은 사각 툴을 선택했을 때의 상황입니다. 선택된 Cube 오브젝트에 사각형이 위치하고 있습니다. 각각의 선을 클릭하여 움직이면 해당 방향으로 수직, 수평 방향의 크기가 함께 바뀌는 것을 확인할 수 있습니다.

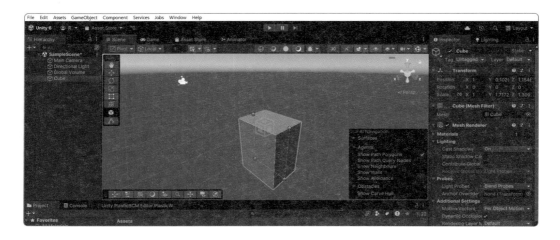

복합 툴(⊛)을 이용하여 오브젝트의 위치, 회전 및 크기를 한번에 조절해보겠습니다. 아래의 그림은 복합 툴을 선택했을 때의 상황입니다. 선택된 Cube 오브젝트에 이동용 기즈모, 회전용 원, 크기 조절용 사각형(가운데)이 함께 위치하고 있습니다. 각각의 선을 클릭하여 움직이면 해당 방향으로 이동, 회전 또는 크기가 바뀌는 것을 확인할 수 있습니다.

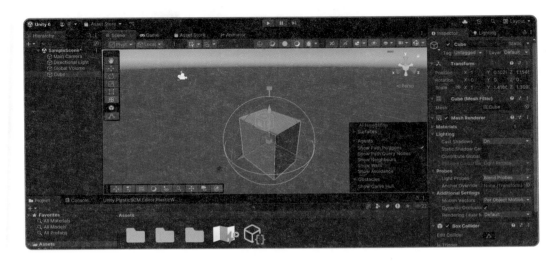

바운딩 박스 크기 조절

바운드 툴(⚙)을 이용하면 오브젝트에 있는 Collider의 위치 및 크기를 조절할 수 있습니다. 아래의 그림은 바운드 툴을 사용하여 Cube에 함께 기본적으로 생성된 Box Collider를 수정하는 그림입니다. Collider의 의미와 사용은 나중에 물리엔진에서 다룹니다. 유니티 6에서 새로 적용된 내용입니다.

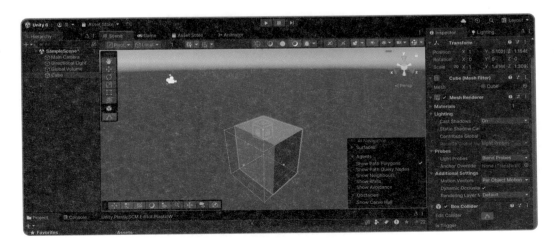

컴포넌트 구조

컴포넌트(component)는 게임 오브젝트가 다양한 기능을 수행하게 해주는 모듈 단위의 요소입니다. 하나의 게임 오브젝트에 포함된 모든 컴포넌트를 보고 싶을 때 Inspector 창을 선택하면 해당 정보가 나타납니다.

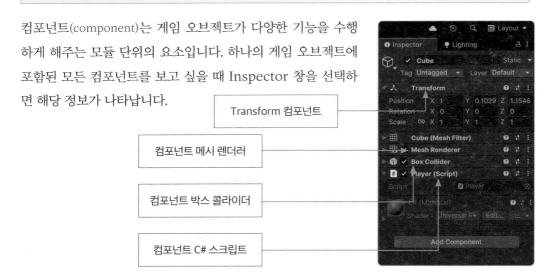

Transform 컴포넌트

컴포넌트 메시 렌더러

컴포넌트 박스 콜라이더

컴포넌트 C# 스크립트

이 책에서 소개하는 기본 컴포넌트의 종류는 Audio, Effects, Event, Layout, Mesh, Physics 2D, Physics, Rendering, Scripts 등이 있습니다. 유니티의 기능이 많다는 것은 유니티가 제공하는 컴포넌트가 많다는 뜻입니다. 게임을 만들기 위해 모든 컴포넌트가 다 필요한 것은 아니지만 앞으로 배울 컴포넌트들은 사용 빈도가 높고 중요한 것을 먼저 다룹니다.

스크립트를 이용해 게임 오브젝트 회전하기

이제 유니티 개발의 가장 중요한 부분인 스크립트를 작성해봅시다. 만일 방금 만든 오브젝트를 스스로 회전하게 하려면 어떻게 해야 할까요? 간단한 스크립트를 이용하여 오브젝트를 이동해볼까요?

앞에서 만든 Cube 오브젝트에 스크립트를 적용하여 스스로 움직이게 만들어봅시다. 아래의 절차에 따라 작업하면 스크립트를 적용할 수 있습니다.

• 먼저 물체를 회전시키는 C# 스크립트를 작성합니다.
• 만들어진 C# 스크립트를 게임 오브젝트에 컴포넌트로 추가합니다.
• 유니티 에디터상에서 [플레이] 버튼을 클릭해 플레이 모드로 전환합니다.
• 게임 화면에 나타난 결과를 확인합니다.

새로운 스크립트를 생성하려면 먼저 프로젝트 창의 Asset 폴더를 선택한 뒤 마우스 오른쪽 버튼을 클릭합니다. 팝업 메뉴에서 [Create] 항목에서 [Scripting] → [MonoBehaviour Script]

를 선택합니다. 또는 상단 메뉴 [Assets] → [Create] → [Scripting] → [MonoBehaviour Script]를 선택해도 동일합니다.

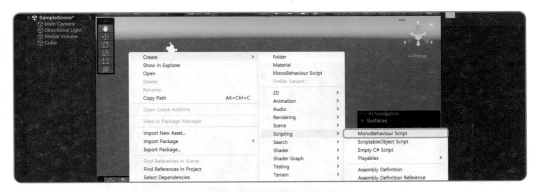

그다음 새로 만들 스크립트의 이름을 작성합니다. 스크립트의 이름을 Player라고 지정합니다. 파일의 확장자는 .cs로 자동 지정됩니다. 만들어진 Player.cs를 더블클릭하면 약간의 시간이 지나면서 스크립트 에디터인 비주얼 스튜디오가 열립니다. 에디터가 열리지 않으면 해당 파일을 더블클릭해보세요.

▲ 비주얼 스튜디오 2022의 스플래시 화면

비주얼 스튜디오 창이 나타나면 다음 작업을 진행할 수 있습니다. 비주얼 스튜디오를 이용하여 Player.cs를 열면 이미 기본 스크립트(소스코드)가 자동으로 생성되어 있습니다. 이것은 유니티 에디터가 가장 많이 사용되는 형태의 코드를 미리 넣어둔 것입니다. 물론 이것만으로는 아무 일도 일어나지 않습니다.

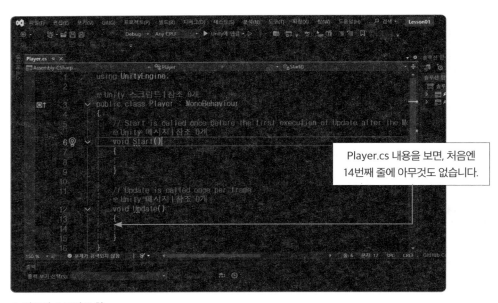

Player.cs 내용을 보면, 처음엔 14번째 줄에 아무것도 없습니다.

▲ 비주얼 스튜디오 창

TIP 유니티 C# 스크립트에서 클래스의 이름은 파일의 이름과 동일해야 합니다. 만일 다른 경우에는 에러가 발생하는데 이때는 파일이름과 클래스 이름을 같게 고쳐야 합니다. 스크립트 파일명을 Player로 지정했기 때문에 클래스의 이름은 당연히 Player가 됩니다.

유니티 C# 스크립트에서 클래스의 이름은 파일의 이름과 동일해야 합니다. 스크립트 파일을 Player로 지정했기 때문에 클래스의 이름은 당연히 Player가 됩니다.

만들어진 클래스 안에는 두 개의 함수가 미리 정의되어 있습니다. Start()와 Update() 함수입니다. 따라서 이 두 함수가 유니티 스크립트에서 가장 많이 사용된다는 것을 알 수 있습니다.

Player.cs 스크립트 14행에 다음과 같은 코드를 추가합니다.

```
transform.Rotate(new Vector3(0, Time.deltaTime * 100.0f, 0));
```

TIP 소스코드의 내용은 아래의 깃허브 주소를 참조하세요. https://github.com/proonan29/LearnUnity01/tree/main/Rev01/Ch04/Scripts/Player.cs 깃허브의 내용을 복사하여 비주얼 스튜디오 에디터에 붙여 넣을 수 있습니다.

위의 소스코드와 동일하게 스크립트를 모두 입력했다면 비주얼 스튜디오의 [저장] 아이콘을 클릭해 바꾼 내용을 저장합니다.

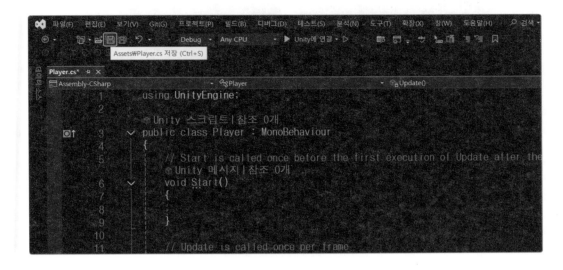

TIP 14줄에서 글자를 들여쓰기 하는 것은 C#의 일반적인 표기방법으로 Indentation이라고 합니다. 보통 [Tab]키를 이용하여 간격을 생성합니다.

이제 유니티의 Hierarchy 창에서 Cube 오브젝트를 선택합니다. Inspector 창 맨 아래에 있는 [Add Component] 버튼을 클릭해 [Scripts]를 선택합니다.

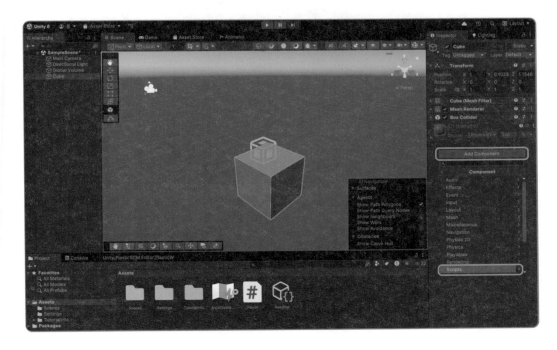

[Player]를 선택하면 Cube의 Inspector 창에 Player.cs 스크립트가 추가됩니다.

작업한 내용을 실행하려면 화면 상단의 [플레이] 버튼(▶)을 클릭합니다. 만일 소스코드에 문제가 있거나 프로젝트에 다른 문제가 있다면 오류가 발생합니다. 오류가 발생하면 문제를 해결한 뒤에 플레이할 수 있습니다. 문제가 없다면 아래와 같은 실행 화면을 볼 수 있습니다.

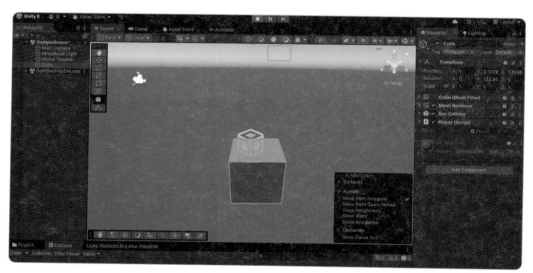

TIP 초보자들이 가장 많이 범하는 실수는 소스코드를 입력할 때 대문자 소문자를 구별하지 못하는 것입니다. C# 소스코드를 입력할 때 대소문자를 틀리면 오류가 발생합니다. 대부분의 프로그래밍 언어는 대문자와 소문자를 다르게 취급하므로 각별히 조심해야 합니다.

이제 화면에서 Cube 오브젝트가 회전하는 모습을 볼 수 있습니다. 여기까지 진행했다면 처음으로 C# 스크립트를 이용한 유니티 프로그램을 완성한 것입니다.

Player.cs

```
01  using UnityEngine;
02
03  public class Player : MonoBehaviour
04  {
05      // Start is called before the first frame update
06      void Start()
07      {
08
09      }
10
11      // Update is called once per frame
12      void Update()
13      {
14          transform.Rotate(new Vector3(0, Time.deltaTime * 100.0f, 0));
15      }
16  }
```

- 1행: C# 라이브러리를 사용할 때 필요한 구문입니다. 해당 클래스를 사용하겠다고 선언합니다. C# 기본 라이브러리 및 유니티 라이브러리를 사용한다면 위와 같이 적는 것이 일반적인 방법입니다.
- 3~4행: 새로 만들 Player라는 클래스를 선언합니다. 이 클래스는 MonoBehaviour라는 클래스로부터 상속되었습니다. MonoBehaviour에는 유니티 게임 오브젝트의 구성에 필요한 모든 기능과 구현 방법을 담고 있습니다.
- 6~9행: 유니티 기본 이벤트 함수인 Start()입니다. 주로 초기화 코드를 넣어주는데 이번에는 사용하지 않습니다.
- 14행: Time.deltaTime이라는 시간 값을 가져온 뒤 100.0f을 곱해 y축에 적용시켜 오브젝트를 회전시킵니다. C#에서 100 대신에 100.0f 라고 말하면 실수를 뜻합니다.

TIP 실수와 정수는 사용방법 및 정밀도가 다릅니다. 일반적인 3차원 그래픽의 수치 계산에는 실수값 즉 float로 표현되는 숫자를 사용합니다. 반대로 소수점이 필요 없는 상황에서는 정수 즉 int를 사용합니다.

시간 값에 100을 곱한다는 것은 무슨 뜻일까요? deltaTime은 초 단위의 시간 값을 사용합니다. 이것은 1초당 회전하는 각 속도를 지정하기 위한 목적입니다. 즉, 오브젝트는 이제 1초에 100도 각도를 회전합니다.

이번 실습에서 실질적으로 코딩한 부분은 14행 한 줄입니다. 매우 간단한 코드이지만 이 스크립트를 추가하면, 추가된 오브젝트를 천천히 회전시킵니다. 반드시 코드를 입력하고 실행 결과를 확인해봅시다.

게임 오브젝트 계층구조 만들기

게임 오브젝트를 이용하면 계층구조를 만들 수 있습니다. 계층구조를 만들면 상위 오브젝트를 이동 또는 회전시킬 경우 하위 오브젝트도 함께 움직이게 됩니다. 이제 실습을 통해 게임 오브젝트 간의 계층구조를 만들어보겠습니다.

이전 실습에서 만든 Cube 오브젝트에 새로운 오브젝트를 자식 노드로 만들어 부모-자식 관계의 계층구조를 만들어봅시다. Hierarchy 창에서 Cube를 선택한 뒤 오른쪽 버튼을 이용하여 [3D Object] → [Sphere]를 선택해 새로운 구체 오브젝트를 생성합니다.

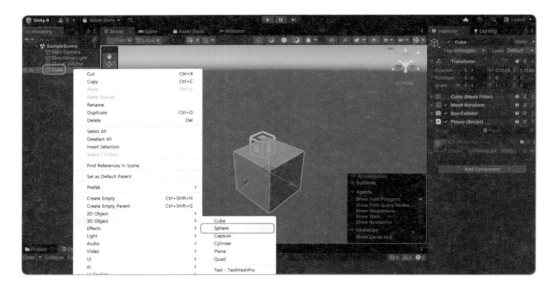

이렇게 하면 새로운 오브젝트 Sphere가 Cube의 자식 노드로 생성됩니다. Sphere가 Cube와 겹쳐진 상태로 생성되었다면, 생성된 Sphere의 위치를 조금 이동시킵니다.

새 오브젝트를 만들 경우 앞의 방법을 사용하면 한 번에 계층구조를 만들 수 있습니다. 반대로 기존에 존재하는 오브젝트끼리 계층구조를 만들고 싶으면 어떻게 할까요?

게임 오브젝트 간의 계층구조를 만드는 방법은 간단합니다. 우선 Scene 화면을 보면 현재 Scene에 존재하는 모든 게임 오브젝트를 찾을 수 있습니다. 자식 노드가 될 오브젝트를 마우스로 선택한 뒤 드래그해서 부모가 될 게임 오브젝트 위로 옮겨 버튼에서 손을 떼면 됩니다. 즉 드래그&드롭(drag & drop) 방식으로 게임 오브젝트 간에 계층구조를 만들 수 있습니다.

오른쪽의 그림은 Sun 오브젝트가 Earth 오브젝트의 부모의 역할을 하며, Earth 오브젝트는 Moon 오브젝트의 부모가 된 모습입니다. 즉, Moon 오브젝트는 Sun 오브젝트의 손자가 되는 구조입니다.

부모-자식 관계가 성립되면 부모 노드의 트랜스폼 값을 변화하는 것으로 그 아래에 위치한 모든 자식 노드에 영향을 미치게 됩니다.

계층 구조는 다양한 용도로 사용될 수 있습니다. 예를 들어 태양계 모형을 유니티로 구현할 수 있습니다. 이때 태양을 부모의 위치에 놓고 지구를 자식 오브젝트로, 달을 지구 오브젝트의 자식으로 3단계로 배치할 수 있습니다. 태양의 Transform 아래의 Rotation 값을 변경하여 태양이 회전시켜 봅니다. 이때 지구와 달의 위치가 함께 변경됩니다.

지금까지 공부한 게임 오브젝트와 트랜스폼, 계층구조를 이용해 예제를 만들어봅시다. 새로운 Scene을 생성하여 태양, 지구, 달의 오브젝트를 생성 및 배치한 뒤 이전에 만든 회전 스크립트를 적용해봅시다.

01 새로운 Scene을 하나 생성합니다. 상단 메뉴에서 [File] → [New Scene]을 선택하면 어떤 방식으로 생성할지 선택할 수 있습니다. 지금은 [Basic (Built-in)]을 선택한 뒤 [Create] 버튼을 클릭합니다. [Basic (Built-in)]에서는 카메라와 기본적인 Light 설정이 추가됩니다. 새로운 Scene을 생성하기전에 이전에 작업 내용을 저장하는 경우, [Save] 버튼을 눌러 저장합니다.

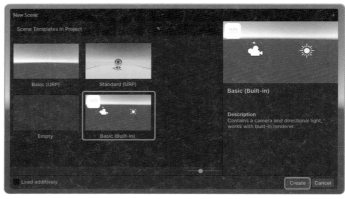

02 에디터에 새로운 Scene이 생성됩니다.

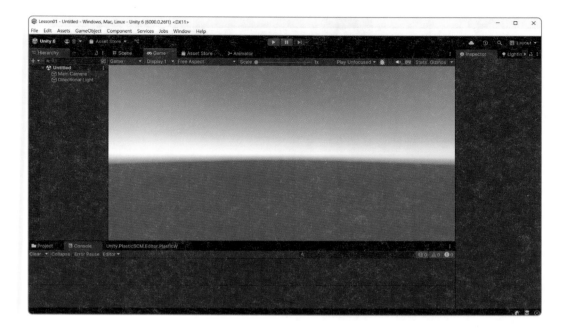

03 Hierarchy 창에 오른쪽 버튼을 클릭해 새로운 Cube 오브젝트를 생성합니다. 또는 상단 메뉴에서 [GameObject] → [3D Object] → [Cube]를 선택합니다.

04 새로운 Cube의 이름을 Sun이라고 합니다.

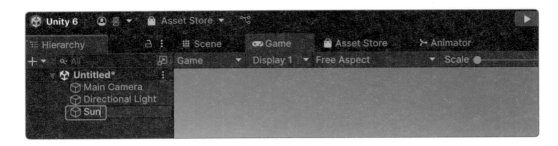

05 Sun 오브젝트의 위치를 Transform의 Position을 변경하여 그림처럼 좌표 (0, 0, 0)에 위치시킵니다. Inspector 창의 Transform 항목에서 마우스 오른쪽 버튼을 클릭해 [Reset]을 선택하면 쉽게 트랜스폼이 초기화됩니다. Position은 (0, 0, 0)으로, Scale은 (1, 1, 1)로 초기화됩니다.

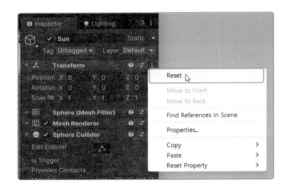

06 Scale 값을 변경하여 (2, 2, 2)으로 수정합니다. 이제 Sun 오브젝트는 가로, 세로, 높이가 각각 두 배로 커집니다.

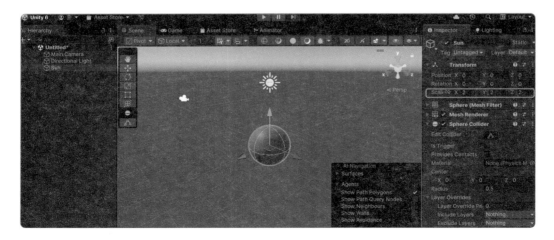

07 Sun 오브젝트를 선택한 뒤 마우스 오른쪽 버튼 클릭으로 메뉴를 열어 [3D Object] → [Sphere]를 선택합니다. 새로 생긴 Sphere의 이름을 'Earth'로 바꿉니다.

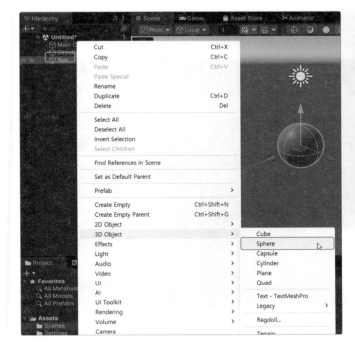

08 Earth 오브젝트의 위치를 바꿔줍니다. Transform의 Position을 변경하여 좌표 (2, 0, 0)에 위치시킵니다. 그다음 Scale 값을 변경하여 (0.5, 0.5, 0.5)으로 수정합니다.

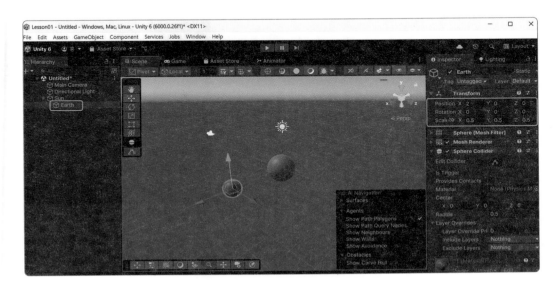

09 Earth 아래에 새로운 오브젝트를 생성하여 이름을 Moon이라고 합니다. Moon 오브젝트의 Transform에서 Position을 변경하여 좌표 (2, 0, 0)에 위치시킵니다. Scale 값을 변경하여 (0.5, 0.5, 0.5)로 수정합니다.

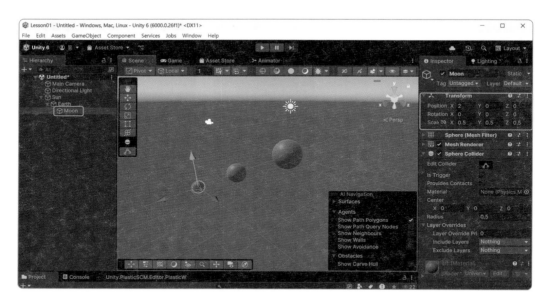

10 이제 프로젝트 창에서 Player.cs를 마우스로 드래그하여 Sun, Moon, Earth에 각각 컴포넌트로 추가합니다. 각 오브젝트마다 1번씩 총 3번 추가합니다.

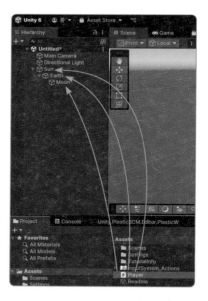

11 모든 오브젝트에 Player.cs 스크립트를 추가했나요? 이제 상단의 [플레이] 버튼을 클릭해 태양계 모형이 잘 작동하는지 확인해봅시다.

중심이 되는 오브젝트인 Sun은 제자리에서 회전합니다. 이것은 Sun에 추가된 Player 스크립트의 작용입니다. Earth 게임 오브젝트는 Sun 오브젝트의 자식이기 때문에 Sun이 회전하면 거리를 유지하며 같이 주위를 돌게 됩니다. Earth에 추가된 Player 스크립트는 Earth가 스스로 회전하게 해 줍니다. Moon은 Earth의 자식이기 때문에 Earth가 자전하면 함께 거리를 두고 회전하게 됩니다. 마지막으로 Moon에 추가된 스크립트는 Moon을 자전하게 해 줍니다.

머티리얼 생성하고 오브젝트 색상 바꾸기

Scene의 Sun, Earth, Moon 오브젝트가 모두 회색의 오브젝트로 표현되어 지루해 보입니다. 오브젝트의 색을 지정할 수 있게 머티리얼(Material)을 생성하여 적용해보겠습니다.

01 Project 창의 Assets 폴더에서 마우스 오른쪽 버튼으로 메뉴를 열고 [Create] →
[Material]을 선택합니다. 머티리얼 이름을 MatYellow로 합니다. [MatYellow]를 선택하면
Inspector 창에서 Main Maps 항목의 Albedo 옆 상자를 클릭합니다. Color 창에서 노란색
을 클릭하거나 Hexadecimal 항목에 FFFF04를 입력합니다.

02 이제 노란색을 가지는 MatYellow라는 머티리얼이 생성되었습니다.

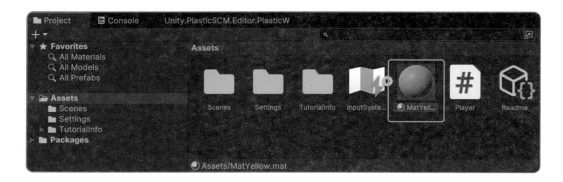

03 앞에서 설명한 방법을 이용해 또 다른 머티리얼인 MatBlue를 만들어봅니다. Color 창에서 파란색을 클릭하거나 Hexadecial 항목에 215AEA를 입력합니다.

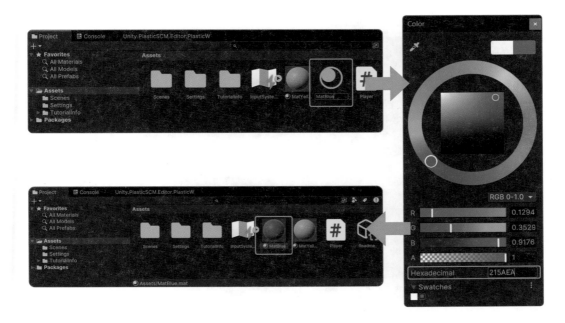

04 노란색과 파란색 머티리얼이 완성되었다면 각각 Sun과 Earth의 오브젝트에 적용할 수 있습니다. MatBlue 머티리얼을 드래그하여 Earth 오브젝트에 드롭합니다. 마찬가지로 MatYellow 머티리얼은 Sun 오브젝트에 드롭합니다.

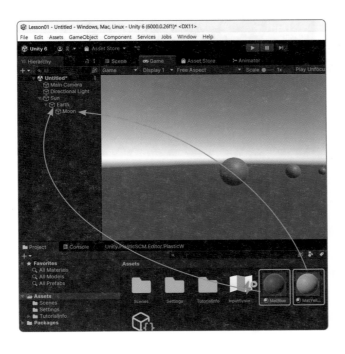

05 2개의 머티리얼을 Earth와 Sun에 적용한 모습입니다. Moon 오브젝트는 회색으로 남겨둡니다.

Scene 저장하기

모든 작업을 마쳤으면 현재 작업 내용인 Scene을 저장합니다. Scene이 아직 저장되지 않은 상태라면 Scene의 이름이 Untitled*로 되어 있습니다. Scene의 이름이 Untitled이거나 별 표시(*)가 붙어 있다면 아직 저장되지 않았다는 뜻입니다.

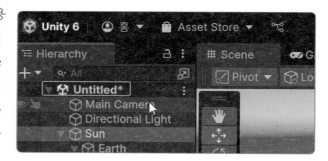

01 상단 메뉴 [File] → [Save] 또는 [File] → [Save As]를 선택해 Scene을 저장합니다. 유니티에서 일반적으로 Scene은 Scenes라는 폴더에 저장합니다. 먼저 Assets 폴더 밑의 Scenes 폴더를 선택한 뒤 SolarSystem이라고 Scene 이름을 지정하고 [저장] 버튼을 클릭합니다.

02 저장된 내용은 Project 창의 Scenes 폴더에서 확인할 수 있습니다. 새로운 이름인 SolarSystem이라는 항목이 생겼다면 저장이 잘 된 것입니다.

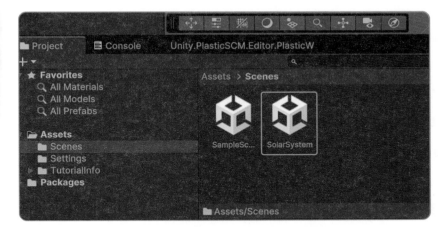

TIP 유니티로 작업 도중 갑자기 에디터가 꺼지는 경우도 있습니다. 수시로 작업물을 저장하는 습관을 가져야 합니다.

자신이 원하는 작업을 하기 위해 유니티 에디터를 사용하고 필요한 작업을 하기 위해서 각 화면의 사용 방법을 알아보았습니다.

게임 오브젝트는 게임 프로그래밍에서 물체의 이동을 구현하기 위해 사용되는 기본 개념입니다. 유니티 엔진에서는 게임에 등장하는 모든 요소를 게임 오브젝트라고 부르며, 이를 스크립트로 조작하여 게임을 만들어냅니다. 게임 오브젝트는 좌표와 이름 등의 속성을 가지며, 필요에 따라 여러 기능을 추가할 수 있습니다.

유니티의 Scene에 있는 모든 요소는 게임 오브젝트로 구성되어 있으며, 이를 이동, 회전, 크기 조절 등으로 조작할 수 있습니다. 또한, 게임 오브젝트는 컴포넌트라는 모듈 단위의 기능을 추가하여 다양한 기능을 수행할 수 있습니다. 게임 오브젝트를 계층구조로 구성하면 상위 오브젝트의 변화가 하위 오브젝트에도 영향을 주는 부모-자식 관계를 형성할 수 있습니다.

학습 포인트

- 게임 오브젝트의 개념
- 게임 오브젝트의 생성
- 게임 오브젝트의 이동 및 배치
- 게임 오브젝트에 컴포넌트 추가하기
- 간단한 스크립트 컴포넌트의 추가
- 오브젝트 계층구조 만들기
- 오브젝트 색상의 변환(머티리얼의 생성 및 사용)
- Scene의 저장

Chapter 05

유니티를 이용한
기초적인 2D 게임의 개발

스프라이트(Sprite)를 이용해 간단한 2D 플랫포머 게임을 만들어 봅시다. 플랫포머란 캐릭터가 발판 위를 뛰어다니며 이동하는 게임을 말합니다.

이 장의 핵심

- 유니티를 이용해 간단한 2D 게임 화면을 구성합니다.
- 주인공 캐릭터를 이동시켜봅시다.
- 스크립트를 이용하여 이동, 점프를 구현해봅시다.
- 게임 진행에 필요한 다양한 처리 방법을 알아봅시다.

2D 프로젝트 생성하기

이제부터 본격적으로 유니티를 이용한 게임 제작을 배울 차례입니다. 유니티는 2D 게임과 3D 게임을 모두 만들 수 있습니다. 먼저 간단한 2D 예제를 만들어보겠습니다. 유니티 허브에서 새로운 프로젝트의 이름을 Lesson02로 지정하고 [프로젝트 생성] 버튼을 클릭해 프로젝트를 생성합니다. 이때 사용할 템플릿은 Universal 2D입니다.

프로젝트의 생성이 완료되면 유니티 에디터가 나타납니다.

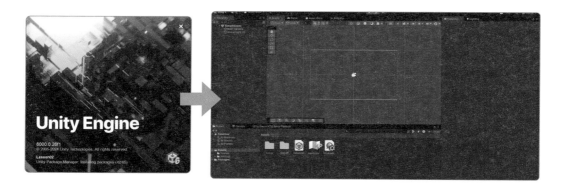

이미지 에셋의 변환과 스프라이트 생성

2D 게임은 게임의 구성에서 2D 이미지를 이용한 스프라이트(sprite)를 주로 이용합니다. 스프라이트란 게임에서 사용되는 사각형 이미지를 말하며 캐릭터, 배경, 효과 및 UI 등에 다양하게 사용됩니다.

교재의 예제를 담아두는 깃허브 사이트에서 Lesson02 항목의 Resources 폴더를 열어 모든 PNG 파일을 다운로드합니다. 예제에 필요한 스프라이트 파일은 https://github.com/proonan29/LearnUnity01/tree/main/Rev01/Ch05/Sprites 아래에 있습니다. 모두 다운로드한 뒤 탐색기에서 다운로드한 폴더를 엽니다.

유니티 에디터 Project 창에서 마우스 오른쪽 버튼으로 메뉴를 열어 [Create] → [Folder]를 선택합니다. 새로 만든 폴더의 이름을 Sprites로 합니다.

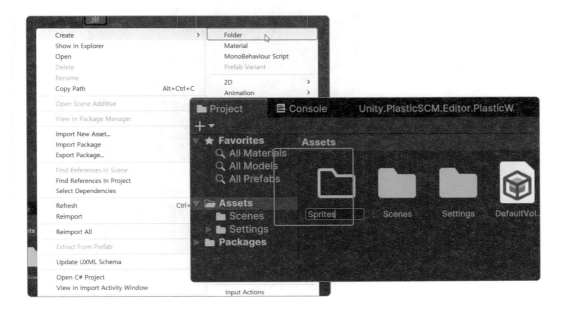

일반적으로 유니티에서 스프라이트를 만들기 위해서는 .PNG 확장자를 가지는 이미지를 Assets 폴더로 가져와야 합니다. 탐색기를 이용하여 다운로드한 PNG 파일(총 10개)을 모두 선택한 뒤 마우스로 끌어 유니티 에디터의 Assets 폴더로 가져옵니다.

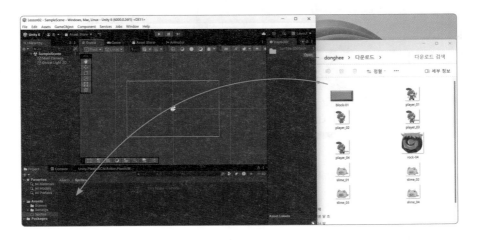

이미지가 Assets 폴더로 들어오면 다음과 같이 에디터에 표시됩니다. 이미지의 자세한 내용을 확인하기 위해 하단의 슬라이드를 이용해 표시되는 이미지 에셋의 크기를 조정할 수 있습니다.

Inspector 창에서 추가된 이미지들의 속성을 확인합니다. Texture Type을 [Sprite (2D and UI)]로 전환합니다.

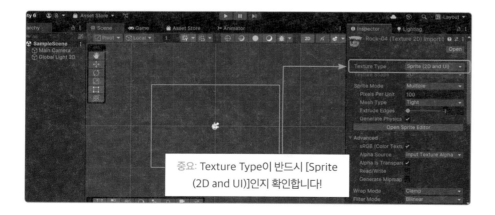

Texture Type이 스프라이트로 전환된 이미지는 게임에서 캐릭터 또는 UI 요소로 사용될 수 있습니다. 가져온 PNG 파일이 모두 스프라이트로 적용된 것이 확인되었다면 이제 rock-04. png 이미지를 이용하여 게임의 배경을 만들어보겠습니다.

스프라이트를 이용해 2D 게임 레벨 구성하기

게임 레벨을 구성하는 작업은 모두 Scene 창에서 이루어집니다. 스프라이트를 이용하여 게임 오브젝트를 만드는 것은 아주 간단합니다. 에셋 폴더의 'rock-04'라는 이름의 스프라이트를 Scene 화면으로 드래그하여 가져오면 됩니다. Hierarchy 창에 'rock-04'라는 이름의 게임 오브젝트가 생성됩니다.

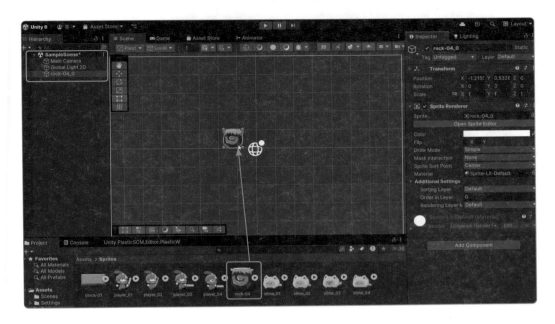

동일한 작업을 4번 더 반복하면 화면에 rock-04 게임 오브젝트가 계속 생성됩니다. 스프라이트의 위치를 잘 조정하여 오른쪽의 화면처럼 캐릭터가 지나갈 수 있는 길을 만들어봅시다. 총 5개의 바위를 배치해 보겠습니다.

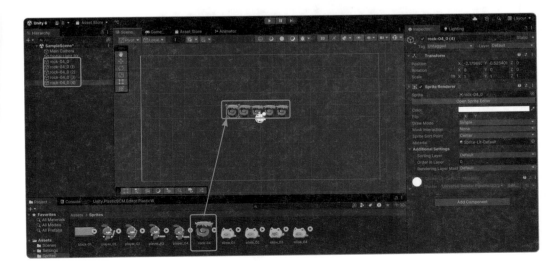

화면상에 배치가 완료되면 [플레이] 버튼을 클릭해 게임 화면의 모습을 확인해봅니다.

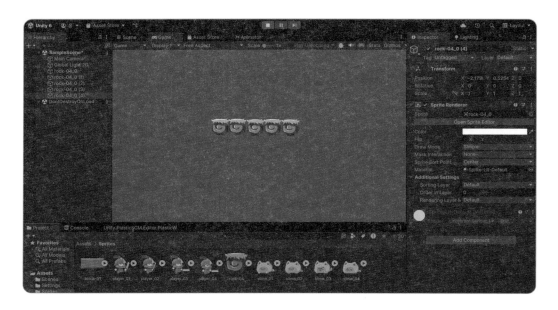

다음은 만들어진 플랫폼 위에 캐릭터를 배치해 플랫폼 위를 걸어 다닐 수 있게 만들어봅니다.

플랫폼 배경 생성하기

마우스 오른쪽 버튼을 클릭하고 [Create Empty]를 선택하여 새로운 게임 오브젝트를 생성합니다. 새로 생긴 오브젝트의 이름은 기본값인 GameObject입니다.

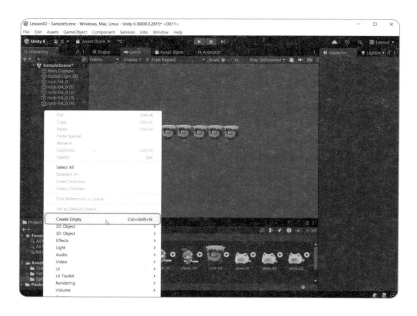

여기에 충돌 체크를 담당하는 2차원 콜라이더(Collider 2D)를 추가합니다. GameObject 오브젝트를 선택한 상태에서 Inspector 창의 [Add Component] 아래 입력창에 box를 입력한 뒤 그 아래에 나타나는 [Box Collider 2D]를 선택합니다.

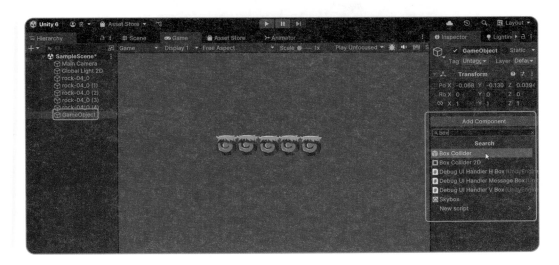

Box Collider 2D를 추가하는 또다른 방법으로, [Add Component]를 클릭한 뒤 [Physics 2D]에서 선택해도 됩니다.

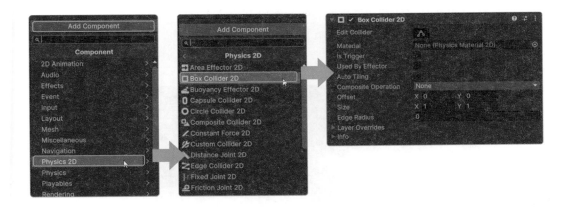

이제 Inspector 창에는 Box Collider 2D라는 컴포넌트가 추가됩니다. 충돌 영역 편집 버튼을 클릭해 충돌 영역의 위치를 아래의 화면처럼 바꾸어봅니다.

레벨 작업을 할 때 마우스의 스크롤 휠을 이용할 수 있습니다. 휠을 상하로 움직이면 Scene 화면이 줌인, 줌아웃이 되므로 쉽게 작업을 할 수 있습니다. 초록색의 충돌 영역을 확장해 5개의 스프라이트를 모두 1개의 충돌 영역으로 커버할 수 있게 크기를 조절해봅니다. 연두색 박스의 중간에 있는 점을 마우스로 드래그 하여 크기를 조절할 수 있습니다.

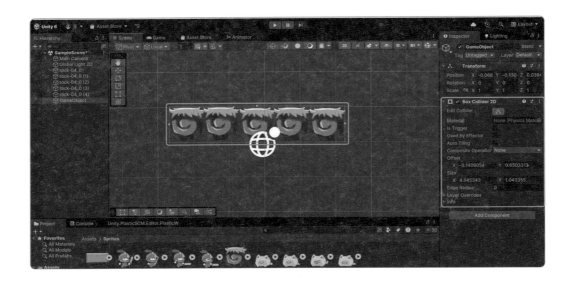

충돌 영역까지 추가하면 플랫폼이 완성됩니다. 이제 플랫폼 위에 캐릭터를 배치해보고 중력과 어떻게 상호 작용하는지 알아봅니다.

주인공 캐릭터 생성하기

에셋 폴더의 player-01 스프라이트를 선택해 Scene 화면으로 드래그합니다. Hierarchy 창에 player-01이라는 게임 오브젝트가 생성됩니다.

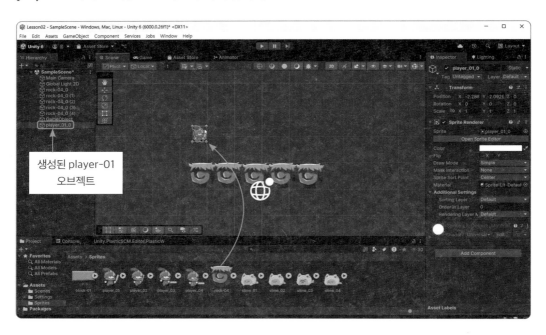

생성된 player-01
오브젝트

생성된 오브젝트에 [Add Component]를 클릭하여 2D
충돌 체크(Box Collider 2D) 영역을 추가하고 위치를 조정
합니다. 충돌 영역 편집 버튼을 클릭해 영역을 조정합니다.
충돌 영역은 캐릭터 스프라이트의 외곽을 전부 감싸는 정
도의 크기로 합니다.

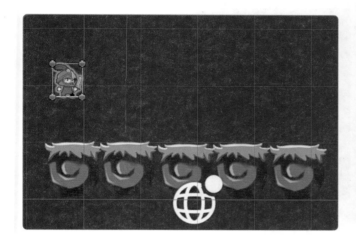

화면에 나타난 캐릭터가 너무 작기 때문에 Transform 항목의 Scale 값을 각각 (2, 2, 1)로 바
꾸어줍니다.

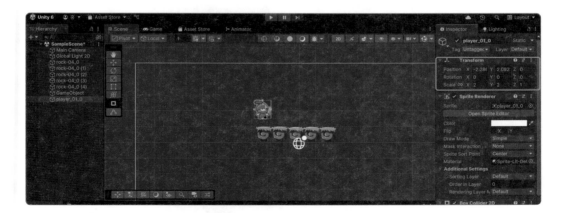

중력 및 리지드바디 2D 적용하기

점프와 이동을 위주로 하는 플랫포머 게임에서는 중력의 작용이 매우 중요합니다. 바닥을 이루
는 지형 타일은 고정되어 있지만 주인공 캐릭터와 몬스터 등 움직이는 캐릭터는 일반적으로 중

력의 영향을 받습니다. 이제 중력을 적용하는 기능을 추가해보겠습니다. 유니티에서는 이것을
리지드바디(Rigidbody)라고 합니다.

캐릭터 오브젝트를 선택하고 [Add Component]를 클릭한 뒤 [Physics 2D] → [Rigidbody
2D]를 선택합니다.

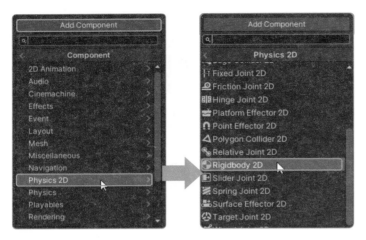

TIP 유니티 엔진에서 물리엔진은 2D와 3D 각각 다른 라이브러리를 사용합니다. 반드시 예제에서 지정된
라이브러리를 사용해야 오작동을 막을 수 있습니다. 스프라이트 예제에서는 Physics 2D라고 지정된
컴포넌트를 사용합니다.

리지드바디는 물리엔진에서 '강체'라고 번역
됩니다. 강체의 의미는 몸통이 단단해서 접촉
하는 것만으로 밀려들어가지 않는 물체를 말
합니다. 일반적으로 단단한 물체는 모두 강체
라고 생각할 수 있습니다. 리지드바디를 적용
한 게임 오브젝트는 게임을 실행하면 실시간
으로 중력의 영향을 받습니다.

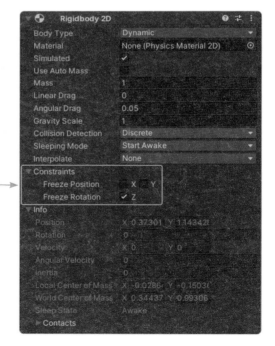

Constraints 항목을 열어 Freeze Rotation
Z를 체크합니다. 이렇게 하면 캐릭터가 회전
하면서 넘어지는 것을 막을 수 있습니다.

중력의 영향을 테스트하기 위해 [플레이] 버튼을 클릭해 플레이 모드로 들어갑니다. 캐릭터에 리지드바디가 적용되었기 때문에 중력에 이끌린 캐릭터는 아래로 떨어집니다. 이때 플랫폼에 미리 준비해둔 충돌 체크에 가로막혀 더 이상 떨어지지 않는 것을 확인할 수 있습니다.

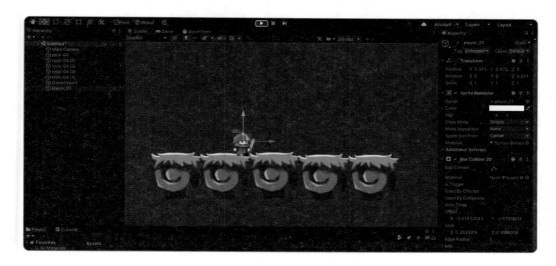

이제 스프라이트를 이용하여 간단한 2D 플랫폼 게임의 배경을 구성하고 필요한 물리엔진을 적용하는 방법을 알아보았습니다. 다음에는 스크립트를 이용하여 게임 캐릭터를 점프하고 이동하는 방법을 알아보겠습니다.

캐릭터의 점프 및 이동 적용하기

화면에 배치한 주인공 캐릭터는 리지드바디를 적용시켜 놓은 상태이기 때문에 플레이 모드에서 높은 곳에 이동시킬 경우 아래로 떨어집니다. 이것은 리지드바디가 기본적으로 중력의 영향을 받도록 되어 있어 아무런 프로그래밍 없이 가능한 동작입니다.

반대로 방향키를 눌러서 캐릭터를 이동시키고 싶다면 스크립트를 이용하여 주인공 캐릭터에게 어떤 작동을 지시해야 합니다. 이것을 위해 새로운 스크립트를 제작해보겠습니다.

TIP 스크립트를 사용할 때 가급적 Assets 폴더 아래에 Scripts 폴더를 생성하고 모든 스크립트를 그곳에 저장하는 것이 좋습니다.

새로운 폴더를 생성하려면 Assets 폴더 창에서 마우스 오른쪽 버튼을 클릭해 [Create] → [Folder] 메뉴를 선택합니다. 또는 상단 메뉴에서 [Assets] → [Folder]를 선택합니다. 그런 다음 폴더의 이름을 Scripts로 지정합니다.

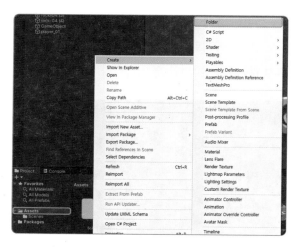
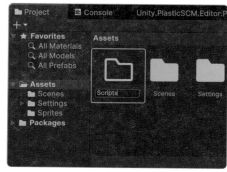

Project 창의 Assets/Scripts 폴더를 선택한 뒤 마우스 오른쪽 버튼을 클릭하고 [Create] →
[MonoBehaviour Script]를 선택합니다. 유니티를 이용하여 새로운 C# 스크립트를 생성하는
것은 매우 중요합니다. 실습을 통해 익숙해지도록 연습해야 합니다.

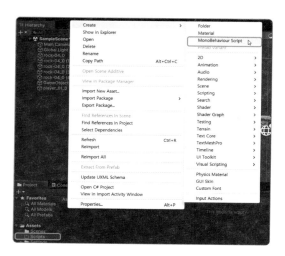
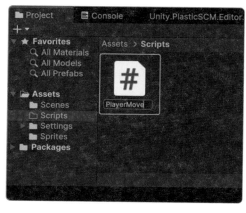

그다음 새로 만들 스크립트의 이름을 PlayerMove.cs
라고 지정합니다. 생성된 스크립트를 더블클릭하거나
또는 스크립트 파일을 선택한 뒤 오른쪽 버튼을 클릭하
여 [Open C# Project]를 선택합니다.

이제 비주얼 스튜디오를 이용하여 스크립트의 내용을
편집합니다. 비주얼 스튜디오의 솔루션 탐색기를 보면
유니티에서 사용되는 C# 스크립트를 볼 수 있습니다.
솔루션 창 아래에 위치한 [Assembly-CSharp] 항목을

열어보면 사용되는 모든 스크립트를 찾을 수 있습니다. Scripts 폴더 아래에서 PlayerMove.cs 를 클릭해 소스코드를 편집하도록 합니다.

주인공 캐릭터에게 가장 간단한 이동 기능을 부여하기 위해 방향키 3개를 이용하도록 합니다.

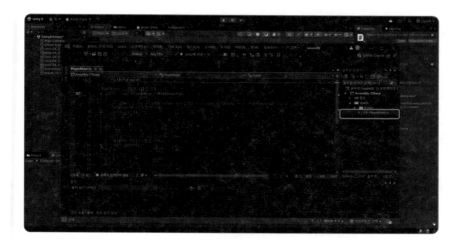

PlayerMove.cs

```
01  using UnityEngine;
02
03  public class PlayerMove : MonoBehaviour
04  {
05      const float SPEED_JUMP = 5.0f;
06      const float SPEED_MOVE = 3.0f;
07
08      Rigidbody2D rb;
09      bool leftPressed = false;
10      bool rightPressed = false;
11
12
13      // Start is called before the first frame update
14      void Start()
15      {
16          rb = GetComponent<Rigidbody2D>();
17      }
18
19      // Update is called once per frame
20      void Update()
21      {
```

```
22    if (rb != null)
23    {
24        float dist = SPEED_MOVE * Time.deltaTime;
25        Vector2 pos = transform.position;
26        // 왼쪽 이동
27        if (Input.GetKeyDown(KeyCode.LeftArrow))
28        {
29            leftPressed = true;
30        }
31        if (Input.GetKeyUp(KeyCode.LeftArrow))
32        {
33            leftPressed = false;
34        }
35        if (leftPressed)
36        {
37            pos.x -= dist;
38        }
39        // 오른쪽 이동
40        if (Input.GetKeyDown(KeyCode.RightArrow))
41        {
42            rightPressed = true;
43        }
44        if (Input.GetKeyUp(KeyCode.RightArrow))
45        {
46            rightPressed = false;
47        }
48        if (rightPressed)
49        {
50            pos.x += dist;
51        }
52        transform.position = pos;
53
54        // 점프
55        if (Input.GetKeyDown(KeyCode.UpArrow))
56        {
57            Vector2 moveVelocity = rb.linearVelocity;
58            moveVelocity.y = SPEED_JUMP;
59            rb.linearVelocity = moveVelocity;
60        }
```

```
61          }
62      }
63  }
```

- 1행: C# 라이브러리를 사용할 때 필요한 구문입니다. 해당 클래스를 사용하겠다고 선언합니다. C# 기본 라이브러리 및 유니티 라이브러리를 사용한다면 위와 같이 적는 것이 일반적인 방법입니다.

- 3~4행: 새로 만들 GameMain이라는 클래스를 선언합니다. 이 클래스는 MonoBehaviour라는 클래스로부터 상속되었습니다. MonoBehaviour에는 유니티 게임 오브젝트의 구성에 필요한 모든 기능과 구현 방법을 담고 있습니다.

- 5행: 점프 스피드 값을 상수로 선언합니다.

- 6행: 이동 스피드 값을 상수로 선언합니다.

- 16행: 현재 오브젝트에 리지드바디가 컴포넌트로 추가되어 있는지 가져옵니다. 없다면 null 값이 대입됩니다.

- 22행: 리지드바디가 null이 아니라면 그 이후의 문장을 실행합니다.

- 24행: 이번 프레임에 이동해야 하는 거리를 계산합니다. 거리의 계산은 S = v x t 공식을 사용합니다. 즉, 이동 스피드 x Time.deltaTime이 이동 거리입니다.

- 25행: 현재 오브젝트의 위치를 가지고 옵니다. pos라는 벡터에 임시 저장합니다.

- 27~34행: 왼쪽 방향키가 눌렸다면 leftPressed를 true로, 키에서 손을 놓았다면 false로 설정합니다.

- 35~38행: leftPressed가 true라면 이동거리를 적용합니다. 왼쪽은 마이너스 값이므로 pos에서 이동거리를 뺍니다.

- 40~47행: 오른쪽 방향키가 눌렸다면 rightPressed를 true로, 키에서 손을 놓았다면 false로 설정합니다.

- 48~51행: rightPressed가 true라면 이동거리를 적용합니다. 오른쪽은 플러스 값이므로 pos에서 이동거리를 더합니다.

- 52행: 오브젝트의 위치를 pos로 설정합니다.

- 55행: 위쪽 방향키가 눌렸다면 그다음을 실행합니다.

- 57~59행: 리지드바디로부터 오브젝트의 속도를 가져옵니다. 지정된 점프 속도를 y축에 적용합니다. 리지드바디의 속도를 새로운 값으로 다시 지정합니다.

TIP 소스코드의 내용은 https://github.com/proonan29/LearnUnity01/tree/main/Rev01/Ch05/Scripts에 있습니다. 깃허브의 내용을 복사하여 비주얼 스튜디오로 에디터로 붙여 넣을 수 있습니다.

소스코드를 비주얼 스튜디오의 PlayerMove.cs에 위 코드를 입력하고 [Save] 버튼을 클릭해 저장합니다.

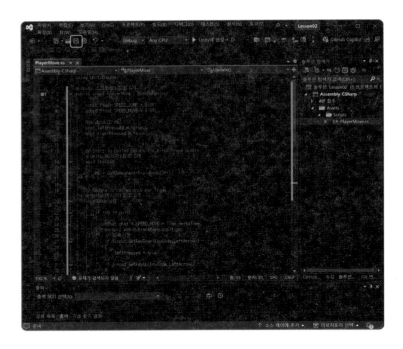

저장된 PlayerMove.cs 스크립트를 Player 오브젝트에 드래그 하여 컴포넌트 추가합니다. 이
제 [플레이] 버튼을 클릭해 주인공 캐릭터가 방향키를 이용하여 점프 및 좌우 이동을 할 수 있는
지 확인해봅니다.

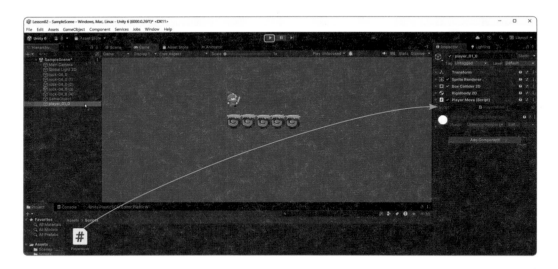

게임 실행 모드에서 주인공 캐릭터가 좌우 및 위쪽 방향키를 이용하여 점프 및 좌우 이동을 할 수
있는지 확인해봅니다. 실행 시 오류가 나지 않고 잘 작동한다면 소스코드를 잘 입력한 것입니다.

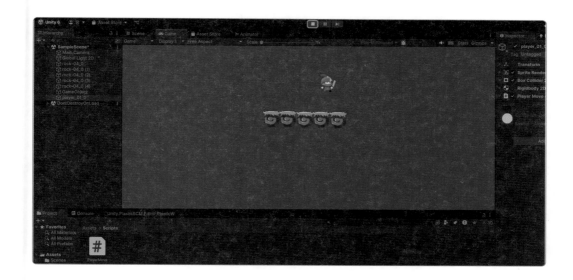

모든 작업이 완료되었다면 [플레이] 버튼을 다시 클릭해 플레이를 멈추고 기존의 작업 내용을 현재의 프로젝트인 Lesson02에 저장합니다. 작업중인 Scene을 저장할 때는 먼저 Assets/Scenes라는 폴더로 이동한 뒤, 그곳에 현재 작업 내용을 저장합니다. [File] → [Save As…]을 이용하여 Scene의 이름을 Platform으로 다시 저장합니다.

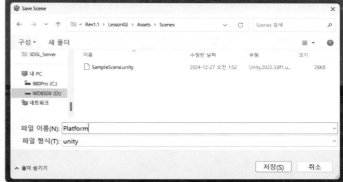

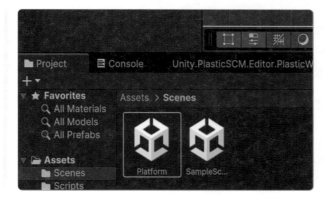

5장 같이 정리해보기

간단한 2D 게임의 제작을 통해 유니티 프로젝트를 구성하는 방법을 배웠습니다.

유니티를 사용하여 2D 게임을 만들기 위해 프로젝트를 생성합니다. 2D 게임에서는 이미지를 이용한 스프라이트가 주로 사용되며, 스프라이트를 생성하기 위해 이미지 에셋을 변환합니다. 게임의 배경을 만들기 위해 스프라이트를 사용합니다. 게임 레벨은 Scene 창에서 구성되며, 플랫폼 배경을 생성하여 중력과 리지드바디 2D를 적용합니다. 리지드바디를 사용하여 중력의 영향을 받는 움직이는 캐릭터를 구현할 수 있습니다.

학습 포인트

- 2D 프로젝트의 생성
- 스프라이트의 생성
- 게임 레벨의 제작
- 캐릭터 행동 프로그래밍(Character Controller)
- 스크립트의 생성 및 편집
- 리지드바디
- 캐릭터의 점프 및 이동

Chapter 06

사용자 입력의 처리

게임에서 사용자의 입력 처리에 대해 알아봅시다.

이 장의 핵심

- 키보드를 이용한 점프 및 이동의 구현을 공부합니다.
- 마우스를 이용한 오브젝트의 선택 및 이동을 알아봅니다.
- 조이스틱을 이용한 캐릭터의 이동을 알아봅니다.

유니티 입력 처리 클래스

유니티에서 제공하는 Input 클래스를 이용하면 쉽게 입력장치의 상태를 읽어올 수 있습니다. 게임 프로그래밍에서 입력 값을 받는 것은 매우 중요합니다. 모든 사용자 캐릭터의 작동은 기본적으로 입력장치에서 시작되기 때문입니다.

TIP 유니티는 다양한 입력장치를 쉽게 사용할 수 있으며 그 종류로는 크게 키보드 입력, 마우스 입력, 화면 터치 입력, 조이스틱의 입력이 있습니다.

입력장치의 특징은 사용자의 조작을 읽기 위한 장치이며, 출력의 의미는 없다고 할 수 있습니다. 유니티 프로그래머는 Input 클래스가 제공하는 다양한 함수(메소드)를 통해 입력장치의 상태를 알아냅니다.

키보드 스크립트의 해설

이전의 예제 PlayerMove.cs에서 사용자가 누른 키보드 입력을 받기 위해 Input 클래스를 사용했습니다. 이제 스크립트의 해설을 통해 어떤 작용을 하는지 알아보겠습니다.

PlayerMove.cs

```
01  using UnityEngine;
02
03  public class PlayerMove : MonoBehaviour
04  {
05      const float SPEED_JUMP = 5.0f;
06      const float SPEED_MOVE = 3.0f;
07
08      Rigidbody2D rb;
09      bool leftPressed = false;
10      bool rightPressed = false;
11
12
13      // Start is called before the first frame update
14      void Start()
15      {
16          rb = GetComponent<Rigidbody2D>();
17      }
18
```

```csharp
19    // Update is called once per frame
20    void Update()
21    {
22        if (rb != null)
23        {
24            float dist = SPEED_MOVE * Time.deltaTime;
25            Vector2 pos = transform.position;
26            // 왼쪽 이동
27            if (Input.GetKeyDown(KeyCode.LeftArrow))
28            {
29                leftPressed = true;
30            }
31            if (Input.GetKeyUp(KeyCode.LeftArrow))
32            {
33                leftPressed = false;
34            }
35            if (leftPressed)
36            {
37                pos.x -= dist;
38            }
39            // 오른쪽 이동
40            if (Input.GetKeyDown(KeyCode.RightArrow))
41            {
42                rightPressed = true;
43            }
44            if (Input.GetKeyUp(KeyCode.RightArrow))
45            {
46                rightPressed = false;
47            }
48            if (rightPressed)
49            {
50                pos.x += dist;
51            }
52            transform.position = pos;
53
54            // 점프
55            if (Input.GetKeyDown(KeyCode.UpArrow))
56            {
57                Vector2 moveVelocity = rb.linearVelocity;
```

```
58                    moveVelocity.y = SPEED_JUMP;
59                    rb.linearVelocity = moveVelocity;
60            }
61        }
62    }
63 }
```

- 1행: C# 라이브러리를 사용할 때 필요한 구문입니다. 해당 클래스를 사용하겠다고 선언합니다. C# 기본 라이브러리 및 유니티 라이브러리를 사용한다면 위와 같이 적는 것이 일반적인 방법입니다.

- 3행: 새로 만들 PlayerMove라는 클래스를 선언합니다. C#은 객체지향 언어이므로 함수와 변수를 모아놓은 클래스를 만들어 사용합니다. 이 클래스 선언은 마지막 줄인 63줄까지 이어집니다.

- 5~6행: 점프 속도와 이동 속도를 지정하는 상수를 선언합니다. 숫자를 직접 대입하기보다 이렇게 상수로 선언하는 하여 사용하는 것이 반드시 지켜야 할 좋은 프로그래밍 습관입니다.

- 8~10행: 클래스 전역 변수를 선언합니다. 이 변수들은 클래스의 모든 곳에서 사용이 가능하기 때문에 전역변수(global variable)라고 합니다. 클래스의 원활한 작동에 필요한 정보를 담고 있습니다. 특히 9~10행의 leftPressed와 rightPressed 변수는 왼쪽과 오른쪽 방향키의 상태를 저장하기 위해 만든 변수입니다.

TIP 유니티 C# 스크립트에서 가장 중요한 부분은 Start와 Update 함수이며 각각 초기화, 프레임의 처리를 담당하고 있습니다.

- 14~17행: Start라는 이름의 이벤트 함수를 선언합니다. 이 함수는 부모 클래스에서 미리 특정한 임무가 지정된 가상함수입니다. 이 클래스를 포함한 게임 오브젝트가 처음 생성되었을 때 단 한 번만 호출되는 특징이 있습니다. 따라서 Start에서는 모든 초기화(처음 변수에 값을 지정하는 것)를 실행합니다.

초기화 시에 할 일은 이 스크립트가 연결된 게임 오브젝트(주인공 캐릭터)가 리지드바디(Rigidbody 2d)를 가지고 있는지 알아내는 것입니다. 만일 현재 게임 오브젝트가 컴포넌트로 리지드바디를 가지고 있다면 rb 변수에 게임 오브젝트가 가지고 있는 리지드바디가 정보가 들어오게 됩니다. 만일 가지고 있지 않다면 null 값이 들어오게 됩니다.

그 밖에 좌우 방향키의 상태를 나타내는 bool 변수 leftPressed와 rightPressed를 각각 false로 초기화합니다. 왼쪽 방향키와 오른쪽 방향키가 처음에 눌러져 있지 않다는 것을 나타냅니다.

TIP 프레임은 컴퓨터의 화면갱신을 말합니다. 일반적으로 고성능 컴퓨터는 CPU와 그래픽카드의 성능이 좋기 때문에 1초에 60프레임 이상의 화면을 그려낼 수 있습니다. 즉 높은 렌더링 성능을 가지게 됩니다. 반대로 저사양 컴퓨터는 그 성능이 떨어져 1초에 그려낼 수 있는 프레임의 수가 떨어지게 됩니다. 모니터의 성능 역시 프레임 수를 다 받아드리는데 중요한 역할을 합니다. 고성능 모니터의 경우 120Hz 즉 1초에 120 프레임 이상을 표시할 수 있습니다.

- 20~62행: Update 함수는 게임이 실행되면서 매 프레임마다 호출되는 임무를 가진 가상함수입니다. 실질적으로 이 곳에서 모든 오브젝트의 이동 처리를 해야 합니다. 이동 처리를 위해서 화살표 키가 눌린 상태인지 여부를 알아야 합니다.
- 22행: 제일 먼저하는 것은 if 문을 이용해 rb 변수가 null인지 체크하는 것입니다. 이것을 하지 않으면 리지드바디 컴포넌트를 만들어 넣지 않은 경우 에러가 발생됩니다.
- 24행: 현재 프레임에 이동할 거리를 구합니다. 모든 거리는 다음과 같은 기본적인 물리 공식으로 구할 수 있습니다.

> S(거리) = v(속도) × t(시간)

속도는 소스코드에서 이미 SPEED_MOVE라는 상수로 정의하였습니다. 이번 프레임에서 지난 프레임까지의 경과 시간은 유니티가 제공하는 Time 클래스로 알 수 있습니다. 이 경우 Time.deltaTime을 사용하면 됩니다. 따라서 현재 프레임에 이동할 거리는 SPEED_MOVE * Time.deltaTime입니다.

- 27행: 현재 주인공 캐릭터의 위치를 가져옵니다. 리지드바디는 물리엔진에서 이동과 중력을 담당하는 역할을 하기 때문에 물체의 이동 속도 역시 가지고 있습니다.
- 29~32행: 왼쪽 방향키가 눌린 경우 leftPressed 변수를 true로 설정합니다. 이 값은 왼쪽 방향키에서 손을 뗀 경우에만 바뀌어야 합니다. Input.GetKeyDown(KeyCode.LeftArrow)를 이용하여 왼쪽 방향키가 눌렸는지 체크합니다.
- 33~36행: 이미 눌린 왼쪽 방향키에서 손을 놓은 경우 leftPressed 변수를 false로 설정합니다. Input.GetKeyUp(KeyCode.LeftArrow)를 이용하여 왼쪽 방향키를 놓았는지 체크합니다.
- 37~40행: leftPressed 변수의 상태를 점검하여 true일 때, 왼쪽 방향으로 x 위치 값을 빼줍니다.
- 41~53행: 오른쪽 방향키를 누른 경우 왼쪽 방향키와 마찬가지의 처리를 합니다. rightPressed가 true인 경우 오른쪽 방향으로 x 위치 값을 더해줍니다.
- 57~62행: 위쪽 방향키를 누른 경우에만 주인공 리지드바디의 속도를 점프하는 속도로 지정합니다. 이렇게 하면 캐릭터가 위쪽으로 갑자기 움직이게 되어 점프하는 효과를 나타냅니다.

마우스의 버튼 입력하기

마우스 버튼 역시 Input 클래스를 이용하여 버튼의 상태를 가져올 수 있습니다.

```
Input.GetMouseButtonDown(int button)
```

Update()에서 사용하면 매 프레임마다 특정 코드 값을 가지는 키가 새로 눌렸는지 여부를 알 수 있습니다. 즉 키를 누를 때마다 이 함수는 true를 돌려줍니다. 그렇지 않으면 항상 false를 반환합니다. 이 입력 함수는 Update()에서만 읽어야 올바른 값이 넘어옵니다.

```
Input.GetMouseButtonUp(int button)
```

Update()에서 사용하면 매 프레임마다 특정 코드 값을 가지는 키에서 새로 손을 떼었는지 여부를 알 수 있습니다. 즉 키에서 손을 뗄 때마다 이 함수는 true를 돌려줍니다. 그렇지 않으면 항상 false를 반환합니다.

비주얼 스튜디오의 PlayerMove.cs의 55행의 소스코드를 아래와 같이 변경합니다.

```
if (Input.GetKeyDown(KeyCode.UpArrow) || Input.GetMouseButtonDown(0))
```

이제 게임을 플레이해보면 마우스 왼쪽 버튼을 클릭해도 캐릭터가 점프하게 됩니다. 소스코드의 if에서 위쪽 방향키를 누르거나 마우스의 0번 버튼(왼쪽 버튼) 중 어떤 것이 클릭하더라도 캐릭터가 점프하도록 판단하는 것입니다.

TIP C#에서 if는 판단을 담당하는 명령어입니다. if 뒤에는 조건식을 사용해야 합니다. 조건식은 괄호 ( ) 안에 적습니다. 예를 들어 if (a > 3)은 '변수 a가 3보다 크다면'이라고 해석하면 됩니다. 마찬가지로 if (Input.GetKeyDown(KeyCode.UpArrow))는 '만일 위쪽 방향키가 눌렸다면'으로 해석할 수 있습니다.

마우스의 좌표 입력하기

마우스 커서의 현재 좌표값은 Input 클래스의 프로퍼티(클래스가 제공하는 멤버 변수)를 이용하여 알아낼 수 있습니다.

```
Input.mousePosition
```

이 변수값을 이용하여 현재 마우스 커서의 좌표를 알 수 있습니다. 마우스의 좌표값은 Vector3 즉 3차원 좌표를 돌려줍니다. 이때 Z 좌표는 항상 0으로 지정됩니다. 실제로는 X, Y의 정보만 의미가 있기 때문에 2차원 좌표라고 생각하면 됩니다.

이제 마우스 오른쪽 버튼을 클릭하면 주인공 캐릭터가 마우스 위치로 순간 이동하는 기능을 만들어보겠습니다. Update() 함수에 아랫부분에 다음 코드를 추가합니다. 61번줄에서 Enter를 사용하여 새로운 줄을 만들고 아래의 코드를 입력합니다.

```
// 순간 이동 - 오른쪽 버튼
if (Input.GetMouseButtonDown(1))
{
Vector3 newPos = Camera.main.ScreenToWorldPoint(Input.mousePosition);
    transform.position = newPos;
    rb.velocity = Vector2.zero;
}
```

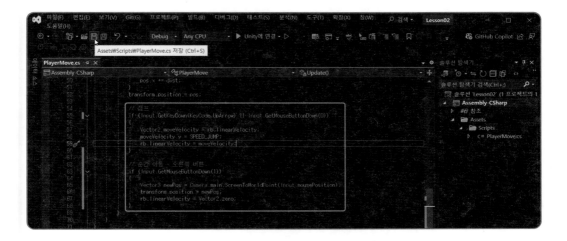

만일 마우스의 오른쪽 버튼이 새로 눌렸다면

- 마우스 위치를 알아내어 메인 카메라의 월드 공간 좌표로 변환한다.
- 주인공 캐릭터를 그곳으로 이동한다.
- 주인공 캐릭터의 리지드바디 속도를 0으로 설정한다.

[플레이] 버튼을 클릭해 게임 실행 모드로 들어간 뒤 마우스의 오른쪽 버튼을 클릭해 주인공 캐릭터가 커서의 위치로 순간 이동하는지 확인해봅니다.

마우스의 오른쪽 버튼을 누르면 주인공 캐릭터가 점프합니다.

조이스틱의 입력

조이스틱이나 조이패드를 연결할 수 있는 디바이스라면 Input 클래스의 함수를 이용하여 각종 정보를 알아낼 수 있습니다. 최근에는 USB와 블루투스 기술의 발달로 조이스틱 및 조이패드를 연결하는 것이 아주 쉬워졌습니다.

▲ PC와 연결할 수 있는 블루투스 지원 무선 조이패드

Input.GetAxis(string axisName)

이 함수를 이용하여 현재 조이스틱의 좌표를 알 수 있습니다. 조이스틱 좌표값은 float 즉 실수 값을 돌려줍니다. 보통 조이스틱은 2차원 정보를 제공하기 때문에 "Horizontal"과 "Vertical" 이라는 축의 이름을 인수로 사용합니다.

이제 조이스틱의 스틱을 위로 올리면 주인공 캐릭터가 점프하는 하는 기능을 만들어 보겠습니다. Update() 함수에 아랫부분에 다음 코드를 추가합니다.

```
// 조이스틱/조이패드 점프 - 스틱을 위로 올린다
if (Input.GetAxis("Vertical") > 0.5f)
{
Vector2 moveVelocity = rb.velocity;
    moveVelocity.y = SPEED_JUMP;
    rb.velocity = moveVelocity;
}
```

플레이 버튼을 클릭해 게임 실행 모드로 들어간 뒤 조이패드의 스틱을 위로 올려 주인공 캐릭터가 점프하는지 확인해봅니다.

모바일 장치의 터치 화면 입력하기

모바일 장치에서의 터치는 어떻게 처리될까요? 스마트폰에서는 대부분 화면 터치를 이용합니다. 유니티에서는 스마트폰 화면을 터치하는 경우 이것을 마우스 클릭으로 인식합니다. 이때 마우스 커서의 좌표를 의미하는 Input.mousePosition 값은 터치한 위치로 설정됩니다.

마우스의 위치는 화면의 방향에 따라 다르게 나타납니다. 즉 가로 방향으로 사용할 때와 세로 방향으로 사용할 때 화면의 기준점이 달라지기 때문에 같은 위치라도 다른 좌표가 나타나게 됩니다.

Input Manager 사용하기

Axis라는 개념은 방향 축을 이용하는 개념으로 개별적인 방향키보다 더 포괄적인 입력 방식을 지정할 수 있습니다. 우리가 만드는 게임에서 주인공 캐릭터를 상하 방향으로 이동하는 기능이 있다고 생각해봅시다. 이동의 경우 키보드의 방향키 또는 A, W, S, D키를 많이 사용합니다.

먼저 Input Manager를 상단 메뉴에서 열어보겠습니다. 상단 메뉴의 [Edit] → [Project Settings]를 선택하여 대화상자를 열어야 합니다. Input Manager를 이용하면 위쪽 방향키와 조이스틱의 위쪽 방향키를 동일하게 매핑할 수 있습니다. 키보드 입력과 조이스틱 입력은 서로 다른 형태이지만 매핑이라는 과정을 통해 같은 입력값으로 나타나게 합니다. 이렇게 하면 프로그램을 작성할 때 한 가지만 신경 쓸 수 있어 효율적입니다.

Input Manager에서 Axes('축'을 의미하는 Axis의 복수형) 항목을 클릭합니다. Axes에서는 여러 가지 축의 입력과 버튼을 지정할 수 있습니다. 우리가 현재 중요하게 생각하는 부분은 바로 수직 축인 'Vertical' 항목입니다. 현재 우리가 만든 샘플에서 수직 축은 점프를 나타냅니다.

Input Manager에서 'Vertical' 항목을 보면 아래쪽 방향키를 눌렀을 때와 S 키를 눌렀을 때는 음수 값을 돌려주도록 설정되어 있습니다. 반대로 위쪽 방향키와 W 키는 양수 값으로 설정되어 있습니다. 아날로그 조이스틱은 처음부터 -1.0~+1.0까지의 값을 가집니다. 따라서 Input Manager를 이용한 Input.GetAxis 함수를 이용하면 키보드와 조이스틱의 입력을 동시에 받을 수 있습니다.

만일 기본 설정인 네 방향키와 A, W, S, D 이외에 다른 키 값을 정의하고 싶다면 Input Manager의 Axes 설정에서 바꿀 수 있습니다.

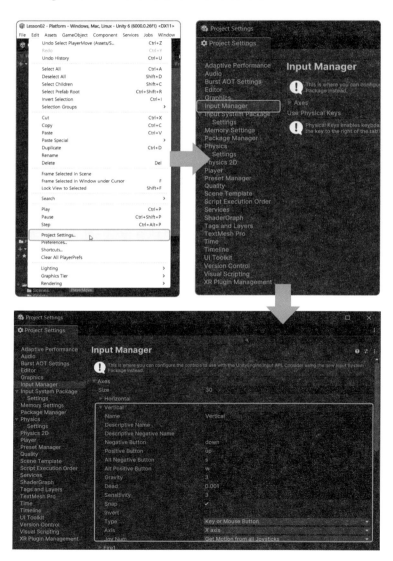

키보드 입력하기

우리는 5장의 Lesson02 예제에서 키보드의 입력을 받아 점프 및 좌우 이동을 구현하였습니다. 키보드의 경우 각각의 키에는 고유의 키 값이 배정되어 있습니다. 예제에서 사용된 키와 코드는 각각 다음과 같습니다.

사용된 키	키에 지정된 값
⬆	KeyCode.UpArrow
⬅	KeyCode.LeftArrow
➡	KeyCode.RightArrow

만일 게임 안에서 특정한 키를 사용하여 게임을 진행시키고 싶다면 그 키의 코드 값을 알아내어 사용하면 됩니다. 정확한 키 값의 정보는 아래의 유니티 홈페이지에서 찾을 수 있습니다.

docs.unity3d.com/ScriptReference/KeyCode.html

유니티 문서를 통해 정확한 정보를 확인할 수 있습니다. 예를 들어 스페이스의 코드는 KeyCode.Space, 엔터키는 KeyCode.Return로 각각 지정되어 있습니다.

Input 클래스의 멤버 함수 소개

이전에 사용되었던 Input 클래스 관련 소스코드를 분석해 입력 관련 함수의 작동 방법을 알아봅시다. 다음은 키보드의 상태를 알아내는 함수 목록입니다.

```
Input.GetKeyDown(KeyCode code)
```

Update()에서 사용하면 매 프레임마다 특정 코드 값을 가지는 키가 새로 눌렸는지 여부를 알수 있습니다. 즉 키를 누를 때마다 이 함수는 true를 돌려줍니다. 그렇지 않으면 항상 false를 반환합니다. 이 입력 함수들은 Update()에서만 읽어야 올바른 값이 넘어옵니다.

```
Input.GetKeyUp(KeyCode code)
```

Update()에서 사용하면 매 프레임마다 특정 코드 값을 가지는 키에서 새로 손을 떼었는지 여부를 알 수 있습니다. 즉 키에서 손을 뗄 때마다 이 함수는 true를 돌려줍니다. 그렇지 않으면 항상 false를 반환합니다.

TIP GetKeyDown과 GetKeyUp은 모두 Input 클래스가 제공하는 함수(또는 메소드)라고 합니다. 메소드란 클래스에 소속되어 있는 함수를 말합니다. 클래스에 소속된 함수는 반드시 클래스 이름을 명기하거나 인스턴스 이름을 사용해서 호출해야 합니다. GetKeyDown과 GetKeyUp은 정적 메소드이기 때문에 클래스 이름을 붙여서 사용합니다.

Input System 사용하기

앞의 두 가지 함수를 이용하면 데스크탑의 키보드를 마치 조이스틱이나 조이패드의 키를 읽어내듯 게임용으로 사용할 수 있습니다. 그러나 원래 키보드는 글자를 입력하기 위한 용도로 개발되었기 때문에 이것을 이용하여 게임을 만들면 매우 어색한 동작을 할 수밖에 없습니다.

Input System은 유니티가 제공하는 새로운 입력 처리 방식입니다. 상단 메뉴에서 [Window] → [Package Manager]를 선택합니다. 패키지 매니저에서 상단 탭을 클릭해 [Unity Registry]를 선택합니다. 잠시 후 선택 가능한 많은 패키지가 나타납니다. 여기서 다시 [Input System]을 선택합니다. 이제 [Install]를 누릅니다.

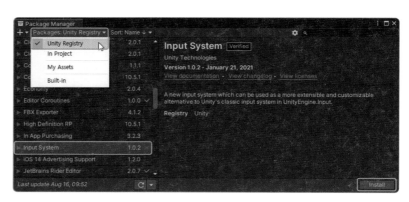

Input System 패키지가 설치되고 있습니다.

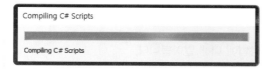

패키지가 설치되고 나면 다음과 같은 경고창이 나타납니다. 경고창의 의미는 새로운 native backend를 사용하겠는지 묻는 경고입니다. 이전에 사용하는 Input 클래스의 함수를 사용할 수 없게 됩니다. 여기서는 [No]를 클릭합니다.

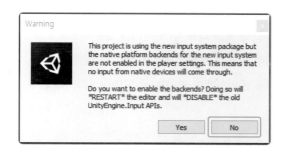

Input System의 설치가 완료되었다면 패키지 매니저는 다음과 같이 나타납니다.

이제 Input Manager와 input System을 함께 사용할 수 있습니다. Input System을 사용한 예제는 추후에 별도로 제작합니다.

사용자로부터 입력을 받아 캐릭터를 움직이는 방법에 대해 알아봅니다.

유니티에서는 Input 클래스를 활용하여 입력장치의 상태를 쉽게 읽어올 수 있습니다. 이는 게임 프로그래밍에서 매우 중요한 요소로, 사용자의 조작은 입력장치에서 시작되기 때문입니다. 유니티는 다양한 입력장치를 지원하며, 키보드, 마우스, 화면 터치, 조이스틱 등이 그 예시입니다.

Input 클래스의 다양한 함수를 사용하여 입력장치의 상태를 확인할 수 있으며, 마우스 버튼 상태와 좌표, 조이스틱 정보, 모바일 터치 입력 등을 다룰 수 있습니다. 또한 Input Manager를 사용하면 Axis 개념을 활용하여 입력 방식을 포괄적으로 지정할 수 있습니다. 이를 통해 키보드 방향키와 조이스틱의 방향키를 동일하게 매핑하는 등 유연한 입력 처리를 구현할 수 있습니다.

학습 포인트

- Input 클래스를 이용하여 입력장치의 값을 읽어옵니다.

- Input 클래스의 GetKeyDown, GetKeyUp, GetMouseButtonDown, GetMouseButtonUp의 입력값은 Update() 함수 안에서만 유효합니다.

- Input Manager에서 각각의 축 방향 입력에 해당하는 수치를 키보드, 조이스틱에 관계없이 미리 정할 수 있습니다. Input.GetAxis를 이용하면 이 값을 편리하게 이용할 수 있습니다.

Chapter 07

다양한 스프라이트의 사용법

다양한 2D 게임을 만들기 위한 스프라이트의 사용 방법을 알아봅시다.

이 장의 핵심

- 스프라이트를 사용하는 다양한 방법에 대해 알아봅시다.
- 간단한 스프라이트를 이용해 복잡해 보이는 게임을 만들어봅니다.
- 스프라이트 시트를 이용해 하나의 텍스처에 여러 스프라이트를 넣는 방법을 알아봅니다.

래스터 이미지

게임을 제작할 때 사용되는 이미지는 벡터(vector) 방식의 이미지와 래스터(raster) 방식의 이미지가 있습니다. 래스터 방식의 그래픽은 픽셀(pixel) 단위의 사각형으로 이루어진 이미지입니다. 흔히 스마트폰으로 찍은 사진을 생각하면 됩니다. 벡터 그래픽은 패스(path)라는 개념을 사용한 것으로 선, 곡선, 도형 등을 이용해 이미지를 구성합니다.

▲ 포토샵으로 래스터 형식의 PNG 스프라이트 이미지를 확대한 모습

많이 사용되는 이미지 편집 툴인 어도비 포토샵은 사진 등의 이미지를 주로 다루는 래스터 방식의 이미지 편집 소프트웨어입니다. 이와 달리 일러스트레이터는 벡터 방식의 이미지 편집 소프트웨어입니다. 유니티에서는 그래픽 자원으로 래스터 방식의 이미지를 주로 사용합니다.

픽셀과 색상 모드

픽셀이란 래스터 이미지를 이루는 각각의 작은 점을 말합니다. 래스터 이미지는 색상 정보를 갖는 작은 픽셀이 많이 모인 것으로, 이미지를 이루는 픽셀 하나마다 자신만의 색상 정보를 가지고 있습니다. 색상 모드는 크게 투명도를 가지는 방식과 가지지 않는 방식으로 나눌 수 있습니다. PNG 파일은 픽셀에 투명도를 가지기 때문에 게임에서 표시하면 투명한 부분은 나타나지 않고 그 아래에 위치한 이미지를 그대로 보여줍니다.

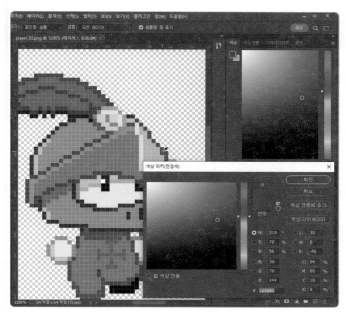

▲ 포토샵으로 본 PNG 파일의 픽셀과 색상 정보

색상 값은 주로 RGB라고 하여 빛의 삼원색인 빨강(red), 초록(green), 파랑(blue)의 3가지 색상을 말합니다. 각각의 값은 0~255까지 8비트의 값을 가질 수 있습니다. 이것을 16진수로도 표시할 수 있는데, 위의 그림에 나타난 파란색은 RGB 값으로 (30, 70, 144)이고 16진수로 #1E4690으로 표시할 수 있습니다. 픽셀의 색은 8비트 × 3 = 24비트로 표현될 수 있으며 여기에 8비트의 투명도 값을 추가하면 32비트의 ARGB 색상이 됩니다.

이미지 파일 포맷

유니티에서 사용 가능한 그래픽 자원으로 이미지 파일이 있습니다. 유니티에서는 다양한 형식의 이미지 파일을 변환 없이 직접 사용할 수 있습니다. 대표적으로 PNG, JPG, BMP, TIF, TGA 등의 이미지 파일과 포토샵의 PSD 포맷이 있습니다. 주의할 점으로, 웹에서 많이 사용되는 GIF는 지원하지 않습니다.

이미지 파일에는 투명도를 지원하는 포맷이 별도로 존재합니다. 다음 표는 많이 사용되는 그래픽 이미지 파일 포맷입니다. 이 가운데 유니티가 지원하는 것을 사용하면 됩니다.

이미지 형식	색상 모드	투명도	압축 여부	그래픽 방식	유니티 지원
PNG	24/32비트	지원	예	래스터	예
JPG	24비트	미지원	예	래스터	예
PSD	32/48비트	지원	예	래스터	예
BMP	1/2/4/8/16/24/32비트	지원	아니오	래스터	예
TGA	8/16/24/32비트	지원	RLE 또는 아니오	래스터	예
TIFF	24/48비트	미지원	예	래스터	예
GIF	256색	지원	예	래스터	아니오
SVG	24비트	지원	아니오	벡터	아니오 또는 에셋 사용

유니티에서 투명도가 필요하지 않는 배경 이미지로는 JPG를 사용하고 스프라이트(sprite)는 PNG 파일을 사용하는 것이 일반적입니다. 여러 사용 방법을 고려해볼 때 PNG 파일이 게임 제작에 좋다고 생각합니다.

JPG 파일은 압축도는 높지만 원본 이미지에서 어느 정도의 손실이 발생하며 투명도를 지원하지 않기 때문에 일반적인 용도의 스프라이트로 사용하기에는 적절하지 않습니다.

스프라이트의 종류

유니티에서 사용하는 사용하는 스프라이트의 종류는 [Single], [Multiple], [Polygon]이 있습니다.

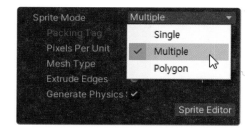

싱글 스프라이트

1개의 스프라이트가 하나의 파일에 있는 경우로 가장 간단한 형태입니다.

멀티 스프라이트

여러 개의 스프라이트가 하나의 파일에 있는 경우로, 스프라이트 에디터를 이용해 슬라이스 (Slice)할 수 있습니다. 하나의 스프라이트는 이미지 파일 안에서 자신만의 영역을 가지게 됩니다.

스프라이트 에디터 설치하기

이 실습은 이전의 Lesson02 프로젝트를 이용하여 계속 진행합니다. 유니티 허브로 Lesson02 프로젝트를 열어주세요. 유니티에서 스프라이트 에디터를 사용하려면 패키지 매니저를 열어서 2D Sprite 패키지를 설치해야 합니다. 유니티 6 이전 버전을 사용하고 있다면 먼저 상단 메뉴에서 [Window] → [Package Manager]를 선택합니다. 다음 패키지 매니저 상단 탭에서 [Unity Registry]를 선택한 뒤 [Install] 버튼을 누릅니다.

▲ 유니티 6 이전 버전의 경우, 패키지 매니저에서 2D Sprite를 설치할 수 있습니다.

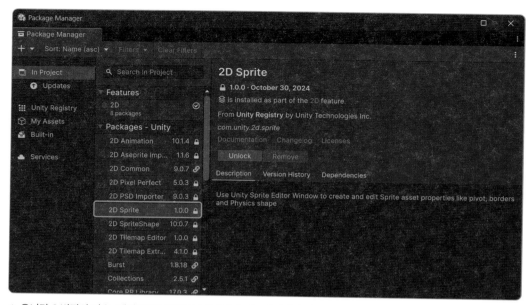

▲ 유니티 6 버전의 경우, 패키지 매니저에서 이미 2D Sprite 패키지가 설치되었음을 확인할 수 있습니다.

스프라이트 시트

여러 개의 스프라이트를 한 개의 파일로 모은 것을 스프라이트 시트(Sprite Sheet)라고 합니다. 스프라이트 시트를 사용하는 이유는 다음과 같습니다.

사용의 편리성

여러 개의 스프라이트가 각각의 파일로 존재하지 않기 때문에 수많은 스프라이트를 사용하는 경우 파일 관리가 아주 편리합니다.

저장 공간의 절약

각각의 스프라이트를 여러 개의 개별 파일로 만드는 것보다 하나의 파일로 합친 것이 일반적으로 크기가 더 작아 파일 저장 공간을 줄일 수 있습니다.

메모리의 절약

유니티 게임을 만들 때 많은 자원을 사용한다면 컴퓨터의 메모리(RAM)를 많이 사용하게 됩니다. 만일 여러 개의 스프라이트를 하나의 파일로 만든다면 한 번에 로딩할 수 있으며 파일 크기가 줄어드는 만큼 저장되는 컴퓨터의 메모리 공간을 함께 절약할 수 있습니다.

실행 속도의 상승

하나의 파일로 만들어진 스프라이트 시트는 일반적으로 한꺼번에 그래픽 메모리에 로딩됩니다. 3D 그래픽을 담당하는 하드웨어는 그래픽 이미지를 저장하는 메모리 공간을 별도로 가지고 있으며 이미지가 많이 사용될 경우 컴퓨터에서 이미지를 가져다 사용합니다. 많이 사용되는 스프라이트를 스프라이트 시트로 만들어 사용하면 내부적인 이미지의 교체가 적게 일어나기 때문에 게임 실행 속도가 빨라집니다.

스프라이트 시트 설정하고 사용하기

스프라이트 시트를 사용하는 경우 스프라이트 에디터를 이용하여 여러 개의 스프라이트로 영역을 나누는 작업을 해야 합니다. 다음 SpriteSheet01.png 파일은 이전에 사용한 10개의 스프라이트 파일을 하나로 모은 스프라이트 시트입니다. 이제 이 파일을 스프라이트 에디터를 이용하여 분리합니다.

실습에 사용할 스프라이트 시트 PNG 파일 하나의 파일에 여러 스프라이트가 들어 있습니다.

TIP 예제에 필요한 스프라이트 파일은 https://github.com/proonan29/LearnUnity01/tree/main/Rev01/Ch07/Sprites에 있습니다. 다운로드한 뒤 탐색기의 다운로드 폴더를 엽니다.

다운로드한 SpriteSheet01.png 파일을 Assets 폴더로 드래그합니다.

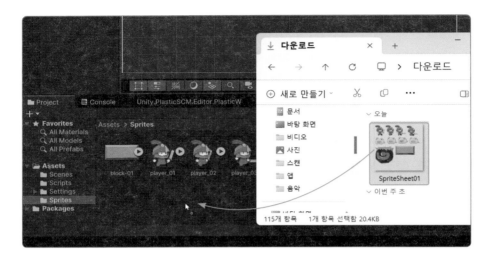

이전 버전의 유니티는 에셋 폴더에 추가된 스프라이트 시트를 한 개의 Single 모드 스프라이트로 인식합니다. 이런 경우, 먼저 추가된 스프라이트를 선택한 뒤 Inspector 창에서 스프라이트 모드를 [Single]에서 [Multiple]로 바꿉니다. 그다음 [Open Sprite Editor] 버튼을 클릭해 에디터를 열어야 합니다. 유니티 6에서는 해당 작업이 자동으로 진행됩니다.

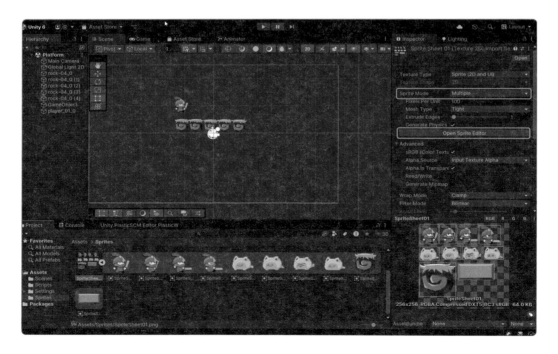

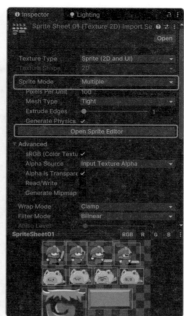

다음의 팝업창이 나올 경우 [Apply] 버튼을 클릭해 승인합니다.

다음 [Slice] 탭을 클릭해 Type을 [Automatic]으로 설정한 뒤 [Slice] 버튼을 클릭합니다.

스프라이트 크기에 맞춰 10개의 스프라이트로 자동 분할된 모습이 보입니다. [Apply] 버튼을 클릭해 10개로 분할된 현재의 내용을 확정합니다.

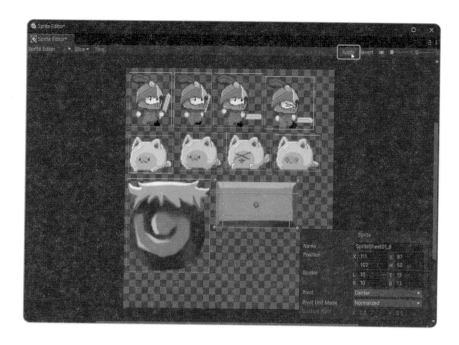

이제 하나의 PNG 파일이 멀티 스프라이트로 전환되어 스프라이트 시트를 사용할 준비가 되었습니다. 유니티 6버전이라면 자동으로 전환됩니다.

작업을 마친 Scene의 내용을 [File] → [Save As]를 선택하고 SpriteSheet로 저장합니다.

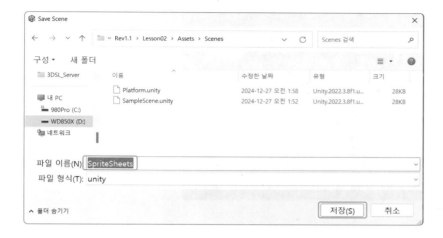

9 슬라이싱 스프라이트

스프라이트로 게임 오브젝트를 만들어 사용할 경우 좌우 또는 상하로 크기를 바꾸어 사용하는 경우가 있습니다. 스프라이트는 래스터 방식의 그래픽이기 때문에 확대할 경우 픽셀이 크게 늘어나게 되어 보기 좋지 않습니다. 이때 9 슬라이싱(9 slicing) 방식의 스프라이트를 이용하면 이런 문제를 해결할 수 있습니다.

▲ 9개의 영역으로 분할한 스프라이트

9 슬라이싱 스프라이트를 사용하기 위해서는 먼저 Sprite Mode의 Mesh Type을 변경해야 합니다. 먼저 Assets 폴더에서 9 슬라이싱을 적용할 스프라이트가 있는 이미지 파일을 선택합니다. 그다음 Mesh Type을 [Full Rect]로 변경해줍니다. 이제 [Sprite Editor] 버튼을 클릭해 스프라이트 에디터를 열어야 합니다.

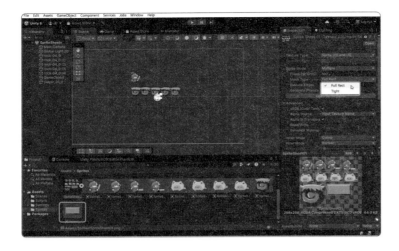

9 슬라이싱을 원하는 스프라이트를 클릭하면 스프라이트의 상하좌우에 4개의 초록점이 나타납니다.

초록색 점을 클릭한 뒤 마우스로 드래그하여 원하는 분할을 만들어냅니다. 4개의 점을 상하좌우로 움직여 분할을 만들어보세요. 화면을 분할하는 4개의 직선을 이용하여 총 9개의 영역을 만들수 있습니다.

완성되었다면 [Apply] 버튼을 클릭하고 스프라이트 에디터 창을 닫습니다.

이제 9 슬라이싱이 된 스프라이트를 Scene 화면으로 드래그하여 게임 오브젝트를 생성합니다.

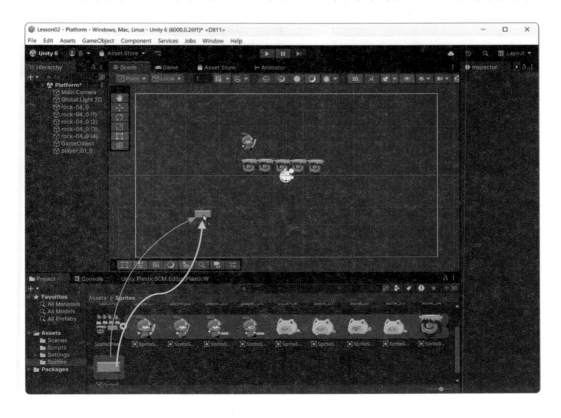

Inspector 창에서 Draw Mode를 [Sliced]로 바꿉니다.

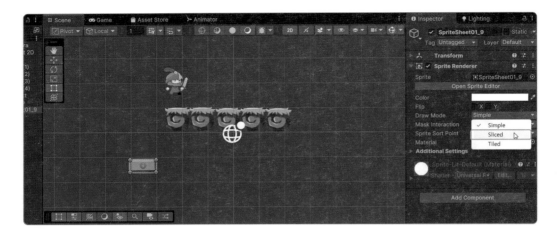

그다음 크기 툴(▣)을 이용하여 선택된 게임 오브젝트의 크기를 변경합니다. 마우스를 이용하여 외곽 테두리를 선택하고 원하는 위치가 될 때까지 크기를 조절해봅니다. 스프라이트의 픽셀이 깨지지 않고 크기가 바뀌는지 살펴봅니다. 이제 9 슬라이스 영역이 잘 적용된 것을 확인할 수 있습니다.

▲ 9 슬라이스가 적용된 스프라이트는 크기를 변경해도 모서리 부분이 깨끗하게 유지됩니다.

9 슬라이스가 적용되지 않은 스프라이트와 비교해보면 차이를 쉽게 알 수 있습니다. 이런 기능은 크기가 일정하지 않은 UI의 프레임을 만들거나 불규칙한 크기의 플랫폼을 가지는 게임 레벨을 만들 때 유용합니다.

멀티 스프라이트 타이트 모드

여러 개의 스프라이트가 하나의 파일에 있는 경우이나 스프라이트 에디터를 이용해 슬라이스할 수 있습니다. 아웃라인(Outline) 스프라이트는 이미지 파일 안에서 자신만의 폴리곤 영역을 가지게 됩니다. 좀 더 복잡하긴 하지만 이미지 공간을 절약할 수 있습니다.

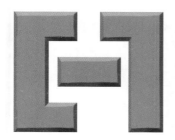

다음 스프라이트를 보면 사각형이 아닌 자신만의 형태를 가지고 있으며 'ㄷ' 'ㄱ' 같은 형태의 스프라이트를 이용하여 3개의 스프라이트를 겹침 없이 사용할 수 있게 배치되어 있습니다. 그러나 일반적인 사각형 슬라이스를 이용하면 중간의 스프라이트가 양쪽에 잘려서 나타나게 됩니다. 이것을 방지하는 방법을 알아보겠습니다

타이트 모드로 지정하기

먼저 스프라이트 모드는 [Multiple]로 지정합니다. Mesh Type을 [Tight]로 지정합니다. 스프라이트 에디터를 엽니다. 그다음 일반적인 방법으로 슬라이스합니다. 이제 3개의 사각형 영역이 생겨납니다.

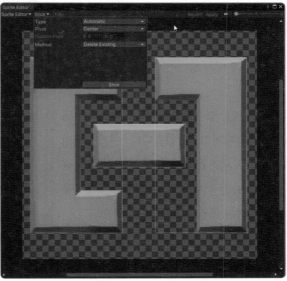

Outline의 설정

스프라이트 에디터의 모드를 [Custom Outline]으로 변경합니다. 첫 번째 스프라이트를 선택합니다. 그다음 [Generate] 버튼을 클릭합니다. 하단의 Outline Detail 값을 적당히 높여 봅시다.

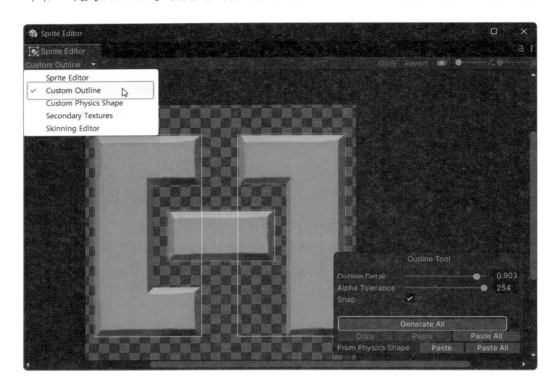

첫 번째 스프라이트의 외곽선을 따라 자동으로 Custom Outline이 생성됩니다. 우리가 원하는 모습은 아니므로 사각형 핸들을 이동시켜 왼쪽 스프라이트 주위를 둘러싸는 형태로 배치합니다.

잘못 배치된 점은 클릭하여 선택한 뒤 Delete 키로 제거할 수 있습니다. 여기 6개의 점들을 모두 제거합니다. 꼭지점이 부족한 경우는 선의 중간을 마우스로 클릭하면 새로운 꼭지점이 생겨 추가로 작업할 수 있습니다.

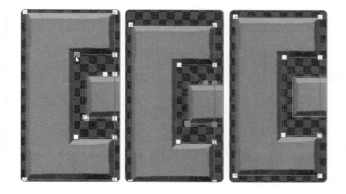

이런 방법으로 다음 스프라이트를 클릭하여 선택한 뒤 스프라이트의 외곽선을 따라 원하는 Custom Outline을 생성할 수 있습니다. 3개 스프라이트의 모든 외곽선을 생성한 뒤 [Apply]를 클릭해 확정합니다.

TIP 예제의 스프라이트 파일은 https://github.com/proonan29/LearnUnity01/blob/main/Rev01/Ch07/Sprites/SpriteSheet02.png에서 다운로드 받을 수 있습니다.

스프라이트 에디터를 닫고 Assets 창에 있는 내용을 확인해보면 3개의 스프라이트가 겹치지 않고 생성되어 있음을 알 수 있습니다

벡터 이미지 사용하기

벡터 그래픽 패키지 사용하기

유니티에서는 벡터 방식의 이미지 역시 지원합니다. 단지 아직 정식 패키지로 출시되지 않은 Preview 상태입니다. 벡터 그래픽 패키지는 유니티 2020.1 버전부터 git URL을 통해 다운로드할 수 있습니다.

먼저 메뉴 [Window] → [Package Manager]를 통해 패키지 매니저를 엽니다. 상단의 [+] 탭을 이용하여 [Add package from git URL]을 선택합니다.

벡터 그래픽의 git URL인 com.unity.vectorgraphics를 정확하게 입력합니다. 벡터 그래픽 프리뷰 패키지가 설치되었음을 확인할 수 있습니다. 이제 샘플 SVG 파일을 Assets 폴더에 넣어 사용해보겠습니다.

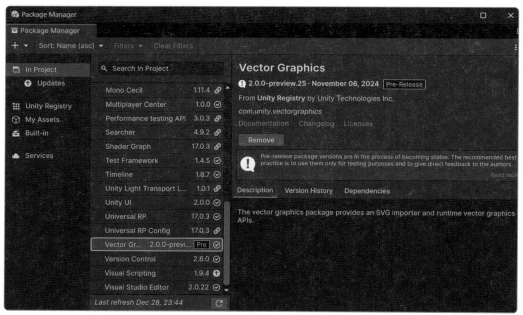

SVG 파일 사용하기

SVG 파일은 Adobe 일러스트레이터 또는 잉크스페이스 등의 벡터 편집 프로그램을 통해 생성할 수 있습니다. 벡터 이미지 작업 내용을 SVG 형태로 Export하면 유니티에서 사용할 수 있습니다. 아직 유니티의 패키지에 몇 가지 제약 사항이 있으므로 너무 복잡하지 않은 단순한 형태 위주로 사용하면 좋은 결과를 가질 수 있습니다.

TIP 예제에 필요한 SVG 벡터 파일은 https://github.com/proonan29/LearnUnity01/tree/main/Rev01/Ch07/svg에 있습니다. 다운로드한 뒤 탐색기로 다운로드 폴더를 열어 Assets 폴더로 이동합니다.

아래의 도형은 어도비 일러스트레이터를 이용하여 작성되었습니다. 이 도형을 SVG 포맷으로 저장합니다.

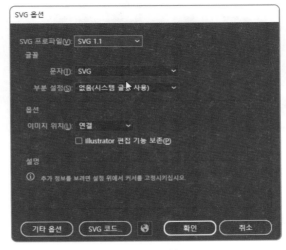

Star.svg 파일을 Assets 폴더로 드래그해 복사합니다.

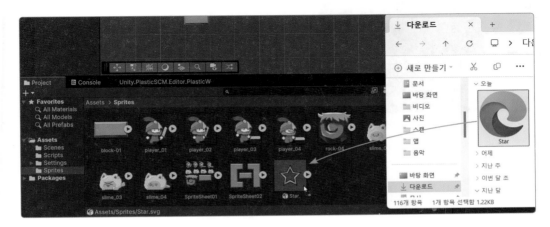

SVG 스프라이트 역시 일반적인 PNG 스프라이트처럼 게임 오브젝트를 만들 수 있습니다.

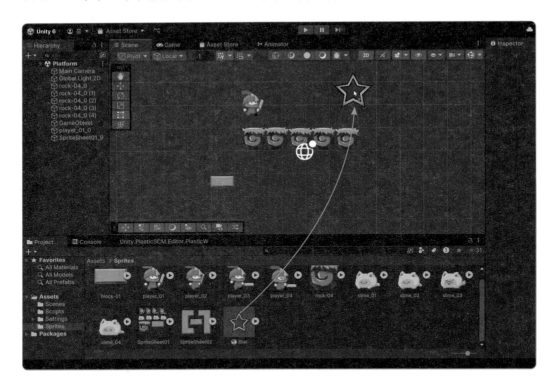

트랜스폼에서 Star 오브젝트의 위치 및 크기를 바꿔봅니다. 마지막으로 [Add Component]를 클릭해 Polygon Collider 2D를 적용합니다. Collider 컴포넌트에 위치한 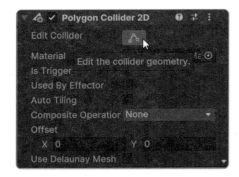 버튼을 이용하여 Polygon Collider를 수정할 수 있습니다.

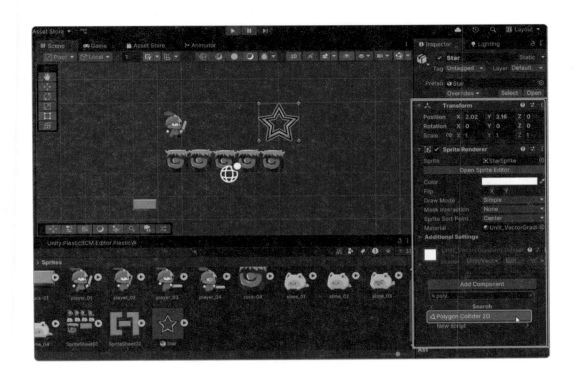

별모양의 테두리에 맞게 Collider를 수정해 봅시다. 꼭지점을 움직이거나 생성하여 원하는 모양을 만들 수 있습니다. [플레이] 버튼을 클릭해 별 모양의 SVG 스프라이트가 잘 작동하는지 확인합니다.

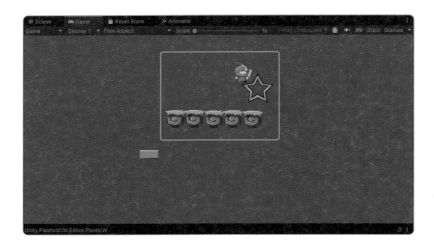

스프라이트의 좌우 반전

스프라이트를 이용하여 게임을 만드는 경우 이동 방향에
따라 왼쪽과 오른쪽으로 이동하는 두 개의 스프라이트를
이용해야 합니다. 하지만 예제의 Assets 폴더에는 한 쪽
방향의 스프라이트만 있습니다. 예제의 주인공 스프라이
트 중에는 왼쪽으로 이동하는 스프라이트가 없습니다.

캐릭터의 이동 방향을 전환하기 위해서는 어떻게 해야 할까요? 스프라이트는 Transform에
Scale에 마이너스 값을 설정하면 좌우 반전을 할 수 있습니다.

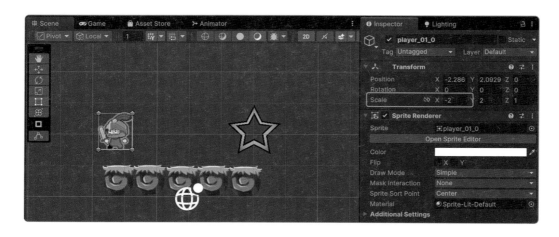

이제 Lesson02에 새로운 스크립트를 추가하여 스프라이트의 좌우 반전이 되도록 바꾸어봅니다.

스크립트를 이용한 스프라이트 제어

이제 스프라이트를 이용한 게임 오브젝트를 스크립트로 제어하는 방법에 대해 알아보겠습니다. 먼저 새로운 스크립트를 하나 생성합니다. 이름은 PlayerMoveLR로 지정합니다.

TIP 소스코드의 내용은 깃허브 주소 https://github.com/proonan29/LearnUnity01/tree/main/Rev01/Ch07/Scripts의 PlayerMoveLR.cs를 다운로드한 뒤 탐색기의 다운로드 폴더를 열어 유니티 에디터의 Assets/Scripts 폴더로 복사합니다.

파일을 더블클릭하여 비주얼 스튜디오를 열어 아래와 같이 내용을 편집합니다.

PlayerMoveLR.cs

```
01 using UnityEngine;
02
03 public class PlayerMoveLR : MonoBehaviour
04 {
05     const float SPEED_JUMP = 5.0f;
06     const float SPEED_MOVE = 3.0f;
07
08     Rigidbody2D rb;
09     bool leftPressed = false;
10     bool rightPressed = false;
11
12
13     // Start is called before the first frame update
14     void Start()
15     {
16         rb = GetComponent<Rigidbody2D>();
17     }
18
19     // Update is called once per frame
20     void Update()
```

```
21      {
22          if (rb != null)
23          {
24              float dist = SPEED_MOVE * Time.deltaTime;
25              Vector2 pos = transform.position;
26              // 왼쪽 이동
27              if (Input.GetKeyDown(KeyCode.LeftArrow))
28              {
29                  leftPressed = true;
30              }
31              if (Input.GetKeyUp(KeyCode.LeftArrow))
32              {
33                  leftPressed = false;
34              }
35              if (leftPressed)
36              {
37                  pos.x -= dist;
38                  transform.localScale = new Vector3(-2, 2, 2);
39              }
40              // 오른쪽 이동
41              if (Input.GetKeyDown(KeyCode.RightArrow))
42              {
43                  rightPressed = true;
44              }
45              if (Input.GetKeyUp(KeyCode.RightArrow))
46              {
47                  rightPressed = false;
48              }
49              if (rightPressed)
50              {
51                  pos.x += dist;
52                  transform.localScale = new Vector3(2, 2, 2);
53              }
54              transform.position = pos;
55
56              // 점프
57              if ( Input.GetKeyDown(KeyCode.UpArrow) || Input.
    GetMouseButtonDown(0))
58              {
```

```
59              Vector2 moveVelocity = rb.linearVelocity;
60              moveVelocity.y = SPEED_JUMP;
61              rb.linearVelocity= moveVelocity;
62          }
63
64          // 순간이동 - 오른쪽 버튼
65          if (Input.GetMouseButtonDown(1))
66          {
67              Vector3 newPos = Camera.main.ScreenToWorldPoint(Input.
    mousePosition);
68              transform.position = newPos;
69              rb.linearVelocity= Vector2.zero;
70          }
71      }
72  }
73 }
```

- 1행: C# 라이브러리를 사용할 때 필요한 구문입니다. 해당 클래스를 사용하겠다고 선언합니다. C# 기본 라이브러리 및 유니티 라이브러리를 사용한다면 위와 같이 적는 것이 일반적인 방법입니다.

- 3행: 새로 만들 PlayerMoveLR라는 클래스를 선언합니다.

- 5~6행: 점프 속도와 이동 속도를 지정하는 상수를 선언합니다.

- 8~10행: 클래스 전역 변수를 선언합니다. 이 변수들은 클래스의 원활한 작동에 필요한 정보를 담고 있습니다. 10행은 리지드바디 2D 정보를 담게 됩니다. 특히 11~12행의 leftPressed와 rightPressed 변수는 왼쪽과 오른쪽 방향키의 상태를 저장하기 위해 우리가 임의로 만든 변수입니다.

- 14~17행: Start라는 이름의 이벤트 함수를 선언합니다. 이 함수는 연결된 게임 오브젝트가 처음 생성되었을 때 단 한 번만 호출되는 특징이 있습니다. 따라서 모든 초기화 값을 여기서 지정합니다. 시작할 때 먼저 리지드바디 2D의 값을 설정합니다.

- 20~72행: Update() 이벤트 함수의 본체입니다. 이 함수는 매 프레임마다 한 번씩 호출됩니다.

- 22행: 리지드바디의 제대로 된 정보가 없다면 오류가 발생합니다. 여기서는 리지드바디가 초기화되어 있는지 먼저 체크합니다.

- 24행: 이전 프레임에서 이번 프레임까지 이동해야 하는 거리를 정합니다. 이동거리는 항상 프레임과 프레임 사이의 시간인 델타타임과 캐릭터의 이동 속도를 곱하면 됩니다.

- 26~39행: 주인공 캐릭터가 왼쪽으로 이동하는 루틴입니다.

- 27~30행: 왼쪽 방향키가 클릭해지는 순간 한 번만 처리됩니다. leftPressed 변수가 true로 설정됩니다.

- 31~34행: 왼쪽 방향키가 떨어지는 순간 한 번만 처리됩니다. leftPressed 변수가 false로

설정됩니다.

- 35~39행: leftPressed가 true이면 이동해야 할 거리를 현재 위치에서 뺍니다. 2D 게임 화면에서 왼쪽 방향은 유니티 좌표에서 음수 방향이기 때문에 숫자를 빼야 올바른 방향이 됩니다. 특히 중요한 것은 스프라이트의 localScale 값에서 x값 역시 음수를 사용하는 점입니다. localScale에 음수를 사용하면 스프라이트가 그 방향에서 뒤집어진 형태로 표시됩니다.
- 40~53행: 주인공 캐릭터의 오른쪽 이동 루틴입니다.
- 41~48행: 오른쪽 방향키가 클릭해진 여부에 따라 rightPressed를 true 또는 false로 설정합니다.
- 49~53행: rightPressed가 true라면 주인공 캐릭터를 오른쪽으로 이동시켜 줍니다. 특히 localScale의 x값을 양수로 해야 PNG 파일의 원래 스프라이트의 방향인 오른쪽 방향으로 표시되게 됩니다. 나머지는 왼쪽 방향으로 이동하는 방식과 동일합니다.
- 54행: 주인공 오브젝트의 위치를 최종적으로 수정합니다.
- 56~62행: 주인공 캐릭터의 점프를 처리합니다.
- 64~70행: 순간 이동을 구현합니다. 마우스 오른쪽 버튼을 클릭하면 그 위치로 주인공 캐릭터가 이동합니다. 주인공이 절벽 아래로 떨어졌을 때 사용할 수 있습니다.
- 67행: 마우스로 클릭한 위치인 스크린 공간 좌표를 카메라를 이용한 월드 좌표로 전환합니다. 이후 주인공의 위치를 바꾼 월드 좌표로 설정합니다. 즉 마우스 클릭한 위치로 주인공이 이동합니다.

원래의 PlayerMove 스크립트를 제거합니다.

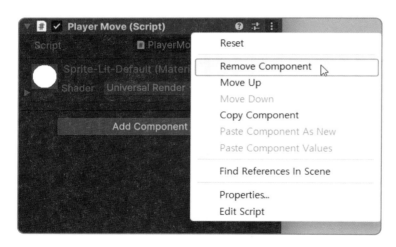

새로운 소스코드에 에러가 없다면, PlayerMoveLR 스크립트를 Player 오브젝트에 적용합니다.

[플레이] 버튼을 클릭해 캐릭터의 좌우 이동 시 주인공 스프라이트의 방향이 바뀌는지 확인합니다. 스크립트 입력에서 아무 오류가 없을 경우 플레이 모드에서 방향키를 눌러 캐릭터를 좌우로 이동하면 스프라이트의 방향이 바뀌게 됩니다.

게임 제작 시 사용되는 이미지에는 벡터 방식과 래스터 방식이 있습니다. 래스터 이미지는 픽셀로 이루어진 이미지로, 포토샵과 같은 소프트웨어를 통해 편집할 수 있습니다. 픽셀은 각각의 작은 점을 말하며, 색상 정보를 담고 있습니다. 래스터 이미지는 PNG, JPG, BMP 등의 파일 형식으로 사용됩니다.

스프라이트 이미지는 게임에서 많이 사용되며, 스프라이트 시트를 통해 여러 개의 스프라이트를 하나의 파일로 관리할 수 있습니다. 스프라이트 시트를 사용하면 편리성, 저장 공간 및 메모리 절약, 실행 속도 향상 등의 이점을 얻을 수 있습니다. 또한, 유니티에서는 벡터 이미지도 지원하며, Preview 상태의 벡터 그래픽 패키지를 활용할 수 있습니다. 스프라이트의 좌우 반전을 통해 게임에서 캐릭터의 이동 방향에 따라 다른 이미지를 사용할 수 있습니다.

학습 포인트

- 래스터 그래픽과 벡터 그래픽의 차이점
- 픽셀과 색상 모드
- 이미지 파일 포맷
- 스프라이트 에디터의 설치 및 사용
- 스프라이트 시트
- 9 슬라이싱 스프라이트
- 벡터 이미지의 사용
- 스프라이트의 좌우 반전

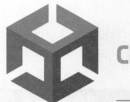

Chapter 08

사용자 인터페이스를
만들어보자

유니티가 제공하는 사용자 인터페이스(UI)를 이용하여 게임에 필
요한 UI를 만들어봅시다.

이 장의 핵심

- 게임에 필요한 정보를 제공하는 UI를 만들어봅니다.
- 스프라이트를 이용하여 UI에 이미지를 적용합니다.
- 유니티가 제공하는 다양한 UI 기능을 이용합니다.
- 게임에 필요한 다양한 UI 요소를 구현합니다.

Text와 캔버스 사용하기

Hello World 문자 표시하기

유니티를 이용하여 우리가 원하는 문자를 화면에 표시해보겠습니다. 먼저 유니티 허브에서 새로운 3D 프로젝트를 생성합니다. 프로젝트의 이름은 DemoUI로 합니다.

유니티 에디터가 열리면 Assets 폴더에 Scripts 폴더를 생성한 뒤 새로운 C# 스크립트를 생성합니다. 스크립트의 이름은 HelloWorld로 합니다. 파일을 더블클릭하여 비주얼 스튜디오를 엽니다. 다음 스크립트를 입력하고 저장합니다.

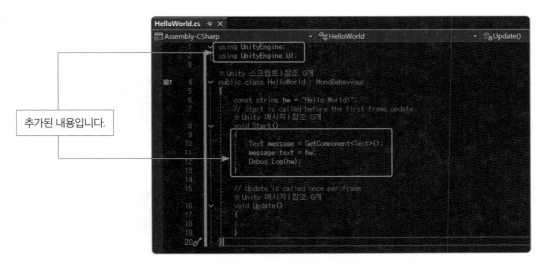

추가된 내용입니다.

TIP 소스코드의 내용은 깃허브 주소 https://github.com/proonan29/LearnUnity01/tree/main/Rev01/Ch08/ Scripts의 HelloWorld.cs를 사용합니다. 다운로드한 뒤 탐색기의 다운로드 폴더를 열어 유니티 에디터의 Assets/Scripts 폴더로 복사합니다.

유니티 에디터의 Hierarchy 창에서 마우스 오른쪽 버튼을 클릭해 [UI] → [Legacy] → [Text]를 클릭해 새로운 텍스트(Text)를 추가합니다.

이때 새로 2개의 오브젝트가 생긴 것을 알 수 있습니다. 우리가 원하는 것은 Text를 표시해줄 수 있는 UI 오브젝트인데 Canvas라는 오브젝트가 Text의 부모로 함께 생성되었습니다.

Canvas를 더블클릭하면 UI 화면의 전체적인 배치를 볼 수 있습니다. 이제 2D 버튼을 클릭해 화면을 2D 모드로 전환합니다. 이 모드는 UI 작업을 할 때 특히 편리합니다.

Text를 선택하면 Inspector 창의 Rect Transform에 Text의 위치가 나타납니다. 이제 Position(위치)을 (0, 0, 0)으로 수정합니다. Width(넓이)를 300으로, Height(높이)를 100으로 수정합니다. Font Size(폰트 크기)를 30으로 바꾸고 Alignment를 바꾸어 중앙에 위치하게 합니다.

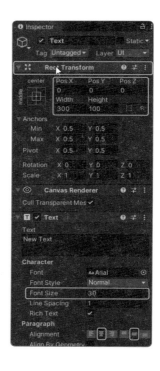

여기까지의 작업을 마치면 스크립트를 추가해봅니다.

TIP 유니티에서 모든 UI 요소는 Canvas라는 오브젝트 아래에 배치해야 합니다. 만일 Canvas가 없다면 처음 UI를 만들 때 자동으로 생성하게 됩니다.

스크립트의 실행

유니티의 C# 스크립트를 실행시키는 방법은 스크립트를 게임 오브젝트에 컴포넌트로 추가하면 됩니다. HelloWorld 스크립트를 드래그하여 Text에 추가합니다.

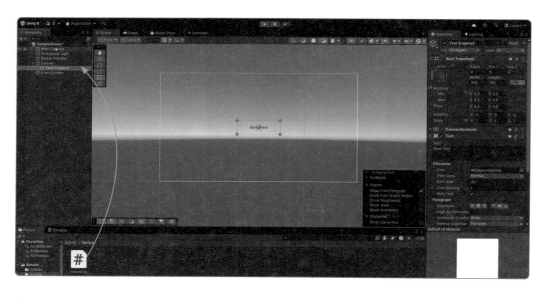

이제 [플레이] 버튼을 클릭해 실행 결과를 확인해봅니다. [Console] 탭을 클릭해 Log를 확인해
보면 'Hello World!'라는 로그가 표시된 것을 확인할 수 있습니다.

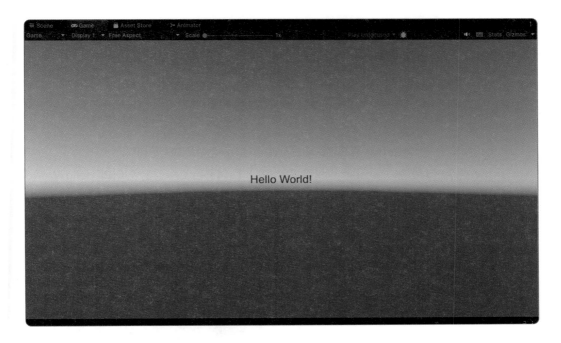

HelloWorld.cs

```
01  using UnityEngine;
02  using UnityEngine.UI;
03
04  public class HelloWorld : MonoBehaviour
05  {
06      const string hw = "Hello World!";
07      // Start is called before the first frame update
08      void Start()
09      {
10          Text message = GetComponent<Text>();
11          message.text = hw;
12          Debug.Log(hw);
13      }
14
15      // Update is called once per frame
16      void Update()
17      {
18
```

```
19    }
20  }
```

- 1행: 이전과 동일한 내용입니다.
- 2행: UI를 사용하려면 이 항목을 추가합니다.
- 6행: "Hello World!"라는 스트링 상수를 선언합니다. 이름은 hw로 합니다.
- 10행: 스크립트가 추가된 오브젝트에서 Text 컴포넌트를 찾습니다. 찾은 결과를 message 변수에 적용합니다.
- 11행: message가 지정하는 Text 컴포넌트의 문자열 값을 hw 상수로 교체합니다.
- 12행: hw 상수의 내용을 Console 창으로 출력합니다. 14행은 C++같은 언어의 Hello World 프로그램과 같은 내용입니다. 유니티에서는 프로그램의 활동을 추적하는 Log(작동기록) 용도로 사용됩니다.

Scene 저장하기

상단 메뉴 [File] → [Save As]을 선택해 Scene을 HelloWorld라는 이름으로 저장합니다.

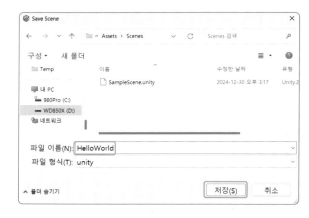

월드 공간 좌표 및 스크린 공간 좌표

UI가 사용하는 좌표와 일반 게임 오브젝트가 사용하는 좌표는 체계가 다릅니다. 사실 UI는 별도의 공간에 구성하는 것이 사용하기 편리합니다. 따라서 유니티는 스크린 공간 좌표계를 사용합니다.

UI에 사용되는 오브젝트는 모두 Canvas의 자식 노드로 등록해야 합니다. 이때 오브젝트는 자동으로 스크린 좌표계를 사용하게 됩니다. 일반적인 게임 오브젝트는 월드 좌표계를 사용합니다.

UI가 아닌 보통의 게임 오브젝트는 Canvas 아래에 자식으로 등록하지 않습니다.

패널 사용하기

패널을 사용하면 UI의 윤곽을 더욱 뚜렷하게 표현할 수 있어 많이 사용됩니다. 다음 그림은 패널의 사용 예를 보여줍니다. 왼쪽은 패널이 없어서 UI의 범위를 알기 어려운 경우입니다.

다음은 패널을 사용하여 팝업이 나타난 것처럼 UI 창의 범위를 지정할 수 있습니다. 패널은 사실 1개의 이미지 또는 9 슬라이싱 이미지를 이용하여 구현되는 것을 알 수 있습니다.

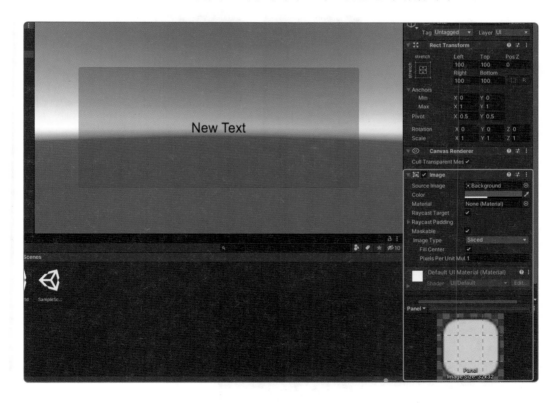

패널에 사용되는 기본 이미지는 Background라는 9 슬라이싱 스프라이트로 유니티 프로젝트를 생성할 때 자동으로 함께 생성됩니다. 이 이미지는 흰색 픽셀로 이루어져 있기 때문에 Color 항목에서 색상과 투명도를 지정하면 간단하게 원하는 색으로 바꾸어 표현할 수 있습니다.

패널 생성하기

Hierarchy 창에 생성되어 있는 Canvas를 선택합니다. 오른쪽 버튼을 클릭해 [UI] → [Panel]을 선택합니다.

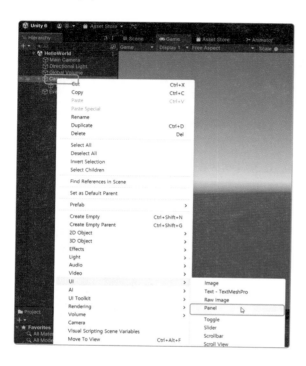
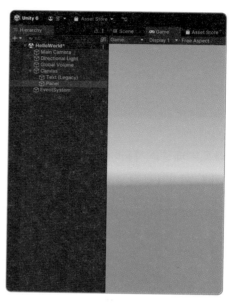

Panel이 새로 생성되었습니다. UI는 Canvas 안에 배치 순서로 렌더링이 진행됩니다. 따라서 새로 만든 Panel은 기존에 위치한 Text 다음에 그려지게 됩니다. 따라서 Text의 내용이 별로 보기에 좋지 않습니다. 패널은 바탕화면 이미지를 담당하게 되므로 Panel의 위치를 맨 위로 옮겨야 합니다.

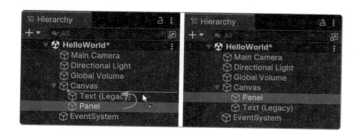

Panel의 Inspector 창에서 아래와 같이 Rect Transform 설정 값을 (100, 100, 100, 100)으로 바꿉니다.

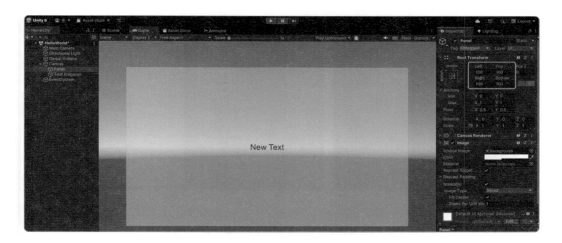

상단의 [Game] 탭을 클릭해 결과 화면을 보면 상하좌우 각각 100픽셀의 빈 테두리가 나타난 것을 볼 수 있습니다.

이미지

유니티 UI에서도 7장에서 공부한 스프라이트를 이용한 이미지를 사용할 수 있습니다. 일반적인 스프라이트를 사용하는 게임 오브젝트와 달리 UI 에서는 이미지라는 별도의 컴포넌트를 사용합니다. UI 이미지는 기본적으로 패널과 동일합니다. 단지 기본 스프라이트를 지정하지 않기 때문에 사용자가 직접 원하는 스프라이트를 지정합니다.

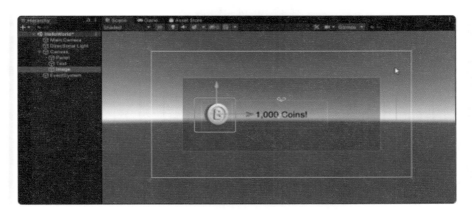

▲ 원하는 스프라이트를 이용해 UI 이미지로 표현해봅니다.

TIP 예제에 필요한 이미지 파일은 https://github.com/proonan29/LearnUnity01/tree/main/Rev01/Ch08/
Sprites에 있습니다. 다운로드한 뒤 탐색기의 다운로드 폴더를 열어 유니티 에디터의 Assets/Sprites 폴더로
복사합니다.

이미지 추가하기

Assets 아래에 Sprites 폴더를 생성하고 깃허브에서 동전 이미지(coin-02.png)를 복사합니다.

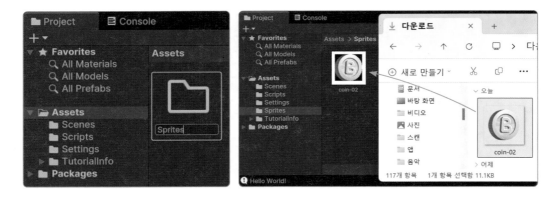

Canvas를 선택한 뒤 오른쪽 버튼을 클릭해 [UI] → [Image]를 선택합니다.

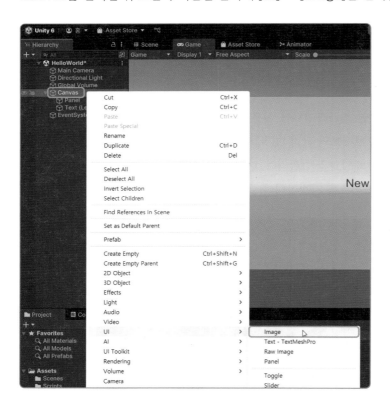

UI 이미지를 생성한 뒤에 원하는 스프라이트를 지정해야 합니다. Assets/Sprites 폴더에 있는 Coin-02.png 스프라이트를 클릭하여 Texture Type이 Sprite(2D and UI) 모드인지 확인합니다. 또한 Sprite 모드가 Single이어야 합니다.

Coin-02 오른쪽 화살표를 클릭해 스프라이트 목록을 확장합니다. Coin-02 스프라이트를 드래그하여 Image 컴포넌트의 Source Image에 지정합니다.

[이동 툴]을 클릭하고 코인 이미지를 원하는 곳으로 이동합니다. 또는 Rect Transform의 Pos X 값을 -200으로 지정합니다.

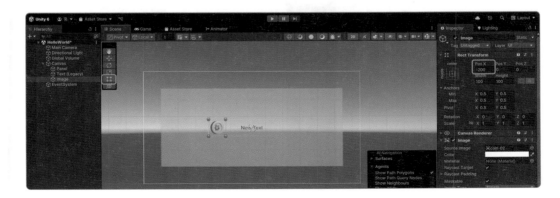

UI 배경인 패널의 색상이 너무 밝기 때문에 조금 어둡게 조정해보겠습니다. Panel 오브젝트를 선택한 뒤 Image 컴포넌트 아래의 [Color]를 클릭합니다. Color 패널이 나타나면 Hexadecimal 값에 4D4D4D를 입력합니다. 다음 그림과 같이 설정합니다. 이후 Color 패널을 닫을 수 있습니다.

버튼과 이벤트 처리

UI를 이용한 버튼을 만들면 키보드를 통한 사용자의 입력을 받지 않고도 다양한 동작을 구현할 수 있습니다. 이전 작업 내용에 추가하여 다음과 같은 버튼을 넣을 수 있습니다.

버튼 추가하기

Hierarchy 창에서 Canvas를 선택하고 마우스 오른쪽 버튼을 이용해 [UI] → [Legacy] → [Button]을 선택합니다. 기존에 만들어진 Canvas가 없다면 [UI] → [Canvas]를 이용해 Canvas를 먼저 생성해야 합니다.

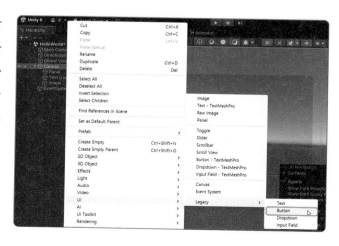

버튼의 위치 수정하기

이동 기즈모를 이용하거나 또는 Inspector 창에서 Rect Transform의 위치 값을 변경합니다.
버튼의 위치와 함께 Width, Height 값을 바꿔 버튼의 크기를 조절합니다. 다음의 그림과 같이
Rect Transform 항목의 Pos Y를 -70, Width를 160, Height를 30으로 지정합니다.

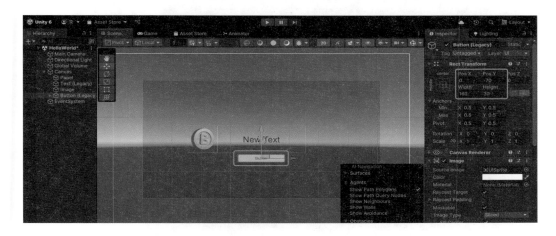

버튼 텍스트 수정하기

Button 오브젝트 아래의 Text 항목에서 Text의 내용을 OK로 수정합니다

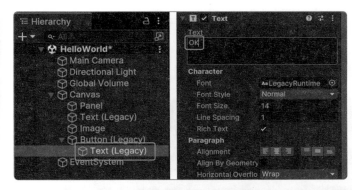

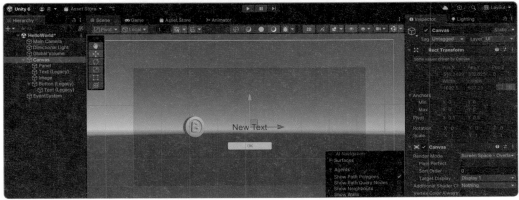

Assets/Sprites 폴더에 9 슬라이싱 스프라이트인 block-01.png를 추가합니다. 이전 예제에서 다운로드 받은 이미지를 사용합니다. Button 오브젝트에 연결된 이미지 컴포넌트의 Source Image 항목에 block-01 스프라이트를 적용합니다. Image Type는 Sliced를 사용합니다.

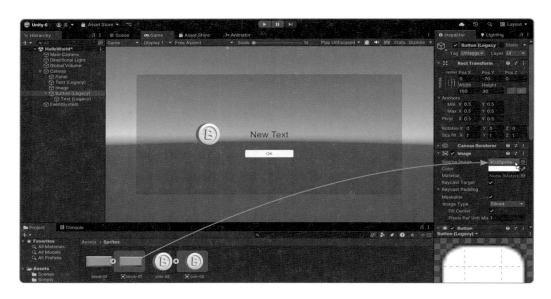

현재의 프로젝트는 universal 3D 템플릿을 이용하였으므로 2D 패키지가 인스톨 되지 않습니다. 이런 경우 Package Manager에서 검색하여 설치하거나 스프라이트의 Inspector에서 설치가 가능합니다.

9 슬라이싱을 이용하여 버튼을 만든 최종적인 UI의 형태는 다음과 같습니다.

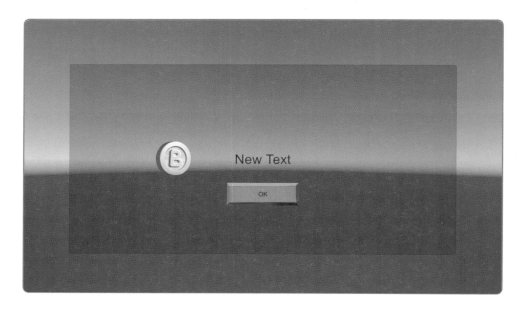

버튼 이벤트의 처리

버튼을 클릭하면 스크립트를 이용하여 그 다음의 처리를 할 수 있습니다. 버튼 이벤트 실습을 위해 먼저 필요한 스크립트를 생성합니다. Assets/Scripts 폴더에 PopUp.cs이라는 스크립트를 생성합니다.

PopUp.cs 스크립트를 더블 클릭하여 비주얼 스튜디오를 열고 다음과 같이 스크립트를 수정합니다. 자동 생성된 기본 스크립트에서 달라진 부분은 5행과 14~17행입니다. canvasPopup변수에는 Hierarchy 창에서 Canvas를 지정해야 합니다. 수정 후 [Save] 버튼을 클릭해 PopUp.cs 스크립트를 저장합니다.

```csharp
using UnityEngine;

// Unity 스크립트 | 참조 0개
public class PopUp : MonoBehaviour
{
    public GameObject canvasPopup;

    // Start is called once before the first execution of Update after the MonoBehaviour is created
    // Unity 메시지 | 참조 0개
    void Start()
    {

    }

    // Update is called once per frame
    // Unity 메시지 | 참조 0개
    void Update()
    {
        canvasPopup.SetActive(false);
    }
}
```

Hierarchy 창에서 Canvas를 선택한 뒤 PopUp.cs 스크립트를 드래그하여 Canvas 안에 컴포넌트로 추가합니다.

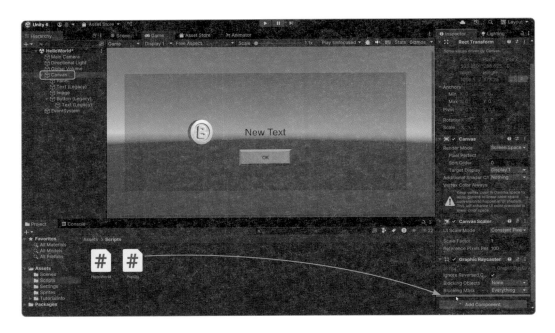

이후 Canvas를 드래그하여 PopUp.cs 스크립트의 Canvas Popup에 적용합니다.

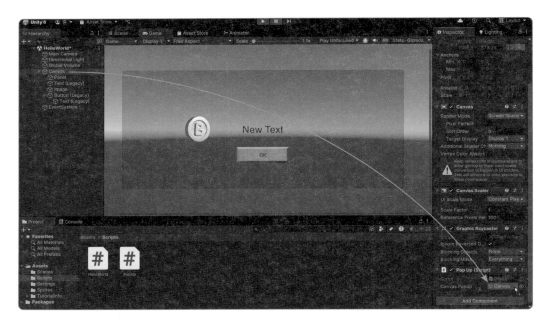

버튼 이벤트 추가하기

Button 오브젝트를 선택합니다. Inspector 창에서 아래로 스크롤한 뒤 Button 컴포넌트의
OnClick() 항목에서 [+] 버튼을 클릭해 새로운 이벤트를 등록합니다.

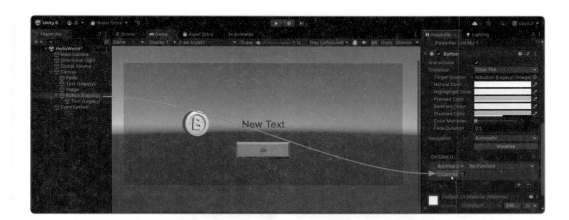

Button을 선택한 상태에서 Canvas를 드래그하여 Runtime 아래의 오브젝트 칸에 지정합니다. OnClick 항목에서 [No Function]을 클릭해 [PopUp] → [ClosePopup()]을 선택합니다.

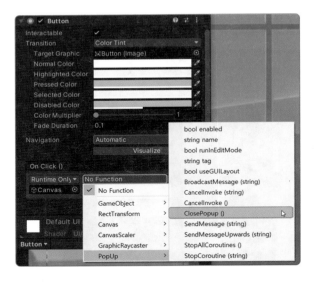

최종적인 설정은 다음 그림과 같습니다.

이제 [플레이] 버튼을 클릭해 플레이 모드로 들어갑니다. UI의 [OK] 버튼을 클릭하면 Hello World 팝업창이 사라집니다.

UI 오브젝트의 정렬: 앵커

앵커는 UI에 사용되는 오브젝트의 정렬 기준을 제공합니다. 기본적으로 9개의 기준과 거기에서 파생된 7개의 기준이 있습니다. 이렇게 16가지의 기준 유형을 선택할 수 있습니다.

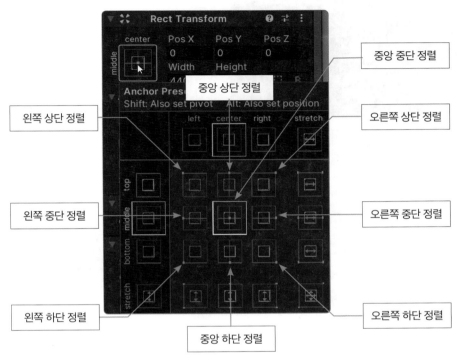

▲ 앵커의 선택은 Rect Transform 컴포넌트 창에서 가능합니다. 앵커 이미지를 클릭하고 아래에 나타나는 앵커 중 하나를 고르면 됩니다.

스트레치 모드

스트레치 모드는 화면의 크기에 맞춰 UI의 크기가 변동되게 하고 싶을 때 사용합니다. 스트레치 모드는 7개의 기준을 선택할 수 있습니다.

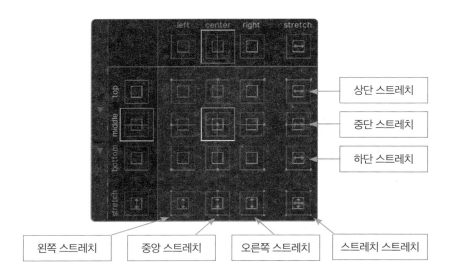

			상단 스트레치
			중단 스트레치
			하단 스트레치

왼쪽 스트레치 　　중앙 스트레치 　　오른쪽 스트레치 　　스트레치 스트레치

왼쪽 스트레치(stretch left)

UI가 게임 화면에서 아래, 위, 왼쪽의 간격을 유지하면서 주어진 폭을 유지합니다. 오른쪽 간격과 UI 높이는 화면 크기에 따라 유동적입니다. 다음의 그림은 왼쪽 스트레치 모드에서 상하좌우 간격 및 넓이, 높이 변화를 보여줍니다.

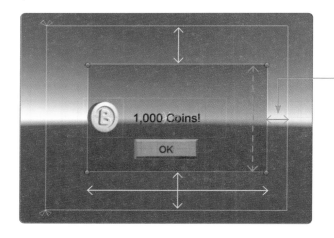

왼쪽 스트레치 모드는 지정된 아래, 위, 왼쪽 간격 및 UI의 폭을 고정 값을 유지합니다. 오른쪽 간격과 높이는 유동적입니다.

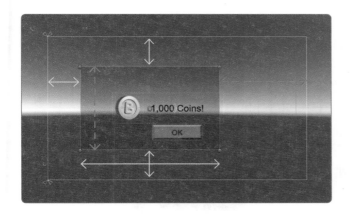

중앙 스트레치(stretch center)

UI가 게임 화면에서 아래, 위의 간격을 유지하면
서 주어진 폭을 유지합니다. 왼쪽, 오른쪽 간격과
UI 높이는 화면 크기에 따라 유동적입니다.

오른쪽 스트레치(stretch right)

UI가 게임 화면에서 오른쪽, 아래, 위의 간격을 유
지하면서 주어진 폭을 유지합니다. 왼쪽 간격과 UI
높이는 화면 크기에 따라 유동적입니다.

상단 스트레치(top stretch)

UI가 게임 화면에서 왼쪽, 오른쪽, 위의 간격을 유
지하면서 주어진 높이를 유지합니다. 아래위 간격
과 UI 폭은 화면 크기에 따라 유동적입니다.

중단 스트레치(middle stretch)

UI가 게임 화면에서 왼쪽, 오른쪽 간격을 유지하
면서 주어진 높이를 유지합니다. 아래위 간격과 UI
폭은 화면 크기에 따라 유동적입니다.

하단 스트레치(bottom stretch)

UI가 게임 화면에서 왼쪽, 오른쪽, 아래의 간격을 유지하면서 주어진 높이를 유지합니다. 아래위 간격과 UI 폭은 화면 크기에 따라 유동적입니다.

스트레치 스트레치(stretch stretch)

UI가 게임 화면에서 왼쪽, 오른쪽, 위, 아래의 간격을 유지합니다. UI 넓이와 폭은 화면 크기에 따라 유동적입니다.

팝업 창 On/Off 구현하기

이제 모든 UI를 합쳐 팝업 대화상자를 만들어 보겠습니다. 팝업은 게임 및 애플리케이션에서 많이 사용되므로 프리팹(prefab)으로 만든 후 필요한 곳에서 사용하면 편리합니다.

팝업 창 열기

팝업 창을 열고 싶을 때는 먼저 만들어진 팝업 UI를 숨겨놓은 뒤 스크립트를 통해서 다시 보이게 처리하면 됩니다.

먼저 팝업 창 열기를 처리하기 위한 캔버스와 버튼을 생성합니다. 새로운 Canvas를 만들기 위해 Scene 이름을 선택한 뒤 상단 메뉴 [GameObject] → [UI] → [Canvas]를 선택합니다. 캔버스가 생성되면 이름을 CanvasButton으로 수정합니다.

[CanvasButton]을 선택한 뒤 상단 메뉴 [GameObject] → [UI] → [Button]을 선택하거나 마우스 오른쪽 버튼을 클릭해 [UI] → [Button]을 클릭해 생성합니다. 생성된 버튼의 이름을 ButtonOpen으로 수정합니다. 버튼의 Text를 Open Popup으로 수정합니다.

생성된 버튼의 위치를 화면 오른쪽 상단으로 수정합니다. 버튼의 앵커를 오른쪽 상단으로 바꿉니다. XY 위치를 (-90, -35)로, 버튼 크기를 (160, 60)으로 변경합니다.

PopUp.cs 스크립트의 내용을 다음과 같이 수정합니다. 팝업 창 열기를 담당할 함수인 OpenPopup 함수와 열기 버튼을 저장할 변수인 buttonOpen을 추가하였습니다. 처음 한 번만 실행되는 Start()에서는 버튼만 남기고 팝업 창은 보이지 않게 처리합니다.

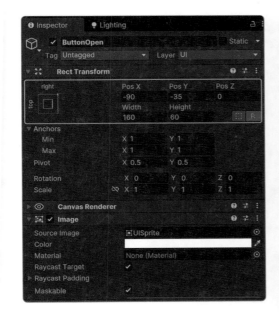

PopUp.cs

```
01  using UnityEngine;
02
03  public class PopUp : MonoBehaviour
04  {
05      public GameObject canvasPopup;
06      public GameObject buttonOpen;
07
08      // Start is called before the first frame update
09      void Start()
10      {
11          canvasPopup.SetActive(false);
12          buttonOpen.SetActive(true);
13      }
14
15      // Update is called once per frame
16      void Update()
17      {
18
19      }
20
21      public void ClosePopup()
22      {
23          canvasPopup.SetActive(false);
24          buttonOpen.SetActive(true);
25      }
26
27      public void OpenPopup()
28      {
29          canvasPopup.SetActive(true);
30          buttonOpen.SetActive(false);
31      }
32  }
```

Open 버튼의 이벤트 처리

Canvas에 포함된 PopUp.cs 스크립트의 ButtonOpen의 항목을 지정합니다.

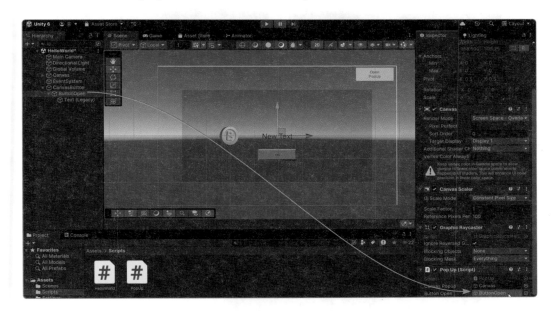

ButtonOpen 오브젝트의 OnClick 항목에 [Canvas]를 지정한 뒤 함수 목록에서 [PopUp] →
[OpenPopup]을 선택합니다. [플레이] 버튼을 클릭해 결과를 확인합니다.

플레이가 시작되면 화면 오른쪽 상단에 [Open Popup] 버튼이 나타나며 이것을 클릭하면 오른쪽 화면처럼 팝업 창이 나타납니다. [OK] 버튼을 클릭하면 다시 왼쪽 화면으로 돌아갑니다.

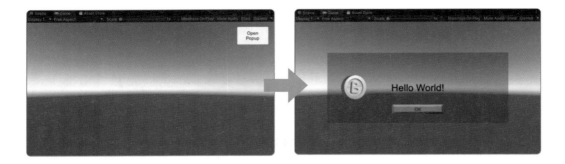

Scene 저장하기

상단 메뉴에서 [File] → [Save As]를 선택해 완성된 Scene을 Assets/Scenes 폴더 아래에 저장합니다. Scene의 이름은 UI_001로 합니다.

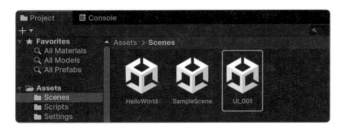

TIP 소스코드의 내용은 깃허브 주소 https://github.com/proonan29/LearnUnity01/tree/main/Rev01/Ch08/
Scripts의 PopUp.cs를 사용합니다. 다운로드한 뒤 탐색기의 다운로드 폴더를 열어 유니티 에디터의 Assets/
Scripts 폴더로 복사하거나 Visual Studio를 이용해 동일하게 작성합니다.

캔버스 스케일

유니티로 게임을 만들 때 항상 고려해야 하는 문제는 바로 화면 해상도입니다. 유니티는 PC, 맥과 같은 데스크탑 기기에서 다양한 모바일 기기에 이르기까지 많은 운영체제와 화면 해상도를 가진 디바이스에서 작동되는 애플리케이션을 만들 수 있습니다.

다음의 경우는 Free Aspect 화면 모드를 이용하여 서로 다른 화면 해상도를 시뮬레이션 하는 경우입니다. 가운데 작업 화면의 크기를 마우스를 이용하여 바꾸면 이에 따라 최종 게임 화면에 등장하는 UI의 모습이 조금씩 바뀌게 됩니다.

▲ [Game] 탭에서 화면 모드를 [Free Aspect]로 지정하면 화면 크기를 자유롭게 설정할 수 있습니다.

Free Aspect에서는 화면 크기가 자유롭게 변할 수 있는 반면, UI의 크기는 고정된 Pixel Size를 유지합니다. 이런 문제를 해결하기 위해서는 Canvas Scaler의 설정을 바꿔주면 됩니다.

▲ 사용자가 보게 되는 화면인 Game 화면의 크기 비율을 바꾸면 UI가 다 표시되지 않는 문제점이 있습니다.

먼저 적용할 대상의 UI Canvas를 선택합니다. 여기서는 Canvas 오브젝트를 선택하면 됩니다. Inspector 창에서 Canvas Scaler 컴포넌트에서 UI Scale Mode를 클릭해 Scale With Screen Size를 선택합니다.

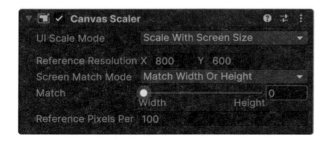

다음 Reference Resolution을 (800, 600)으로 수정합니다. Screen Match Mode는 Match Width Or Height를 선택합니다. Match는 0.5를 적용합니다. 위의 그림과 같게 설정을 맞추어줍니다.

Scale With Screen Size를 적용하면 UI의 크기가 자동으로 정의한 기본 화면 크기(Reference Resolution)과 연동됩니다. 아래의 표는 많이 사용되는 중요한 해상도 목록입니다.

해상도 명칭	가로 화면(Landscape)	세로 화면(Portrait)	주요 기기
VGA	640, 480	480, 640	VGA card
SVGA	800, 600	600, 800	SVGA card
XGA	1024, 768	768, 1024	XGA card
HD	1280, 720	720, 1280	HD TV
Full HD (FHD)	1920, 1080	1080, 1920	FHD TV or 모니터
QHD	2560, 1440	1440, 2560	QHD 모니터
4K UHD	3840, 2160	2160, 3820	4K 모니터
5K	5120, 2880	2880, 5120	5K 아이맥

Canvas Scaler를 적용시킨 뒤 화면의 크기 변화를 알아봅시다. 게임 화면 속의 UI의 크기가 적절하게 변하는 것을 확인할 수 있습니다.

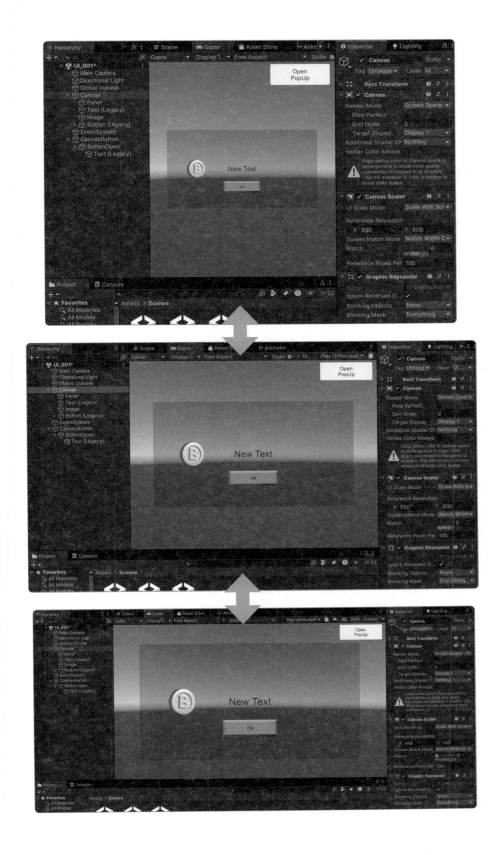

8장 같이 정리해보기

유니티를 사용하여 다양한 사용자 인터페이스를 만들고 다양한 해상도에 대응하는 방법을 알아보았습니다.

UI에 사용되는 오브젝트는 Canvas의 자식으로 등록되며, 스크린 좌표계를 사용합니다. 이미지와 스프라이트를 사용하여 UI를 꾸밀 수 있으며, 버튼을 추가하고 이벤트를 처리할 수도 있습니다. 앵커를 이용하여 UI 오브젝트를 정렬할 수 있고, 팝업 창을 만들어 팝업 대화상자로 사용할 수도 있습니다. 또한, 화면 해상도에 대한 고려도 필요한데, 유니티는 다양한 디바이스에서 작동하는 애플리케이션을 만들 수 있습니다.

학습 포인트

- 캔버스의 개념
- 월드 좌표 및 스크린 좌표
- 글자를 표시하는 Text UI
- 패널 UI의 사용
- 이미지 UI
- 버튼 UI의 구현 및 이벤트 처리
- UI의 정렬 방법, 앵커의 개념
- 캔버스 스케일

Chapter 09

프리팹 활용하기

실시간으로 캐릭터, 배경 오브젝트 및 효과를 생성하기 위한 가장
좋은 방법인 프리팹(Prefab)에 대해 알아봅시다.

이 장의 핵심

- 프리팹의 개념을 알아봅니다.
- 프리팹을 제작하여 게임에서 사용하는 방법을 알아봅니다.

프리팹이란

다음 그림은 퍼즐 게임의 화면입니다. 화면에는 똑같이 생긴 오브젝트가 많이 중복되어 배치된 상태입니다. 이러한 화면은 개발자가 Scene 화면에 직접 오브젝트를 일일이 만들어 배치할 수도 있습니다. 다만 이렇게 많은 오브젝트를 수작업으로 생성하려면 많은 시간과 노력이 필요합니다.

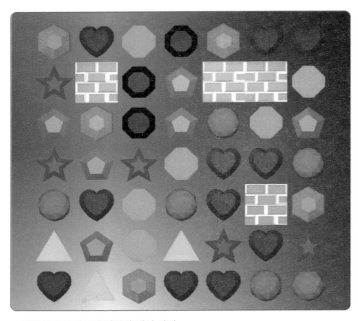

▲ 똑같은 오브젝트가 가득한 게임 화면

또 다른 방법은 스크립트를 이용하여 정해진 규칙에 의해 오브젝트를 배치하는 방법도 있습니다. 물론 실제 퍼즐 게임을 만드는 경우에는 거의 대부분 스크립트를 이용하여 게임 화면을 구성합니다.

프리팹은 미리 만들어둔 오브젝트를 특별한 곳에 저장해 두고 계속 재사용하는 것을 말합니다. prefabrication이라는 영어 단어는 조립식 주택을 지을 때 미리 만들어 놓은 벽 또는 지붕을 조립해서 완성한다는 의미입니다. 게임 제작에서 프리팹을 이용하면 마치 빵틀을 이용하여 붕어빵을 대량으로 만들 듯 동일한 오브젝트를 계속 손쉽게 생산할 수 있습니다.

3D 프리팹 생성하기

유니티 허브에서 먼저 Lesson03이라는 3D 프로젝트를 생성합니다.

Scene 화면에 3D Cube를 하나 생성합니다. 마우스 오른쪽 버튼을 클릭하고 [3D Object] → [Cube]를 선택합니다.

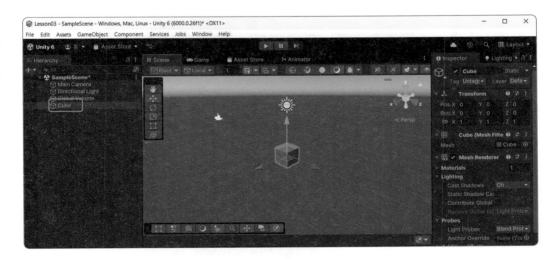

Cube 오브젝트를 선택하고 [Add Component]를 클릭하여 리지드바디를 추가합니다. 이제 이 오브젝트는 중력의 영향을 받게 됩니다. Rigidbody와 Rigidbody 2D는 전혀 다릅니다. Rigidbody를 선택합니다. Cube가 생성될 때 이미 Box Collider가 함께 생성되어 들어 있습니다.

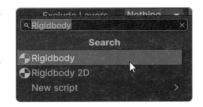

화면에 Plane을 하나 생성합니다. 마우스 오른쪽 버튼을 클릭하고 [3D Object] → [Plane]을 선택합니다. Plane은 평면을 뜻합니다. 일반적으로 Plane은 두께는 없고 면적만 있는 종이 같은 오브젝트입니다.

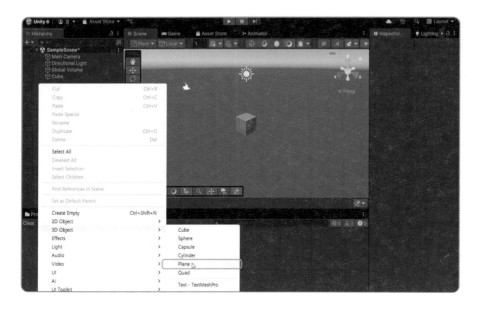

Plane에 Mesh Collider가 이미 추가되어 있는 것을 확인합니다. Plane의 Scale 값을 (5, 5, 5)로 변경합니다.

MatBlue라는 이름으로 파란색 머티리얼을 추가합니다.

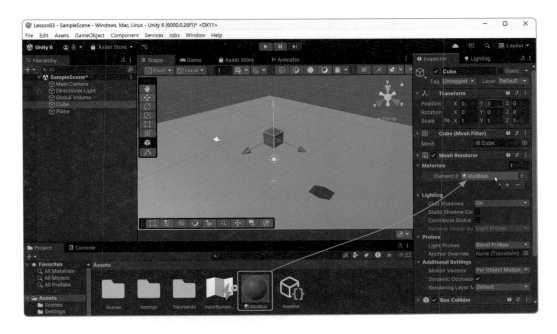

만들어진 머티리얼을 Cube의 Mesh Renderer의 Material 항목에 적용합니다. 이제 Cube의 Position을 (0, 5, 0)으로 수정합니다. Cube는 Plane의 살짝 위쪽에 위치하게 됩니다. 현재의 카메라는 수평에서 0도의 각도로 정면을 바라보고 있으므로 아래와 같이 Position은 (0, 10, -10)으로, Rotation은 (40, 0, 0)으로 바꾸어줍니다.

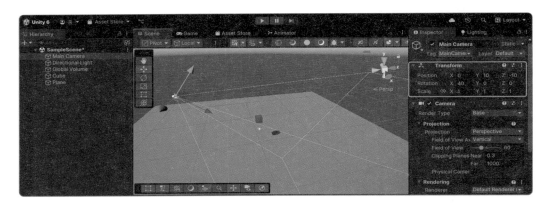

이제 [플레이] 버튼을 클릭해 Cube가 바닥에 떨어져서 멈추는 것을 확인합니다.

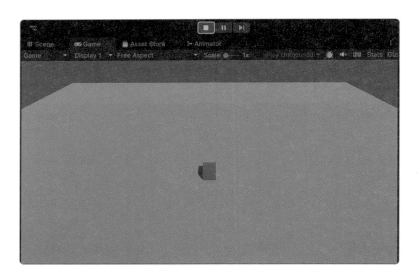

Assets 폴더에서 마우스 오른쪽 버튼을 클릭해 [Create] → [Folder]를 선택합니다. Assets 폴더에 Prefabs라는 폴더를 생성합니다.

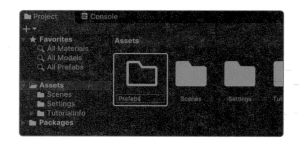

만들어진 Cube를 Prefabs 폴더로 드래그하여 옮겨 넣습니다.

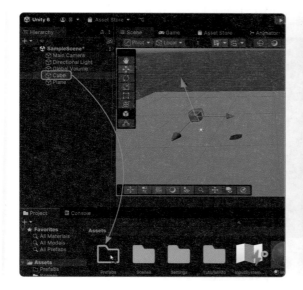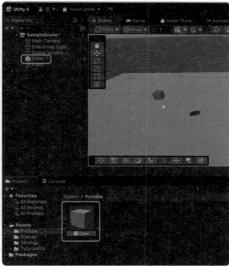

이제 Cube의 이름은 파란색으로 표시됩니다. Cube라는 이름의 프리팹이 완성되었습니다.

TIP Scene에 있는 (또는 Hierarchy 창에 남아 있는) Cube를 삭제해도 Prefabs 폴더에 있는 Cube는 사라지지
않습니다.

스크립트에서 단일 프리팹 사용하기

먼저 Assets 아래에 Scripts 폴더를 생성합니다. Assets/Prefabs 폴더에서 마우스 오른쪽
버튼을 클릭해 메뉴에서 [Create] → [MonoBehaviour Script]]를 선택합니다. 파일 이름은
GameMain으로 합니다.

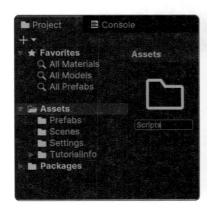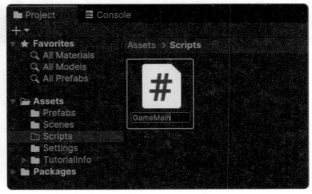

만들어진 스크립트를 더블클릭하여 비주얼 스튜디오를 열어 편집합니다. 스크립트는 비주얼 스튜디오 솔루션 창에서 최상단 [Assembly-CSharp] 아래에서 찾을 수 있습니다.

GameMain.cs를 열어 아래와 같이 7행과 12~18행에 소스코드를 추가한 뒤 저장합니다.

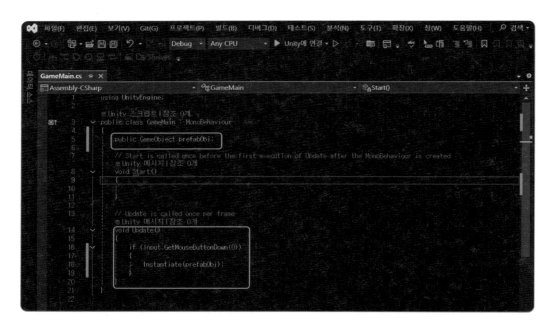

[Create] → [Empty Game Object]를 이용하여 비어 있는 오브젝트를 생성합니다. 이름을 GameMain으로 바꿉니다. GameMain 오브젝트에 GameMain.cs 스크립트를 드래그하여 추가합니다.

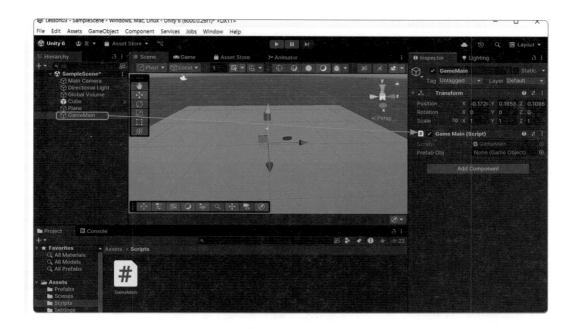

GameMain 오브젝트를 선택한 뒤 Inspector 창에 Game Main (Script) 항목에 Cube 프리 팹을 드래그해서 넣습니다.

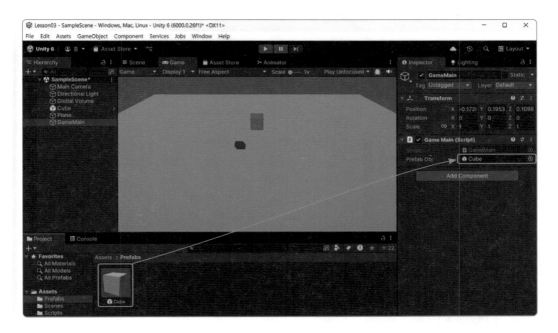

프리팹 예제 실행하기

[플레이] 버튼을 클릭해 실행합니다. 마우스 왼쪽 버튼을 클릭할 때마다 공중에서 프리팹으로 만들어 놓은 Cube와 동일한 오브젝트가 생겨 바닥으로 떨어집니다. Cube가 생겨나는 개수의 제한은 없습니다. 새로운 큐브가 생기는 위치는 좌표(0, 5, 0)로 처음 프리팹을 생성해놓은 위치와 동일합니다.

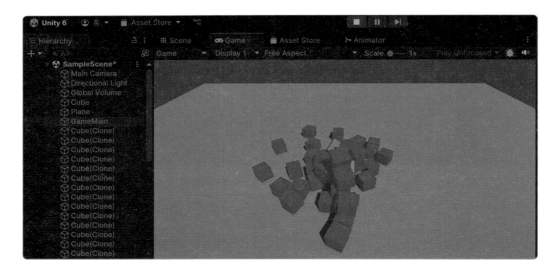

상단 메뉴 [File] → [Save As]를 이용해 Scenes 폴더 아래에 Scene을 새롭게 저장합니다. 새로운 Scene 이름을 TestPrefab으로 정합니다.

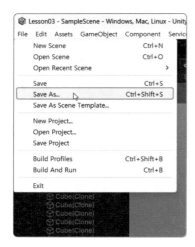
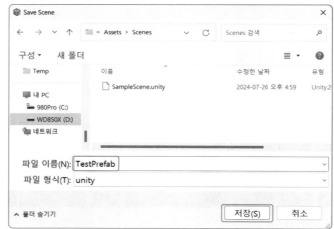

현재의 Scene이 Scenes 폴더 아래 TestPrefab이라는 이름으로 새롭게 저장되었습니다.

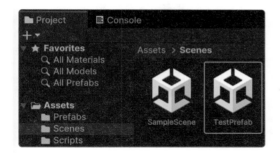

스크립트에서 멀티 프리팹 사용하기

여러 개의 프리팹을 스크립트에서 사용할 때 좀 더 효율적인 방법을 알아보겠습니다. 먼저 새로운 프리팹을 몇 개 더 만들어보겠습니다.

우선 새로운 색상을 추가하기 위해 [Create] → [Material]을 이용해 빨간색 머티리얼을 생성한 뒤 MatRed라고 합니다. 색상은 FF3333을 이용합니다.

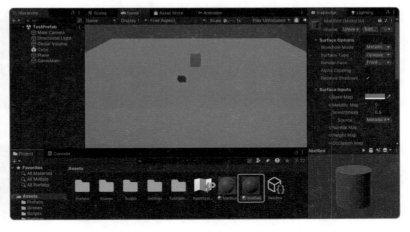

Scene에 배치한 Cube 오브젝트를 선택한 뒤 오른쪽 버튼으로 [Duplicate](또는 메뉴에서 [Edit] → [Duplicate])를 선택합니다.

복제된 게임 오브젝트의 이름을 CubeRed로 변경합니다.

이제 새로 생긴 CubeRed 오브젝트에 MatRed 머티리얼을 적용합니다. 그리고 CubeRed를 Prefabs 폴더에 드래그하여 넣습니다. 이때 다음과 같은 대화상자가 생길 수 있습니다. 여기서 [Original Prefab]이라는 버튼을 클릭해줍니다.

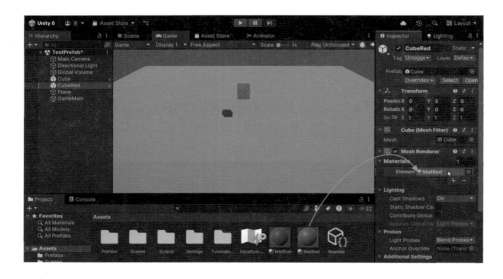

Prefabs 폴더를 확인해보면 CubeRed가 새로 프리팹으로 생성된 것을 확인할 수 있습니다.

이제 GameMain.cs 스크립트의 7행을 아래와 같이 수정하여 두 개의 프리팹을 하나의 List 변수에 받도록 합니다.

```
public List<GameObject> prefabObj;
```

Update() 내부의 루틴을 아래와 같이 바꿉니다.

```
if (Input.GetMouseButtonDown(0))
{
    int idx = Random.Range(0, prefabObj.Count);
    Instantiate(prefabObj[idx]);
}
```

GameMain.cs를 저장합니다. 이제 유니티 에디터에서 PrefabObj 변수에 여러 개의 프리팹을 자유롭게 배치할 수 있습니다. prefabObj 아래의 + 버튼을 두 번 누른 후 생성된 칸에 프리팹을 하나씩 배치합니다.

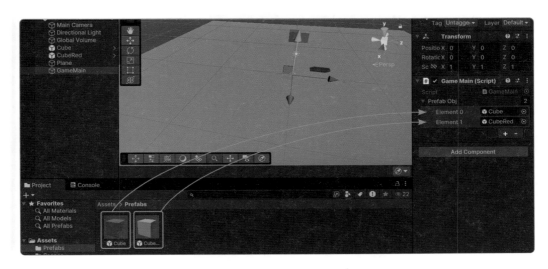

List 컨테이너를 사용하면 C#의 배열과 같은 기능을 가질 수 있습니다. 일반적인 C# 배열보다 기능이 많기 때문에 배열을 대신하여 List를 사용하는 것이 좋습니다. 프리팹을 드래그하여 Inspector 창의 Prefab Obj라는 이름에 놓을 수 있습니다. 만일 프리팹을 잘못 배치한 경우 [-] 버튼을 클릭해 추가한 내용을 삭제합니다.

▲ 실행 결과 두 가지 오브젝트가 랜덤하게 만들어집니다.

프리팹을 사용한 스크립트가 어떻게 프리팹 오브젝트를 발생시키는지 알아보겠습니다.

한 개의 프리팹을 사용하는 GameMain.cs의 내용

```
01  using UnityEngine;
02
03  public class GameMain : MonoBehaviour
04  {
05      public GameObject prefabObj;
06
07      // Start is called before the first frame update
08      void Start()
09      {
10
11      }
12
13      // Update is called once per frame
14      void Update()
15      {
16          if (Input.GetMouseButtonDown(0))
```

```
17            {
18                Instantiate(prefabObj);
19            }
20        }
21 }
```

- 1행: C# 라이브러리를 사용할 때 필요한 구문입니다. 해당 클래스를 사용하겠다고 선언합니다.
- 3~4행: 새로 만들 GameMain이라는 클래스를 선언합니다. 이 클래스는 MonoBehaviour라는 클래스로부터 상속되었습니다. MonoBehaviour에는 유니티 게임 오브젝트의 구성에 필요한 모든 기능과 구현 방법을 담고 있습니다.
- 5행: 사용할 프리팹을 지정하는 GameObject 변수를 public으로 선언합니다. public으로 선언된 변수는 유니티 에디터의 Inspector 창에서 프리팹을 지정할 수 있습니다.
- 16~19행: 마우스 왼쪽 버튼을 클릭하면 if문이 실행됩니다. 20행에서 지정된 프리팹을 새로 만들어 Scene에 추가합니다. Scene에 추가된 오브젝트는 Hierarchy 창에서도 역시 나타납니다.

GameMain.cs는 비교적 간단한 스크립트이나 프리팹을 사용하여 무척 흥미로운 결과를 만들어냅니다.

여러 개의 프리팹을 사용하는 GameMain.cs

```
01 using UnityEngine;
02
03 public class GameMain : MonoBehaviour
04 {
05     public List<GameObject> prefabObj;
06
07     // Start is called before the first frame update
08     void Start()
09     {
10
11     }
12
13     // Update is called once per frame
14     void Update()
15     {
16         if (Input.GetMouseButtonDown(0))
17         {
18             int idx = Random.Range(0, prefabObj.Count);
19             Instantiate(prefabObj[idx]);
```

```
20          }
21      }
22  }
```

- 5행: 사용할 프리팹을 지정하는 List<GameObject> 컨테이너를 public으로 선언합니다. public으로 선언된 변수는 유니티 에디터의 Inspector 창에서 여러 개의 프리팹으로 초기화할 수 있습니다.
- 16~20행: 마우스 왼쪽 버튼을 클릭하면 if 문이 실행됩니다. 18행에서는 0~1 둘 중 하나의 값을 만들어 냅니다. 19행에서는 0 또는 1에 해당하는 인덱스의 프리팹을 새로 만들어 Scene에 추가합니다. Scene에 추가된 오브젝트는 Hierarchy 창에서도 역시 나타납니다.

스크립트를 이용한 프리팹의 배치

스크립트를 이용하여 수작업으로 하기 힘든 오브젝트의 배치를 구현해봅니다. 만일 다음 페이지에 있는 태극 모양을 구현할 때 오브젝트를 일일이 생성하여 수작업으로 배치한다면 많은 시간이 들 것입니다. 태극 모양은 일정한 법칙성을 가지고 있기 때문에 따라서 프리팹과 스크립트를 이용하여 이를 구현하는 것이 좋습니다.

스크립트를 이용한 태극 모양의 배치
스크립트를 이용하여 아래의 그림처럼 태극 모양을 만들어보겠습니다.

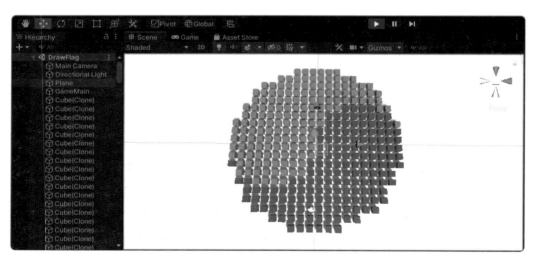

TIP 에디터를 이용하여 수동으로 오브젝트를 배치하지 않고 스크립트를 이용하여 배치하는 연습은 프로그래밍 실력 향상에 큰 도움을 줍니다.

어떻게 하면 스크립트를 이용하여 태극 모양으로 오브젝트를 배치할 수 있을까요?

새로운 스크립트의 생성

Scripts 폴더에서 [Create] → [MonoBehaviour Script]를 선택하여 DrawFlag.cs라는 스크립트를 생성합니다. 스크립트의 내용은 아래와 같습니다.

TIP 소스코드의 내용은 깃허브 주소 https://github.com/proonan29/LearnUnity01/tree/main/Rev01/Ch09/ Scripts의 DrawFlag.cs를 사용합니다.

DrawFlag.cs

```
01  Using System.Collections.Generic;
02  using UnityEngine;
03
04  public class DrawFlag : MonoBehaviour
05  {
06      const int DIAMETER = 20;
07      const float DISTANCE = 1.5f;
08
09      public List<GameObject> prefabObj;
10
11      // Start is called before the first frame update
12      void Start()
13      {
14          if (prefabObj.Count > 1)
15          {
16              float r = (DIAMETER * DISTANCE / 2.0f);
17              float r2 = r * r;
18              float small_r = r / 2.0f;
19              float small_r2 = small_r * small_r;
20
21              float y = -DIAMETER*DISTANCE / 2.0f + DISTANCE / 2.0f;
22              for (int i=0; i<DIAMETER; i++)
23              {
24                  float y2 = y * y;
25                  float x = -DIAMETER * DISTANCE / 2.0f + DISTANCE / 2.0f;
26                  for (int j=0; j<DIAMETER; j++)
27                  {
28                      float x2 = x * x;
29
30                      if (x2+y2 < r2)
31                      {
```

```
32                      // 바깥 원의 안쪽만 오브젝트 배치
33                      float newX;
34                      int newIdx;
35                      if (x>0)
36                      {
37                          // 오른쪽 반원
38                          newX = (x - small_r);
39                          newIdx = 0;
40                      }
41                      else
42                      {
43                          // 왼쪽 반원
44                          newX = (x + small_r);
45                          newIdx = 1;
46                      }
47                      float newX2 = newX * newX;
48
49                      // 작은 원 안에 들어갔는지 여부
50                      bool isSmall = (newX2 + y2) < small_r2;
51
52                      int idx = y > 0 ? 1 : 0;
53                      if (isSmall)
54                      {
55                          idx = newIdx;
56                      }
57                      GameObject box = Instantiate(prefabObj[idx]);
58                      box.transform.position = new Vector3(x, 5, y);
59                  }
60                  x += DISTANCE;
61              }
62          y += DISTANCE;
63      }
64   }
65 }
66
67 // Update is called once per frame
68 void Update()
69 {
70
```

```
71    }
72 }
```

- 6~7행: 물체의 간격과 태극의 지름 등 필요한 상수를 선언합니다.
- 9행: 사용할 프리팹을 지정하는 List<GameObject> 컨테이너를 public으로 선언합니다. public으로 선언된 변수는 유니티 에디터의 Inspector 창에서 여러 개의 프리팹으로 초기화할 수 있습니다.
- 14~64행: Start() 이벤트 함수에 태극 모양의 오브젝트를 배치하는 루틴을 넣어줍니다.
- 57~58행: 좌표에 따른 색상을 정한 뒤 해당하는 프리팹을 이용하여 오브젝트를 생성합니다.

좌표에 따른 오브젝트의 색상 지정 방법

오브젝트를 배치할 때 6행에서 정의한 DIAMETER라는 상수는 가로 또는 세로로 몇 개의 오브젝트를 배치할지를 결정하는 지름의 역할을 합니다.

태극 모양을 쉽게 배치하려면 전체의 원을 네 영역으로 나누어 생각하면 편리합니다.

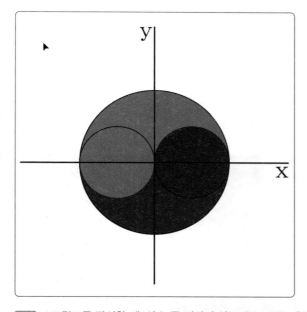

TIP 스크립트를 작성할 때, 상수 즉 변하지 않는 수는 모두 대문자로 작성하는 것은 좋은 방법입니다. 예를 들어, DIAMETER는 일반적인 변수라면 diameter로 작성하는 것이 좋으나 여기서는 값이 변하지 않는 상수로 사용하기 때문에 모두 대문자로 표시합니다.

만일 오브젝트의 좌표가 X축을 중심으로 왼쪽의 작은 원 내부에 위한다면 그 오브젝트는 빨간색을, 만일 오른쪽의 작은 원 내부에 위치한다면 파란색을 지정합니다. 만일, 그 바깥에 위치한 큰 원의 위쪽에 위치한다면 빨간색을, 아래쪽에 위치한다면 파란색을 지정합니다. 만일 큰 원의 밖에 위치한다면 프리팹을 생성하지 않습니다.

이러한 알고리즘을 이용하면 가로 세로 DIAMETER × DIAMETER 개수만큼의 오브젝트를 배치한다고 가정할 때, 큰 원 외부의 오브젝트는 생성하지 않게 되고 각 오브젝트의 좌표에 따라 빨간색 혹은 파란색의 오브젝트가 생성됩니다.

원의 내부에 존재하는지 판별하는 방법
원의 공식을 이용하면 됩니다. 일반적인 원의 공식은 다음과 같습니다.

$$X^2 + Y^2 = R^2 \text{ (R은 반지름)}$$

원의 공식을 이용하여 어떤 (x, y) 좌표상의 한 점이 원점(0, 0)에서 원의 반지름보다 멀리 있는지 여부를 판별하면 원의 내부/외부 문제를 쉽게 해결할 수 있습니다.

TIP 2중 for 문에서 큰 원의 내부, 오른쪽 작은 원, 왼쪽 작은 원의 내부인지 총 3번 판별하게 됩니다. 작은 원의 내부라면 해당 색상을, 큰 원의 내부라면 상하에 따른 색상에 해당하는 프리팹을 생성하면 됩니다.

이후의 작업
GameMain 오브젝트의 GameMain.cs 스크립트 파일을 마우스 오른쪽 버튼으로 클릭하고 [Remove Component]를 선택해서 제거합니다. 다음 DrawFlag.cs 스크립트를 컴포넌트로 추가합니다.

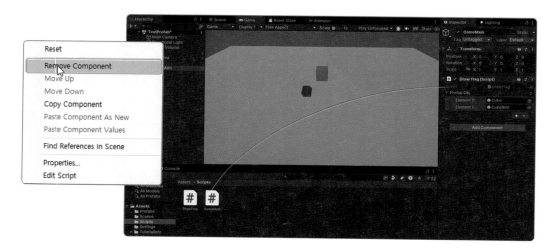

GameMain 오브젝트의 DrawFlag 컴포넌트의 Prefab Objs 아래에 Cube와 CubeRed의 프리팹을 지정합니다. 이후에 Hierarchy에 있는 Cube와 CubeRed 오브젝트를 삭제합니다.

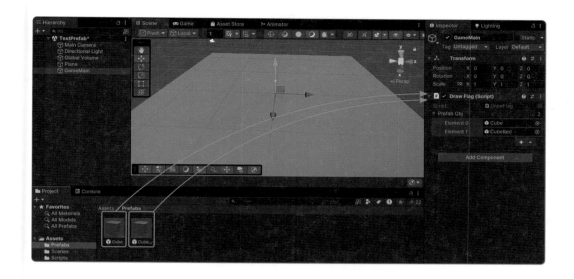

상단 메뉴 [File] → [Save As]를 선택하고 기존의 Scene을 DrawFlag로 저장합니다.

[플레이] 버튼을 클릭해 실행 결과를 확인합니다.

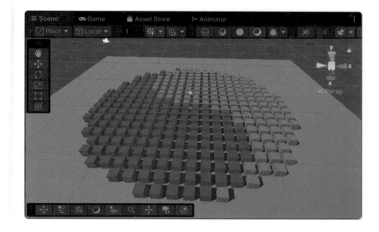

9장 같이 정리해보기

프리팹을 사용하면 동일한 오브젝트를 쉽게 생성할 수 있습니다. 프리팹은 미리 만들어진 게임 오브젝트나 그룹을 템플릿으로 저장하고, 필요한 곳에서 반복적으로 사용할 수 있습니다.

프리팹은 에디터에서 오브젝트에 필요한 내용을 전부 구성한 뒤 Prefabs 폴더로 이동시키면 완성됩니다. 또한 태극 모양을 프리팹과 스크립트를 활용하여 일관된 규칙에 따라 간편하게 구현할 수 있습니다.

학습 포인트

- 프리팹의 개념
- 프리팹의 생성
- 스크립트에서 프리팹을 사용하기
- 스크립트에 의한 스테이지 생성(프리팹의 자동 배치)

Chapter 10

물리엔진

게임에서 물리엔진을 적용해봅시다.

물리엔진이란 2차원 및 3차원적인 기하학적인 도형을 이용하여 물체에 가해지는 힘과 중력을 계산하여 물체끼리 서로 부딪치는 작용을 시뮬레이션 할 수 있도록 고안된 컴퓨터 프로그래밍 라이브러리입니다. 유니티의 물리엔진을 이용하면 가상의 기하학적인 세계를 구성하고 상호작용을 통해 사실적인 게임을 만들 수 있습니다.

유니티 물리엔진의 특징

유니티의 물리엔진은 2D용 물리엔진과 3D용 물리엔진 두 가지가 있습니다. 물리엔진은 원래 게임엔진에 관계없이 별도로 존재하는 라이브러리입니다. 예를 들어 유니티는 2D 물리엔진으로 Box2D라는 물리엔진을 사용합니다. 또한 유니티의 3D 물리엔진은 Nvidia PhysX라는 엔진을 사용합니다. 이 두 가지 엔진은 서로 관련이 없는 별도의 라이브러리로, 상호 호환되지 않습니다. 따라서 2D 게임에는 2D 물리엔진을 쓰고, 3D 오브젝트에는 3D 물리엔진을 써야 합니다.

이전 예제에서 2D 캐릭터와 3D Cube를 이용한 적이 있습니다. 이때 각각의 오브젝트에 리지드바디를 적용하면 중력의 영향을 받아 아래로 떨어지기 시작합니다. 이때 적용하는 리지드바디는 2D와 3D가 서로 다른 것입니다.

2D 리지드바디를 적용한 스프라이트
2D 리지드바디는 스프라이트와 같은 2D 오브젝트에 적용합니다. 2D 콜라이더와 상호작용합니다.

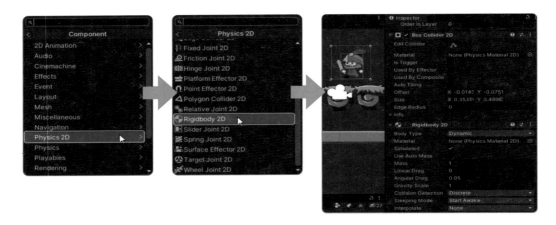

3D 리지드바디를 적용한 3D 오브젝트
3D 오브젝트와 같은 3D 오브젝트에 적용합니다. 3D 콜라이더와 상호작용합니다. [Add Component]에서 [Physics]를 선택해야 합니다.

TIP Physics 2D와 Physics를 함께 연동하여 사용할 수 없습니다. 2D 물리엔진인 Physics 2D와 3D 물리엔진인 Physics는 처음부터 다른 종류의 라이브러리입니다. 함께 사용하면 서로를 인식할 수 없습니다.

리지드바디에 물리엔진 적용하기

물리엔진에서는 단단한 몸체인 리지드바디만 다룹니다. 3D 그래픽에서 사용하는 3D 모델링과 폴리곤을 보면 꼭지점과 그것을 연결해 만들어지는 삼각형의 집합을 이룹니다.

와이어프레임 보기

실제 3D 오브젝트의 세부적인 폴리곤 연결을 보려면 유니티 에디터 Scene 창에서 [Wireframe]이라는 표시 방법을 선택하면 됩니다.

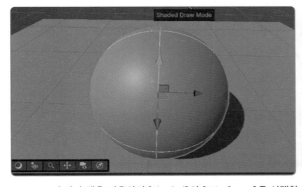 

▲ Scene의 상단 탭을 이용하여 [Shaded]와 [Wireframe]을 선택할 수 있습니다.

물리엔진에서는 3D 렌더링에서 사용되는 재질이나 텍스처보다 이렇게 와이어프레임으로 구성된 3차원 위치 정보가 더 중요합니다. 이때 모든 면의 위치는 수학적으로 계산될 수 있고 면과 면끼리 충돌하는 것 역시 계산할 수 있습니다.

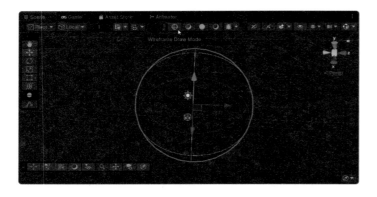

리지드바디를 사용하는 이유

반대로 3D 물체의 몸체가 단단하지 않고 부드러운 연체라고 가정해보겠습니다. 예를 들어 공기를 불어넣은 주머니 같은 것은 실제로 충돌 효과를 약하게 하는 에어백으로 사용되고 있습니다. 컴퓨터 프로그램을 이용하여 연체의 충돌 등을 계산하는 것은 매우 복잡하기 때문에 게임엔진에서 다루는 충돌은 주로 리지드바디 즉, 강체를 다룹니다.

> **TIP** 리지드바디를 사용하기 위해서는 반드시 다음에 나오는 콜라이더를 함께 사용해야 합니다. 콜라이더는 충돌 범위를 나타내는 용도로 사용되기 때문에 범위 체크를 하지 않는 리지드바디는 의미가 없습니다.

콜라이더 사용하기

콜라이더는 '충돌 체크'라고 번역할 수 있습니다. 콜라이더는 리지드바디를 이용하여 이동하는 물체와 배경에 사용되는 고정된 영역에 적용합니다. 콜라이더는 특별한 이벤트를 연결하지 않는 경우 리지드바디의 이동을 제한하는 역할로 사용됩니다.

콜라이더의 두 가지 사용 방법

트리거 모드를 적용하지 않고 사용하는 방법과 트리거 모드를 적용하고 사용하는 두 가지 방법이 있습니다. 트리거(trigger)란 특정 영역에 오브젝트가 들어온 경우 이벤트를 발생시켜 스크립트에서 처리하는 것을 말합니다. 다음 그림은 트리거 모드를 사용하지 않는 경우입니다. 트리거 모드를 사용하려면 해당 체크박스를 눌러 사용하면 됩니다.

트리거의 감지

트리거란 특정 영역에 오브젝트가 들어온 경우 이벤트를 발생시켜 스크립트에서 처리하는 것을 말합니다. 즉 트리거 모드를 사용하게 되면 리지드바디를 막는 블록 효과는 없어집니다. 대신 연결된 스크립트에 이벤트를 발생시킬 수 있는데, 사용되는 이벤트는 OnTriggerEnter()입니다.

리지드바디와 콜라이더 충돌하기

충돌 감지 스크립트의 생성

Scripts 폴더에서 [Create] → [MonoBehaviour Script]를 선택하여 새로운 스크립트를 생성합니다. 스크립트의 이름은 TestCollider로 합니다.

새로운 스크립트를 더블클릭하여 비주얼 스튜디오를 열어 내용을 편집합니다. 스크립트의 내용은 다음과 같습니다.

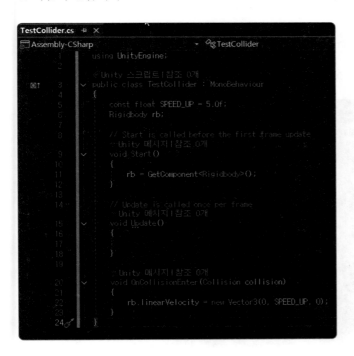

> **TIP** 예제에 필요한 스크립트 파일은 github.com/proonan29/ LearnUnity01/tree/main/ Rev01/Ch10/Scripts 폴더에 있습니다. 사용될 파일은 TestCollider.cs입니다. 다운로드한 뒤 탐색기의 다운로드 폴더를 열어 유니티 에디터의 Assets/Scripts 폴더로 복사합니다.

스크립트를 모두 입력했다면 [저장]을 클릭합니다.

새로운 Scene에서 TestCollider 스크립트의 기능을 테스트합니다. 먼저 [File] → [New Scene]를 선택하여 새로운 Scene을 생성합니다. 새로운 Scene에 Plane을 추가합니다. 이후 Cube 프리팹을 가져와 좌표 (0, 5, 0)으로 이동시킵니다. Cube 오브젝트에 TestCollider 스크립트를 추가합니다.

Cube 오브젝트의 리지드바디 컴포넌트 Constraint 항목을 열어 Freeze Rotation 항목에 모두 체크합니다. 다음 TestCollider.cs 스크립트를 컴포넌트로 추가합니다.

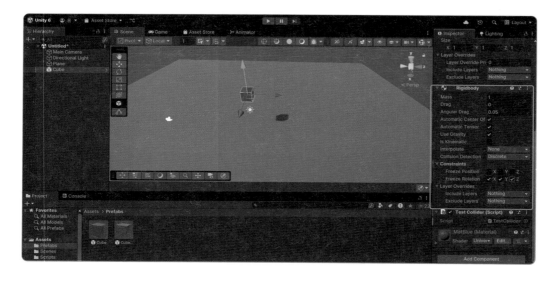

[플레이] 버튼을 클릭해 실행 결과를 살펴봅니다.

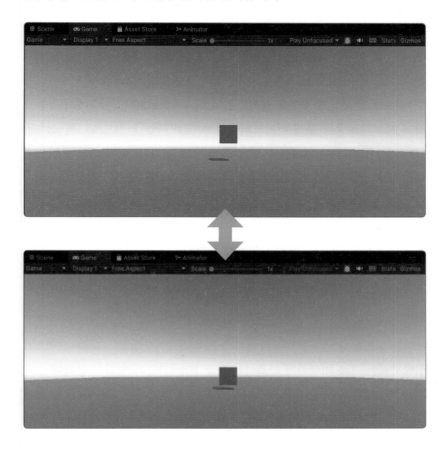

실행 결과 위쪽에 위치한 파란색의 Cube 오브젝트는 빨간 오브젝트에 부딪칠 때마다 공중으로 튀어 오르는 것을 볼 수 있습니다. 이러한 액션은 종료할 때까지 무한히 반복됩니다.

이제 상단 메뉴의 [File] → [Save As]를 선택하여 현재의 Scene을 새로운 이름인 TestCollider 로 저장합니다.

리지드바디 이동시키기

초기 속도 지정하기

리지드바디를 이용하여 물체를 이동시키는 방법은 일반적인 오브젝트와 다릅니다. 일반적인 오브젝트는 Update() 함수에서 transform.position을 변경해야 합니다. 그러나 리지드바디가 적용된 오브젝트는 기본적으로 물체의 움직임을 물리엔진이 FixedUpdate() 함수에서 자동으로 계산해줍니다. 따라서 프로그래밍을 통해 리지드바디를 움직일 때는 리지드바디에 소속된 velocity 변수(프로퍼티라고도 합니다)에 원하는 속도 값을 넣으면 됩니다. 이때 속도는 반드시 Vector3를 사용해야 하며 X, Y, Z의 값이 별도로 적용됩니다. 특히 Y값은 중력이 적용됩니다.

리지드바디에 컴포넌트에 초기 속도를 부여하면 나머지는 자동으로 움직이므로 매우 편리합니다. 이러한 움직임은 대포를 쏘는 경우, 야구공이나 테니스공 등을 라켓으로 날려보내는 경우, 캐릭터의 점프를 처리하는 경우 등에 주로 사용됩니다.

위에서 설명한 TestCollider.cs의 24행에서 rb.velocity에 직접 Vector3를 대입한 것도 이런 이유 때문입니다.

서서히 힘을 가하는 가속도 처리하기

반대로 무거운 로켓이 발사되는 경우 비행기가 이륙하는 경우 또는 자동차가 정지 상태에서 가속하는 경우를 생각해봅시다. 이런 경우 순간적으로 빠른 속도에 도달하지는 않습니다. 몇 초에서 수십 초까지 시간을 두고 속도가 계속 빨라지는 것을 볼 수 있습니다. 이것을 시뮬레이션 하기 위해서는 일정 시간 동안 계속 리지드바디에 힘을 가해야 합니다. 유니티를 이용하여 이러한 게임을 구현하려면 FixedUpdate() 함수 안에서 AddForce()라는 함수를 이용합니다.

일반적인 물체의 이동에는 관성이 존재합니다. 만일 오브젝트가 아무런 장애물을 만나지 않는다면 초기 속도 값을 주는 것만으로 관성에 의해 리지드바디는 영원히 움직이게 됩니다.

회전력(토크) 처리하기

속도의 개념이 있는 이동과 마찬가지로 회전 또한 각속도(angular velocity)의 개념을 가집니다. 또한 지구가 스스로 계속 회전하는 것처럼 초기 각속도가 주어지면 리지드바디는 관성에 의해 그 회전을 유지합니다. 회전력 즉 토크를 추가하기 위해 AddTorque 함수를 사용하여, 리지드바디의 회전력을 증가 또는 감소시킬 수 있습니다.

이동 또는 회전 억제하기

리지드바디의 constraint 항목을 이용하면 리지드바디의 이동 또는 회전을 처음부터 차단할 수 있습니다.

만일 리지드바디의 Constraint 항목을 다음 그림처럼 설정하였다면 이 물체는 오직 Y축 방향의 상하 운동만 할 수 있고 회전 및 전후좌우의 이동은 원천적으로 봉쇄됩니다. 예를 들어 엘리베이터를 만들 때 이러한 제약 조건을 사용하면 매우 편리합니다.

무중력 처리하기

만일 리지드바디에 적용되는 중력의 효과를 무시하고 싶은 경우 Mass 항목을 0으로 설정하거나 UseGravity를 해제하면, 해당 오브젝트는 중력이 무시됩니다. 중력이 무시되어도 관성은 계속 작용합니다.

리지드바디 응용 데모의 제작

아래의 리소스를 이용하여 벽돌깨기 게임을 만들어봅시다.

게임의 소개

벽돌깨기 게임은 오래된 고전 게임으로 컴퓨터 게임으로 처음 출시된 게임 중 하나라고 할 수 있습니다. 벽돌 게임을 만들어 보는 것은 유니티를 학습하는 데 많은 도움을 줍니다. 특히 스프라이트, 입력장치의 활용 그리고 물리엔진의 처리에 대해 배울 수 있습니다.

프로젝트 생성하기

유니티 허브에서 새로운 프로젝트를 생성합니다.

프로젝트의 이름은 BrickBreak로 합니다. 종류는 [2D]로 설정합니다. [프로젝트 생성]을 클릭합니다.

스테이지의 구현

사용할 스프라이트 파일을 Assets 폴더로 이동합니다. 스프라이트 에디터를 사용하기 위해 패키지 매니저에서 2D Sprite 패키지를 설치합니다. 사용 방법은 7장에서 설명되어 있습니다. 유니티 6의 2D 템플릿에서는 기본으로 설치됩니다.

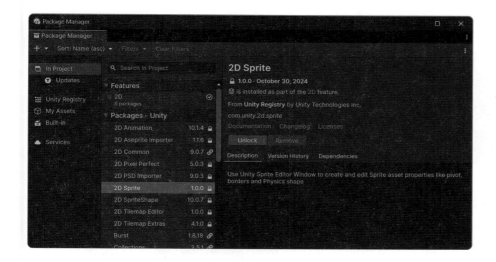

깃허브에서 게임 제작에 필요한 스프라이트 파일을 다운로드합니다. 파일 이름은 Brick Breaker.png입니다. 다운로드한 파일을 Assets 폴더로 드래그하여 가져옵니다.

TIP 예제에 필요한 스프라이트 파일은 https://github.com/proonan29/LearnUnity01/tree/main/Rev01/Ch10/ Sprites에 있습니다. 다운로드한 뒤 탐색기의 다운로드 폴더를 엽니다.

가져온 스프라이트 파일은 반드시 Multiple 모드로 설정합니다. 스프라이트 에디터(Sprite Editor)를 이용하여 여러 개의 스프라이트로 구분해야 합니다.

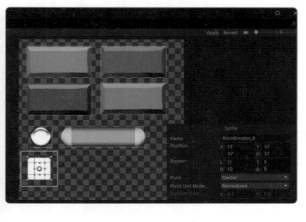

스프라이트 에디터에서 Slice를 사용하면 자동으로 7개의 스프라이트로 잘라줍니다. 마지막 백색의 사각형 스프라이트는 9 슬라이스 방식을 이용하여 상하 좌우로 늘려 사용할 수 있도록 처리합니다. 상단의 [Apply] 버튼을 눌러 수정한 내용을 저장합니다.

작업이 끝난 스프라이트는 아래 그림과 같이 총 7개입니다.

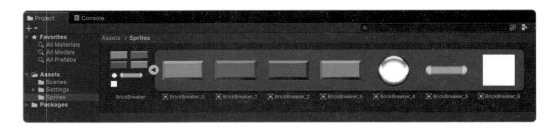

벽돌깨기의 특성상 화면 크기가 고정되어야
합니다. 따라서 [Game] 탭을 눌러 화면 크
기를 1920 × 1080으로 선택해 줍니다. 1920
× 1080은 대부분의 모니터가 지원하는 표준
해상도입니다.

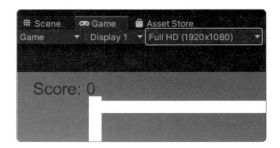

이제 메인 카메라의 세팅을 바꾸어 줍니다. 다음의 그림과 같이 Main Camera를 선택한 뒤 Y
좌표를 1로, Projection Size를 6으로 수정합니다.

이제 화면에 등장하는 스테이지의 테두리 부분을 구현합니다.

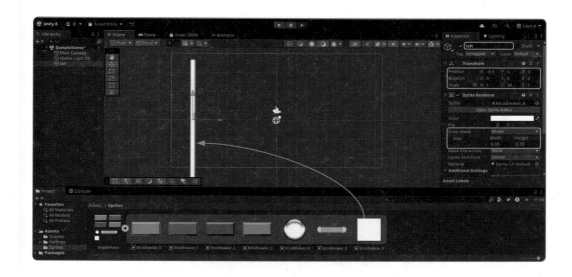

가져온 스프라이트 중, 마지막 흰색 사각형을 이용하여 Y Scale의 값을 36배로 하면 긴 흰색의
막대 형태가 됩니다. 이것을 이용하여 좌우에 벽을 만들어 줍니다. 마찬가지로 상단에 역시 가로
로 긴 막대를 만들어 배치합니다. 왼쪽, 오른쪽, 상단에 총 3개의 벽을 만들어야 합니다. 각각의
벽에는 Box Collider 2D를 추가합니다.

가져온 스프라이트 중, 마지막 백색 사각형(BrickBreak_6)을 이용하여 Y scale의 값을 36배로
하면 긴 백색의 막대 형태가 됩니다. X좌표를 -8.5로, 오브젝트 이름을 left로, Draw Mode를
Sliced로, Size를 각각 0.35로 수정합니다.

이제 left 오브젝트를 복사하여 right 및 top 오브젝트를 생성합니다. 각각의 오브젝트는 아래
와 같이 세팅합니다.

이렇게 좌우에 벽(left, right)을 만들어 줍니다. 마찬가지로 상단에 역시 가로로 긴 막대(top)를 만들어 배치합니다.

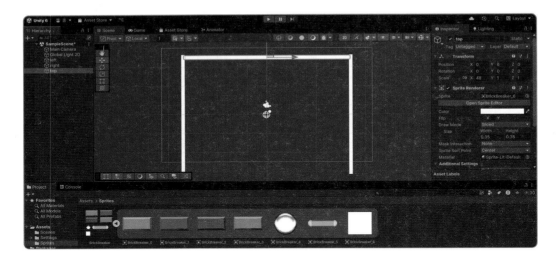

왼쪽, 오른쪽, 상단에 총 3개의 벽을 만들어야 합니다. 모든 벽 오브젝트에는 [Add Component]를 이용하여 다음 그림과 같이 BoxCollider2D를 추가합니다. 스테이지를 구상할 모든 준비가 끝났다면 이제 Bar와 공 그리고 벽돌을 구현할 작업을 준비합니다.

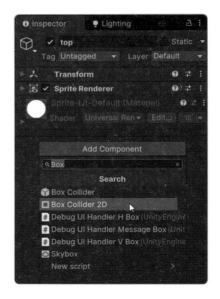

Tag의 추가

Tag는 오브젝트를 구분하는 방법 중 하나입니다. 하나의 게임 Scene을 만들기 위해 수많은 오브젝트를 필요로 합니다. 때에 따라 이들 오브젝트를 분류할 필요가 있습니다. 벽돌깨기의 경우 각 오브젝트는 공(ball), 상하좌우의 벽(wall), 벽돌(brick), 공을 쳐내기 위한 막대(bar) 그리고 공이 놓치면 도달하는 데드존으로 나눌 수 있습니다. 다음과 같이 새로운 tag를 만들어 봅시다.

먼저 아무 오브젝트나 선택한 뒤, Tag항목의 드롭다운 콤보박스를 선택합니다. 이어서 맨 아래의 [Add Tag …] 항목을 선택합니다.

이제 [+] 버튼을 눌러 wall, brick, bar, dead 항목을 추가해 줍니다. 다시 left, right, top 3개의 오브젝트의 tag를 wall로 변경해 줍니다.

Bar의 구현

주인공에 해당하는 가로 바를 만들어줍니다. 다음 그림과 같이 스프라이트를 화면으로 드래그하여 GameObject를 생성합니다. 이후 이름을 bar로 수정합니다. bar의 Y좌표를 -4로, Scale값을 (2, 2, 2)로 수정합니다.

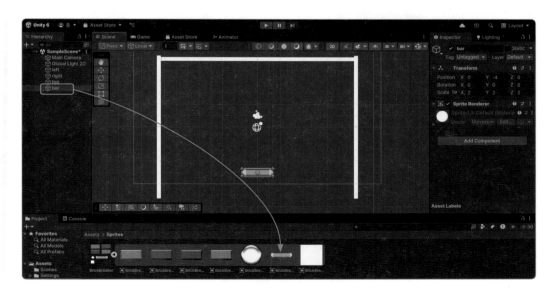

bar에는 [Add Component]를 이용하여 Capsule Collider 2D를 컴포넌트로 추가해야 합니다. Capsule Collider 2D는 Physics 2D 항목에서 찾을 수 있습니다. CapsuleCollider 2D의 Direction은 Horizontal로 세팅합니다. 이후 Collider의 크기를 Bar의 크기에 맞게 조절합니다. Offset는 (0, 0)으로 Size는 (1.36, 0.35)로 세팅하면 됩니다.

Ball의 구현

Ball은 화면에서 빠르게 이동하며 벽돌의 부수는 역할을 합니다. 따라서 자동으로 이동하는 기능을 부여받기 위해 적절한 스크립트와 리지드바디를 추가해야 합니다.

TIP Ball.cs 스크립트는 https://github.com/proonan29/LearnUnity01/tree/main/Rev01/Ch10/Scripts에서 다운로드할 수 있습니다.

Ball에 추가되는 리지드바디에는 Physics Material 2D라는 항목이 추가됩니다. Physics material은 물리적 재질로 번역되는데, 해당 리지드바디의 물리적인 속성을 설정하는 용도로 사용됩니다. 다음의 그림을 참조하여 Physics Material 2D를 생성한 뒤 이름을 Ball로 지정합니다.

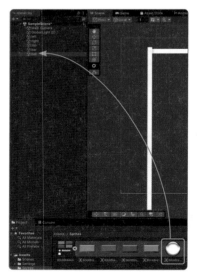
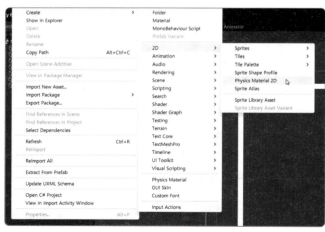

만들어진 Physics Material 2D의 Friction은 0으로, Bounciness는 1로 설정합니다. 이렇게 설정된 Ball의 물리적 특징은 완전 탄성체로 다른 물체에 튕겨날 때 속도가 줄어들지 않습니다. 이제 벽돌을 깨는 볼 오브젝트를 만들어 보겠습니다. Assets/Sprites 폴더에서 BrickBreak_4 스프라이트를 선택하여 Hierarchy 창으로 드래그 하여 새로운 오브젝트를 생성합니다. 이름을 ball로 바꿉니다.

ball의 좌표는 (0, -3.38, 0), Scale은 (2, 2, 2)로 세팅하고 Circle Collider 2D와 Rigidbody 2D를 컴포넌트로 추가합니다.

Rigidbody 2D에는 먼저 만들어둔 ball 물리 머티리얼을 세팅합니다. 주의할 사항은 리지드바디 2D 항목에 Freeze Rotation Z를 체크해 주는 것입니다. 또한 중력의 영향을 받지 않도록 Gravity Scale을 0으로 세팅합니다.

완성된 Ball의 컴포넌트 구성을 인스펙터 창에서 확인해보겠습니다. 위치 및 구성은 다음의 그림을 참조하세요.

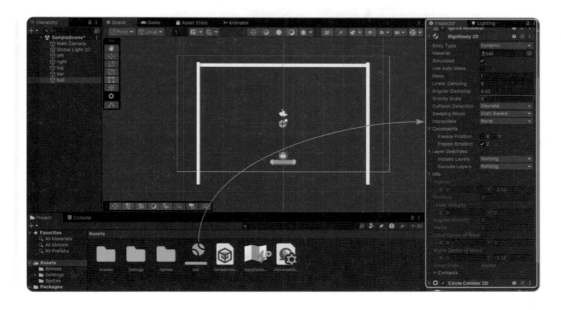

Assets 폴더에서 [Create] → [Folder]를 이용하여 prefabs 라는 폴더를 생성합니다.

TIP prefabs 폴더로 옮겨진 오브젝트는 프리팹으로 인식됩니다. 프리팹 폴더에 존재하게 되면 화면에서 지워도
프리팹 오브젝트는 그대로 존재합니다.

만들어진 Ball 오브젝트는 프리팹으로 바꾸어줍니다. 이제
Ball.cs 스크립트를 다운받아 ball 오브젝트에 컴포넌트로
추가합니다.

TIP Ball.cs 스크립트는 https://github.com/proonan29/
LearnUnity01/tree/main/Rev01/Ch10/Scripts에서 다운로드
받을 수 있습니다. 공의 속도는 Ball.cs 스크립트에 Speed 항목을
10으로 세팅합니다. 다운받은 스크립트는 Assets/Scripts 폴더를
생성하고 그 폴더에 넣어둡니다.

벽돌의 구현

벽돌은 보통 스테이지를 가득 채우고 있으며 이를 위해서는 프리팹으로 만드는 것이 좋습니다.
벽돌은 4가지 색으로 구성되어 있기 때문에 각각의 색을 지닌 벽돌을 하나씩 만들어줍니다.

벽돌을 만들기 위해서는 먼저 빨간색 벽돌 스프라이트를 화면으로 드래그 하여 GameObject
를 만들어야 합니다. 그런 다음 GameObject 이름을 brickRed로 변경합니다. Box Collider
2D 콜라이더를 컴포넌트로 추가합니다. 마지막으로 Tag 값을 [brick]으로 변경합니다.

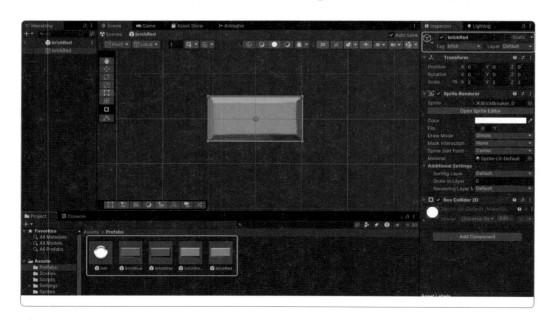

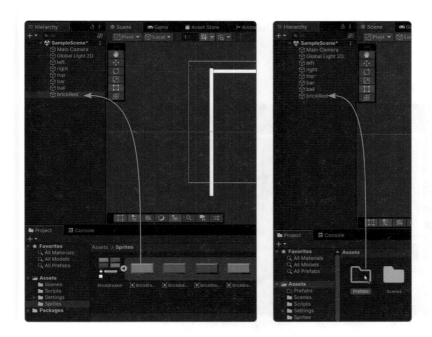

만들어진 brickRed 오브젝트를 Prefabs 폴더에 드래그 하여 넣습니다. 그리고 Hierarchy 창에 있는 brickRed 오브젝트는 이제 지워도 됩니다.

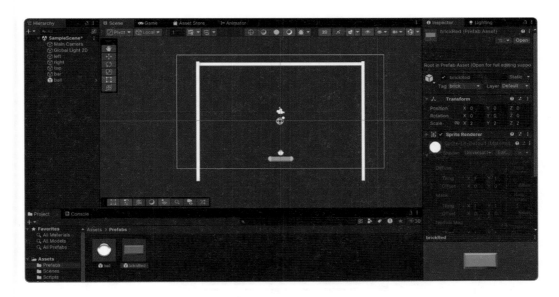

brickRed가 완성되었으면 나머지 벽돌 3종도 만들어야 합니다. 각각 사용하는 스프라이트만 다를 뿐 나머지 내용은 동일합니다. 위의 그림처럼 이름을 brickBlue, brickGreen, brickGray 로 생성합니다.

나머지 벽돌 프리팹을 만드는 가장 쉬운 방법은 Prefabs 폴더에 있는 brickRed를 Ctrl + C, Ctrl + V로 복사하는 것입니다. 스프라이트를 변경하려면 Sprite Renderer의 Sprite 항목을 변경하면 됩니다.

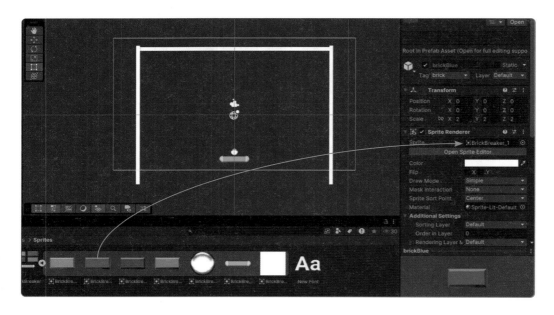

데드존(DeadZone)의 설정

만일 게임 도중 막대로 공을 쳐내지 못한다면 어떻게 될까요? 공은 아래로 무한히 떨어져 내려 갈 것입니다. 게임에서는 이렇게 동작하면 곤란하므로, 공이 어느정도 아래로 내려가면 죽어버리는 데드존을 설정해야 합니다. 이 데드존에 공이 들어왔다는 것은 이미 공을 막대로 쳐내지 못했음을 의미합니다.

다음 그림과 같이 deadzone이라는 게임 오브젝트를 생성합니다. 여기에는 단지 Box Collider 2D만 컴포넌트로 추가하면 됩니다. [Add Component] 버튼을 클릭하고 Physics 2D를 선택한 뒤 추가할 수 있습니다. 그런 다음 Box Collider 2D의 [Edit Collider] 버튼을 눌러 Bar의 아래 부분을 완벽하게 막아줍니다.

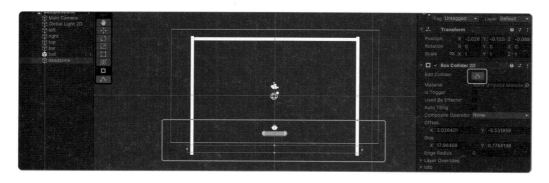

게임 UI의 제작

게임 내에서 사용될 간단한 UI를 추가합니다. 왼쪽 상단에는 게임의 스코어를, 오른쪽 상단에는 남아 있는 공의 숫자를 표시합니다. 중간에는 게임 오버를 알리는 메시지를 배치하고 그 아래에는 재시작을 위한 버튼을 추가합니다. 위의 그림을 참조하여 UI 요소를 배치합니다.

왼쪽 스코어는 왼쪽 상단 정렬을 사용합니다. 오른쪽 공의 개수는 오른쪽 상단 정렬을 사용합니다. 나머지 게임 오버 메시지 및 버튼은 모두 중앙 정렬을 사용합니다.

모든 Text는 [UI] → [Legacy] → [Text]를 사용하며 Button 역시 [UI] → [Legacy] → [Button]을 사용합니다. 버튼의 이름을 Restart로 변경합니다.

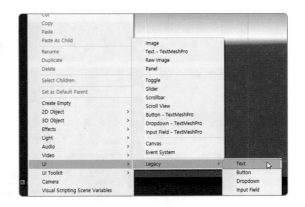

게임의 진행 및 마우스 입력의 적용

마지막으로 사용자의 입력을 받아 bar를 움직이고 ball을 발사하여 벽돌을 제거하는 루틴을 추가합니다. 게임의 진행을 담당하는 부분으로 먼저 GameMain이라는 빈 게임 오브젝트를 생성합니다. 생성된 게임 오브젝트에 게임 진행을 위한 GameMain.cs 스크립트를 컴포넌트로 추가합니다. GameMain.cs 스크립트로 게임을 구동하려면 벽돌 프리팹, bar, ball, UI 오브젝트를 지정해야 합니다. 다음 그림처럼 설정해야 합니다.

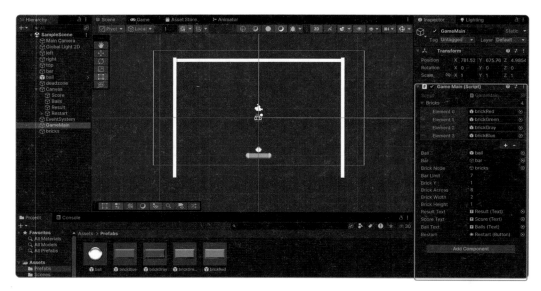

TIP GameMain.cs 스크립트는 github.com/proonan29/LearnUnity01/tree/main/Rev01Ch10/Scripts에서 다운로드할 수 있습니다.

이제 모든 설정이 끝나고 스크립트에 버그가 없다면 [플레이] 버튼을 눌러 게임을 구동하고 잘 작동되는지 테스트할 수 있습니다. 다 만들어진 Scene을 Stage라는 이름으로 저장합니다.

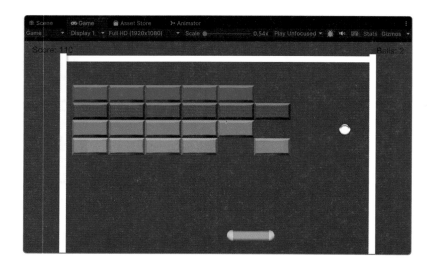

Ball.cs

```
01  using System;
02  using System.Collections;
03  using System.Collections.Generic;
04  using UnityEngine;
```

```
05
06  public class Ball : MonoBehaviour
07  {
08      public const int EVENT_BRICKBREAK = 0;
09      public const int EVENT_DEAD = 1;
10
11      public float speed;
12      public delegate void BallEvent(int eventId);
13      public BallEvent ballCallBack;
14
15      private Vector2 currentVelocity;
16      private Rigidbody2D rb;
17      private bool isStart = false;
18
19      const float DEG_LOW_LIMIT = 0.4f;
20      const float DEG_HIGH_LIMIT = Mathf.PI / 2.0f - DEG_LOW_LIMIT;
21
22      // Start is called before the first frame update
23      void Start()
24      {
25          rb = GetComponent<Rigidbody2D>();
26      }
27
28      void SetVelocity(Vector2 vel)
29      {
30          rb.velocity = vel;
31          currentVelocity = vel;
32      }
33
34      void SetVelocityFromTh(float th)
35      {
36          Vector2 vel = new Vector2(speed * Mathf.Cos(th),
37              speed * Mathf.Sin(th));
38          SetVelocity(vel);
39      }
40
41      void BounceBar(Transform bar)
42      {
43          // 공이 막대에 맞고 튕기는 경우
```

```
44          // 막대의 왼쪽과 오른쪽에 따라 튕기는 방향이 달라진다.
45          Vector2 vel = rb.velocity;
46          if (bar.position.x > transform.position.x)
47          {
48              // 공은 왼쪽으로 날아감
49              vel.x = -Mathf.Abs(rb.velocity.x);
50          }
51          else
52          {
53              // 공은 오른쪽으로 날아감
54              vel.x = Mathf.Abs(rb.velocity.x);
55          }
56          SetVelocity(vel);
57          AdjustAngle();
58      }
59
60      void AdjustAngle()
61      {
62          float th = Mathf.Atan2(rb.velocity.y, rb.velocity.x);
63          float newTh;
64          if (th >= 0)
65          {
66              // 0~180도 사이의 처리
67              if (th < Mathf.PI / 2.0f)
68              {
69                  // 90~180도 사이의 처리
70                  newTh = Mathf.Clamp(th,
71                      DEG_LOW_LIMIT, DEG_HIGH_LIMIT);
72                  SetVelocityFromTh(newTh);
73              }
74              else
75              {
76                  newTh = Mathf.Clamp(th, Mathf.PI/2.0f + DEG_LOW_LIMIT,
77                      Mathf.PI/2.0f + DEG_HIGH_LIMIT);
78                  SetVelocityFromTh(newTh);
79              }
80          }
81          else
82          {
```

```
83              // 0~-180도 사이의 처리
84              if (th > -Mathf.PI / 2.0f)
85              {
86                  // 0~-90도 사이의 처리
87                  newTh = Mathf.Clamp(th, -DEG_HIGH_LIMIT, -DEG_LOW_LIMIT);
88                  SetVelocityFromTh(newTh);
89              }
90              else
91              {
92                  // -90~-180도 사이의 처리
93                  newTh = Mathf.Clamp(th, -Mathf.PI / 2.0f - DEG_HIGH_LIMIT,
94                      -Mathf.PI/2.0f - DEG_LOW_LIMIT );
95                  SetVelocityFromTh(newTh);
96              }
97          }
98      }
99
100     private void OnCollisionEnter2D(Collision2D collision)
101     {
102         if (collision.transform.CompareTag("brick"))
103         {
104             // 반사 처리
105             Destroy(collision.gameObject);
106             ballCallBack(EVENT_BRICKBREAK);
107             Debug.Log("brick");
108             AdjustAngle();
109         }
110         else if (collision.transform.CompareTag("bar"))
111         {
112             // 반사 처리
113             BounceBar(collision.transform);
114             Debug.Log("bar");
115         }
116         else if (collision.transform.CompareTag("wall"))
117         {
118             // 반사 처리
119         }
120         else if (collision.transform.CompareTag("dead"))
121         {
```

```
122              // 사망
123              ballCallBack(EVENT_DEAD);
124              StopMove();
125          }
126      }
127
128      public void StartMove()
129      {
130          if (!isStart)
131          {
132              // 시작 각도로 공을 발사한다.
133              SetVelocityFromTh(Mathf.PI / 4.0f);
134              isStart = true;
135          }
136      }
137
138      public void StopMove()
139      {
140          currentVelocity =  rb.velocity = Vector2.zero;
141          isStart = false;
142      }
143
144      public void ResetBall(Vector3 pos)
145      {
146          rb.position = pos - new Vector3(0, -0.6f, 0);
147      }
148 }
```

공은 벽돌깨기 게임에서 상당히 중요한 역할을 합니다. 따라서 생각보다 조금 복잡한 스크립트를 가지게 됩니다.

- 8~9행: 게임에 필요한 상태값을 아래와 같이 상수로 선언합니다.
  0: 벽돌이 부딪힌 경우, 1: 아래로 떨어져 죽은 경우
- 11행: 공의 속도를 받아오는 public 변수입니다. 에디터에서 해당 변수의 값을 변경할 수 있습니다.
- 12~13행: 공이 콜라이더에 부딪히면 처리를 위한 콜백함수를 지정하는 변수입니다.
  C# 언어에서 delegate란 함수의 위치를 저장할 수 있는 역할을 합니다. 12행에서 어떤 함수인지 형태만 정할 수 있습니다. BallEvent라는 형태의 delegate를 선언합니다. 이때 그 형태는 void 함수로 아무것도 돌려주지 않는 함수를 말하며, 인수는 정수형 1개를 사용한다는 의미입니다. 이

책에서는 유니티 에디터의 작동 환경 및 컴포넌트를 사용하는 법에 집중하기 때문에 C#에 대한 자세한 설명은 다루지 않습니다. 다만 delegate란 함수를 부를 수 있게 위치를 저장해두는 변수로 이해하면 좋습니다

- **19~20행**: 공이 피해야 하는 각도를 지정합니다. 벽돌깨기 게임에서 절대 나오면 안 되는 각도가 있습니다. 공이 완전히 수평으로 반사되는 상황입니다. 이렇게 되면 게임은 더 이상 진행되지 않고 좌우벽을 무한히 왕복하게 되는 버그 상황이 발생합니다. 또한 완전 수직으로 공이 이동하는 것도 좋은 현상은 아닙니다. 이렇게 공이 수평 또는 수직의 각도로 이동하는 것을 막기 위해 공이 지나갈 수 있는 각도의 하한선과 상한선을 상수로 설정하였습니다.

- **25행**: 많이 사용하는 컴포넌트인 리지드바디를 별도 변수인 rb에 저장합니다.

- **28~32행**: Vector2를 이용하여 리지드바디의 속도를 지정합니다.

- **34~39행**: 지정된 각도 th를 이용하여 리지드바디의 속도를 계산하여 저장합니다.

여기서는 라디안 각도를 사용합니다. 라디안 각도는 Sin, Cos, Tan 함수와 함께 사용되는 각도 체계로 0~360도를 사용하지 않고 0~2π 사이의 값을 이용합니다. 일반적으로 라디안 각도 th와 공의 속도 speed를 알고 있다면 다음과 같이 공의 속도를 Vector2로 표현할 수 있습니다.

```
속도 x = speed * Cos(th), 속도 y = speed * Sin(th)
```

- **41~58행**: 공이 막대에서 부딪혔을 경우를 처리합니다. 공이 반사될 때 게임의 흥미 요소를 더하기 위해 막대의 중간값과 공의 위치를 비교하여 막대의 왼쪽 부분에 맞았다면 공은 왼쪽으로 방향을 바꾸어 날아가게 됩니다. 반대로 오른쪽에 맞았다면 오른쪽으로 날아가는 로직을 포함하고 있습니다.

- **60~98행**: 위에서 설명한 공의 수평 각도 및 수직 각도를 피하도록 기존의 속도 값을 이용한 점검을 합니다. 리지드바디의 속도를 이용하여 공이 향하는 각도를 계산할 수 있습니다. 이때 Atan2라는 함수를 사용합니다.

라디안 각도 체계에서 탄젠트 함수(Tan)의 역함수가 바로 아크탄젠트 함수(Atan2)입니다. 이 함수는 x와 y 성분의 벡터를 이용하여 진행 방향의 라디안 각도를 알려주는 유용한 함수입니다. 리지드바디의 진행 방향 라디안 값은 아래와 같습니다..

```
각도 th = Atan2(리지드바디의 y 속도, 리지드바디의 x 속도)
```

- **100~126행**: 공이 다른 콜라이더와 충돌했을 때의 처리를 진행합니다. 이때 4가지 경우를 생각해 볼 수 있습니다. 먼저 벽돌과 부딪힌 경우 해당 벽돌을 삭제 처리합니다. 둘째, 막대와 부딪힌 경우는 조건에 따라 좌우로 반사시킵니다. 셋째, 벽에 부딪힌 경우는 자동으로 처리되므로 특별한 조치를 취하지 않습니다. 넷째, 데드존과 부딪힌 경우는 한 개의 생명을 차감하도록 콜백 함수를 호출합니다. 아직 여기서는 콜백 함수가 무엇인지 알 수는 없습니다. 해당 내용은 GameMain의

스크립트에서 처리될 예정입니다.

- 128~136행: 공을 움직이기 시작합니다. 이 함수를 호출하기 전까지는 공이 움직이지 않습니다.
- 138~142행: 공을 멈춥니다. 이 함수를 호출하면 공이 더 이상 움직이지 않습니다.
- 144~147행: 공을 막대의 위치로 이동시킵니다. 위치를 초기화합니다.

GameMain.cs

```csharp
01 using System.Collections;
02 using System.Collections.Generic;
03 using UnityEngine;
04 using UnityEngine.UI;
05
06 public class GameMain : MonoBehaviour
07 {
08     public List<GameObject> bricks;
09     public GameObject ball;
10     public GameObject bar;
11     public GameObject brickNode;
12     public float barLimit;
13     public float brickY;
14     public int brickAcross;
15     public float brickWidth;
16     public float brickHeight;
17     public Text resultText;
18     public Text scoreText;
19     public Text ballText;
20     public Button restart;
21
22     private Ball ballScript;
23     private bool isPressed;
24     private int totalBricks;
25     private int score;
26     private int balls;
27     private bool paused;
28
29     // Start is called before the first frame update
30     void Start()
31     {
32         score = 0;
33         balls = 3;
```

```
34            ResetStage();
35
36            ballScript = ball.GetComponent<Ball>();
37            ballScript.ballCallBack += OnBallEvent;
38        }
39
40        void ResetStage()
41        {
42            // 모든 벽돌을 지운다.
43            foreach (Transform child in brickNode.transform)
44            {
45                GameObject.Destroy(child.gameObject);
46            }
47
48            paused = true;
49
50            // UI 설정
51            restart.gameObject.SetActive(false);
52            resultText.gameObject.SetActive(false);
53
54            // 벽돌 무리의 구현
55            float y = brickY;
56            float brickX = -(brickAcross - 1) * brickWidth / 2.0f;
57
58            totalBricks = 0;
59            for (int i = 0; i < bricks.Count; i++)
60            {
61                float x = brickX;
62                for (int j = 0; j < brickAcross; j++)
63                {
64                    GameObject block = Instantiate(bricks[i]);
65                    block.transform.position = new Vector3(x, y, 0);
66                    x += brickWidth;
67                    totalBricks++;
68                    block.transform.parent = brickNode.transform;
69                }
70                y += brickHeight;
71            }
72
```

```
73          RefreshBalls();
74      }
75
76      void RefreshBalls()
77      {
78          ballText.text = "Balls: " + balls;
79      }
80
81      void RefreshScore()
82      {
83          scoreText.text = "Score: " + score;
84      }
85
86      // Update is called once per frame
87      void Update()
88      {
89          if (Input.GetMouseButtonDown(0))
90          {
91              isPressed = true;
92              if (paused && balls > 0)
93              {
94                  paused = false;
95                  ballScript.StartMove();
96              }
97          }
98
99          if (isPressed)
100         {
101             Vector3 worldPos =
102                 Camera.main.ScreenToWorldPoint(Input.mousePosition);
103
104             worldPos.x = Mathf.Clamp(worldPos.x, -barLimit, barLimit);
105
106             Vector3 pos = bar.transform.position;
107             bar.transform.position =
108                 new Vector3((float)worldPos.x, (float)pos.y, 0);
109             if (paused)
110             {
111                 ballScript.ResetBall(bar.transform.position);
```

```
112            }
113        }
114
115        if (Input.GetMouseButtonUp(0))
116        {
117            isPressed = false;
118        }
119    }
120
121    public void OnBallEvent(int eventID)
122    {
123        if (eventID == Ball.EVENT_BRICKBREAK)
124        {
125            totalBricks--;
126
127            // 스코어 갱신
128            score += 10;
129            RefreshScore();
130
131            if (totalBricks == 0)
132            {
133                Debug.Log("Stage clear");
134                ballScript.StopMove();
135
136                ResetStage();
137                ballScript.ResetBall(bar.transform.position);
138            }
139        }
140        else if (eventID == Ball.EVENT_DEAD)
141        {
142            balls--;
143            paused = true;
144            RefreshBalls();
145
146            if (balls <= 0)
147            {
148                resultText.gameObject.SetActive(true);
149                restart.gameObject.SetActive(true);
150                resultText.text = "Game Over";
```

```
151              Debug.Log("Game Over");
152              isPressed = false;
153          }
154          else
155          {
156              ballScript.ResetBall(bar.transform.position);
157          }
158      }
159  }
160
161  public void OnRestart()
162  {
163      score = 0;
164      balls = 3;
165
166      ResetStage();
167      RefreshScore();
168  }
169 }
```

- 8행: 사용될 벽돌 프리팹을 지정하는 용도의 List입니다. 여기에 prefabs 폴더에 있는 4개의 벽돌 프리팹을 모두 한번씩 드래그하여 지정합니다.
- 9행: 공 오브젝트(ball)를 지정합니다.
- 10행: 막대 오브젝트(bar)를 지정합니다.
- 11행: 생성되는 모든 벽돌은 brickNode의 자식 노드로 넣어줄 예정입니다. 따라서 부모의 위치를 담당할 게임 오브젝트를 이곳에 지정해야 합니다.
- 12행: 막대가 움직일 수 있는 최대값을 지정합니다. 오른쪽만 지정하면 왼쪽은 자동으로 지정됩니다.
- 13행: 벽돌이 나타날 처음 Y 위치를 지정합니다. X 위치는 자동으로 계산됩니다.
- 14~16행: 벽돌의 크기를 지정합니다.
- 17~19행: UI에 사용되는 각종 Text의 정보입니다.
- 20행: 게임 종료 시 나타나는 [Restart] 버튼입니다.
- 30~38행: 게임의 초기화 및 Ball의 콜백 함수를 지정합니다. 공이 어떤 것과 충돌했는가에 따라 게임의 진행이 달라집니다.
- 40~74행: 게임의 초기화입니다. 기존의 벽돌을 모두 제거한 뒤 새롭게 모든 벽돌을 다시 생성하고 필요한 UI를 켜거나 끕니다. 스코어는 초기화되어야 하고 Game Over라는 메시지와 [Restart] 버튼은 비활성화합니다.

- 76~84행: 스코어 및 공의 개수를 표시합니다.
- 87~119행: 입력을 처리합니다. 마우스를 클릭한 상태에서 화면을 드래그하면 막대가 따라서 움직입니다. 또한 공이 움직이지 않고 있다면 클릭하는 순간 공이 발사됩니다.
- 121~159행: 공이 보낸 콜백을 처리합니다. 이곳이 호출되었다면 공이 어떤 콜라이더와 부딪힌 경우입니다. 이때 두 가지 경우를 고려해야 합니다.

  먼저 공이 벽돌과 부딪힌 경우, 스코어를 증가해줍니다. 만일 모든 벽돌이 사라졌다면 다음 스테이지로 넘어가야 합니다.

  반대로 데드존과 부딪힌 경우라면 남은 공의 개수를 줄여야 하며 남은 공의 개수가 0이 되면 게임 오버 상태로 넘어갑니다.
- 161~168행: 게임 오버 상태인 경우 [Restart] 버튼을 누르면 이곳을 실행합니다. 공의 개수를 3으로 다시 지정하고 스코어를 초기화한 뒤, 스테이지를 새로 만들어 대기합니다.

전체 프로젝트의 확인

이미 만들어진 프로젝트의 모든 에셋은 깃허브에 올려져 있습니다. 에셋의 전제 내용을 확인하려면 https://github.com/proonan29/LearnUnity01/tree/main/Rev01/Ch10/BrickBreaker에서 패키지를 다운로드할 수 있습니다. BrickBreaker.unitypackage 파일을 다운로드한 뒤, 그 패키지를 유니티 에디터로 Import Asset 하여 사용할 수 있습니다. 이 예제는 매우 복잡하기 때문에 자신이 만든 예제가 잘 작동하지 않을 수 있습니다. 이미 만들어진 프로젝트와 비교해보면 문제점을 빨리 파악할 수 있습니다.

재미있는 게임을 만들기 위해 물리엔진을 사용하는 것은 매우 중요합니다.

수많은 유명 캐주얼 게임은 물리엔진을 흥미롭게 사용하여 성공을 거두었습니다. 유니티의 물리엔진은 게임 오브젝트에 가해지는 힘과 중력을 계산하여 물체의 상호작용을 시뮬레이션 하는 프로그래밍 라이브러리입니다. 이를 통해 2D와 3D의 기하학적인 세계를 구성하고, 물체들이 서로 부딪치는 작용을 사실적으로 시뮬레이션 할 수 있습니다.

유니티는 Box2D와 Nvidia PhysX 물리엔진을 사용하여 2D와 3D의 물리 시뮬레이션을 처리합니다. 물리엔진에서는 리지드바디라는 단단한 몸체를 다루며, 충돌 체크를 위해 콜라이더를 사용합니다. 콜라이더는 이동하는 물체와 고정된 영역의 충돌 감지 및 제약을 담당합니다. 이를 통해 유니티의 물리엔진은 게임에서 현실적인 동작과 상호작용을 구현하는 데 활용됩니다.

학습 포인트

- 물리엔진의 개념
- 2D 물리엔진과 3D 물리엔진의 차이
- 리지드바디
- 충돌 체크의 사용
- 리지드바디의 이동
- 벽돌깨기 게임의 제작
- 물리적인 재질 또는 물리적인 속성(Physics Material)의 이용

Chapter 11

사운드 효과 활용하기

게임에서 배경음악과 사운드 효과를 적용해봅시다.

이 장의 핵심

- 사운드 관련 리소스의 종류 및 사용 방법을 알아봅시다.
- 스크립트를 통한 배경 음악의 구현 방법을 알아봅시다.
- 각종 음향 효과를 구현하는 방법을 알아봅시다.

사운드 관련 리소스: 오디오 파일

유니티에서 사용할 수 있는 오디오 파일 중 가장 많이 사용된다고 볼 수 있는 파일은 WAV와 MP3입니다. 주로 압축률이 낮은 WAV, AIFF는 짧은 효과음에 많이 사용하고 압축률이 좋은 MP3는 배경음악으로 사용하는 것이 좋습니다. 이 밖에도 OGG 파일을 사용할 수 있습니다.

TIP 유니티는 MP3, WAV, AIFF, OGG 등 다양한 파일 포맷을 지원합니다.

WAV 또는 MP3 사운드 파일은 소리의 파형을 그대로 디지털 변환한 것입니다.

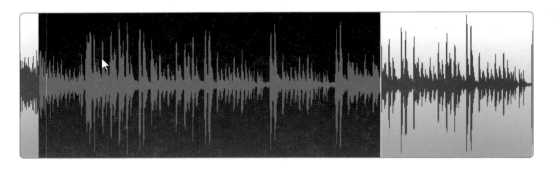

프로젝트의 생성

사운드 관련 기능을 실습하기 위해 새로운 프로젝트를 만들어봅시다. 프로젝트의 종류는 [3D], 프로젝트 이름은 DemoSound로 합니다. [프로젝트 생성] 버튼을 클릭해 생성합니다.

오디오 소스 사용하기

에디터에서 아래처럼 Scene에 빈 오브젝트를 하나 생성합니다. 또는 [GameObject] 메뉴에서 [Audio] → [Audio Source]를 선택할 수 있습니다.

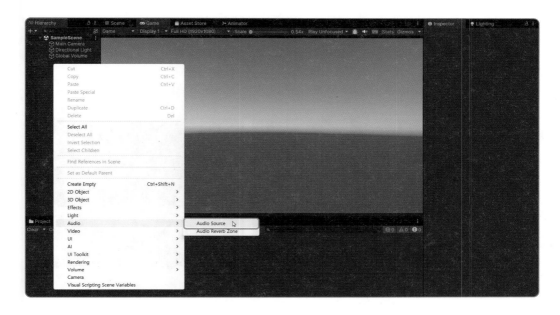

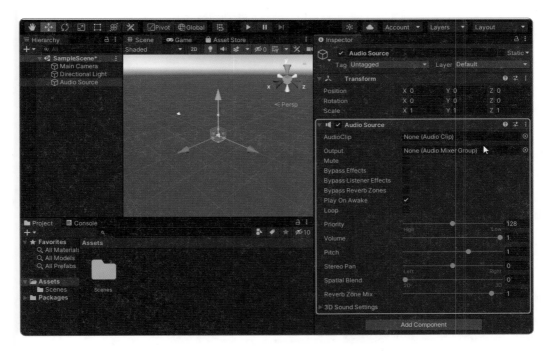

오디오 파일의 사용

먼저 예제 오디오 파일을 다운로드하여 Assets/Audio 폴더 밑에 저장합니다. Audio 폴더가 없다면 새로 생성합니다.

TIP 예제에 필요한 오디오 파일은 https://github.com/proonan29/LearnUnity01/tree/main/Rev01/Ch11/Audio에 있습니다. 다운로드한 뒤 탐색기의 다운로드 폴더를 엽니다.

Audio 폴더를 생성한 뒤 WCAST03.WAV 파일을 다운로드하고 Audio 폴더에 복사합니다.

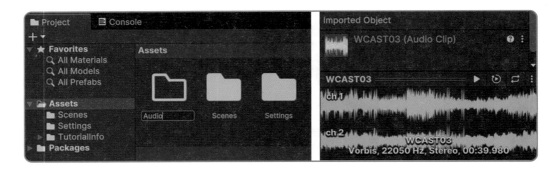

WAV 파일이 작동하는지 확인하고 싶다면 WAV 파일을 선택한 뒤 Inspector 창에서 [플레이] 버튼을 클릭해 음악을 재생해볼 수 있습니다. 음악이 잘 재생된다면 이 파일을 Audio Clip으로 사용할 수 있습니다.

오디오 소스 연결하기

아까 만들어 둔 Audio Source 오브젝트에 WCAST03.WAV 파일을 연결해봅니다. 다음 그림처럼 파일을 선택한 뒤 드래그하여 Audio Source 아래 Audio Clip 항목에 지정합니다.

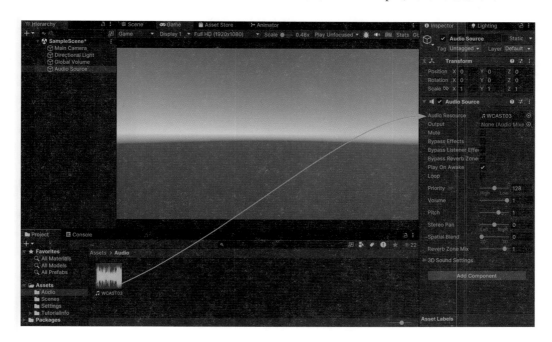

Audio Source의 Play On Awake를 체크합니다. 이렇게 하면 플레이 모드에서 자동으로 음악이 재생됩니다. Loop에 체크합니다. Loop에 체크하면 음악이 종료되면 다시 시작되어 끊기지 않습니다. Volume을 0.5 정도로 하여 소리가 너무 크지 않게 합니다

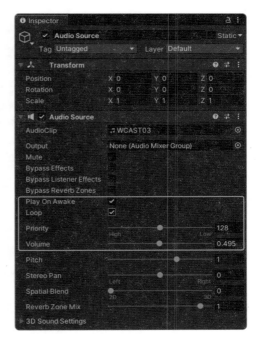

플레이 모드에서 실행하면 지정된 음악이 나옵니다. 지정한 WAV 파일이 배경음악으로 잘 재생되는지 확인합니다. Mute Audio(무음 모드) 기능이 켜져 있는지 주의해야 합니다. 게임 화면에서 Mute Audio가 적용되면 소리가 들리지 않습니다.

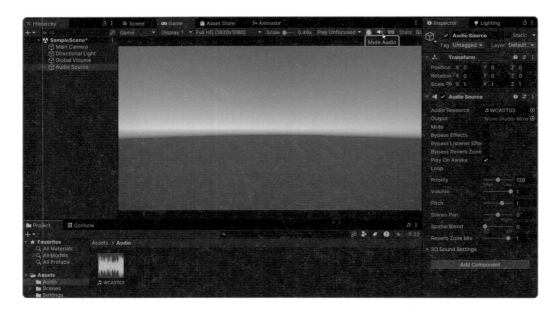

현재의 작업 내용을 새로운 Scene으로 저장합니다. Scene의 이름은 AudioScene로 합니다.

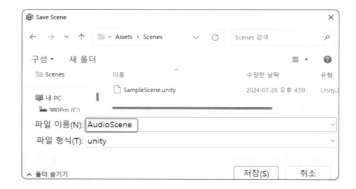

스크립트를 이용해 오디오 소스 제어하기

유니티를 이용하여 배경음악을 표현하는 경우 오디오 소스(Audio Source)가 필요합니다. 오디오 소스는 주어진 오디오 클립을 재생하는 역할을 합니다. 오디오 소스는 기능을 수행하기 때문에 컴포넌트입니다. 반대로 오디오 클립은 음악 데이터 그 자체입니다.

따라서 오디오 클립은 MP3 음악으로, 오디오 소스는 MP3 음악을 재생하는 플레이어로 생각할 수 있습니다. MP3 플레이어에 해당하는 오디오 소스를 스크립트로 제어할 수 있습니다. 제어는 Play, Pause, Stop과 오디오 클립을 지정할 수 있습니다.

미디(MIDI) 파일 사용하기

오디오 파일은 녹음기처럼 소리의 파형을 저장하는 반면, 미디 파일은 음악의 악보를 저장하는 것과 같습니다. 따라서 미디 파일은 어떤 음원으로 재생하는가에 따라 조금씩 다른 소리를 내게 됩니다. 마치 베토벤의 곡을 서로 다른 오케스트라가 연주한다면 조금씩 다른 연주가 되는 것과 같습니다.

유니티에서 미디 파일을 직접 지원하지 않습니다. 다만 유니티 에셋 스토어에 몇 가지 무료 에셋이 미디 파일 형식을 지원합니다. 이러한 무료 에셋을 사용하면 미디 파일을 사용할 수 있습니다.

무료 에셋의 다운로드

편리한 웹 브라우저를 이용하여 유니티 에셋 스토어에 로그인합니다. 에셋 스토어의 이용은 최근에 웹 기반으로 사용 방법이 바뀌었습니다. 가격 항목에서 '무료 에셋'을 선택한 뒤 MIDI를 검색합니다. 검색한 내용 중 다음의 에셋을 선택합니다. [내 에셋에 추가하기]를 클릭해 무료 에셋을 구매합니다.

 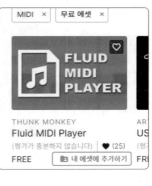

이제 [Unity에서 열기] 버튼을 클릭해 현재 프로젝트에 에셋을 추가합니다.

다음과 같은 경고 메시지가 나타나면 [Unity Editor 열기] 버튼을 클릭합니다.

유니티 에디터에서 Package Manager가 나타납니다. [Fluid MIDI Player]를 선택한 뒤 [Download] 버튼을 누릅니다.

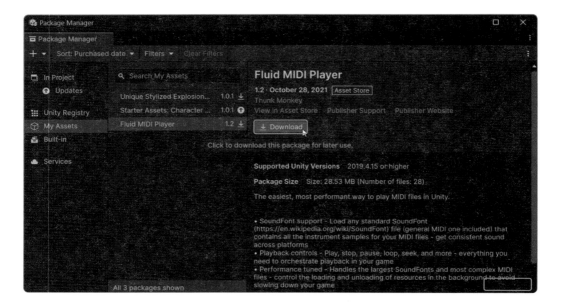

다운로드가 완료되면 다음과 같이 버튼의 이름이 바뀝니다. [Import] 버튼을 클릭해 에셋을 적용합니다.

Import 창이 나타나면 하단의 [Import] 버튼을 클릭해 에셋을 프로젝트 내부로 가져옵니다.

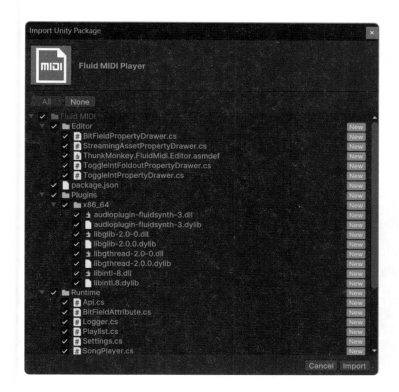

이제 Assets 폴더를 보면 Fluid MIDI라는 폴더로 구매한 무료 에셋이 추가되었음을 알 수 있습니다.

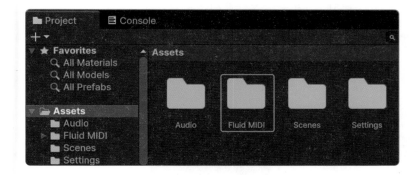

미디 파일 및 사운드 폰트의 추가

이 미디 에셋을 사용하기 위해서 필요한 것은 악보에 해당하는 미디 파일과 악기에 해당하는 사운드 폰트입니다. 사운드 폰트는 Fluid MIDI 폴더 아래 SoundFont 폴더에 들어 있습니다. 미디 파일은 예제 깃허브에서 다운로드할 수 있습니다.

> **TIP** 예제에 필요한 오디오 파일은 https://github.com/proonan29/LearnUnity01/tree/main/Rev01/Ch11/Audio에 있습니다. Cat.mid 파일을 다운로드한 뒤 탐색기의 다운로드 폴더를 엽니다.

StreamingAssets 폴더 생성하기

유니티 Assets 폴더 아래에 StreamingAssets 폴더를 생성합니다.

TIP 이때 대소문자를 잘못 입력하면 제대로 작동하지 않습니다. 폴더 이름을 지정할 때 StreamingAssets를 주의하여 입력해야 합니다.

StreamingAssets 폴더에 사운드 폰트 파일과 미디 파일을 복사합니다. 미디 파일의 이름은 Cat.mid입니다. 사운드 폰트의 이름은 GeneralUser GS v1.471.sf2입니다.

오디오 믹서 생성하기

이제 Assets폴더에 AudioMixer를 새로 생성합니다. 상단 메뉴에서 [Assets] → [Create] → [Audio Mixer]를 선택하거나 [Assets]에서 마우스 오른쪽 버튼을 클릭해 생성할 수 있습니다.

새로운 믹서의 이름을 Mixer로 지정합니다.

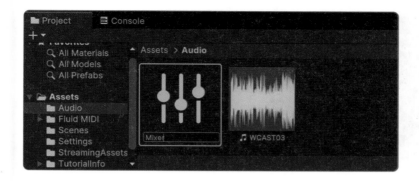

상단 메뉴 [File] → [New Scene]을 이용하여 새로운 Scene(Basic Built-in)을 생성합니다.

Assets 폴더의 Mixer를 선택한 뒤 오른쪽 화살표를 클릭해 [Master]를 선택합니다.
Inspector 창에서 [Add Effect] 버튼을 클릭해 [FluidSynth]를 선택합니다.

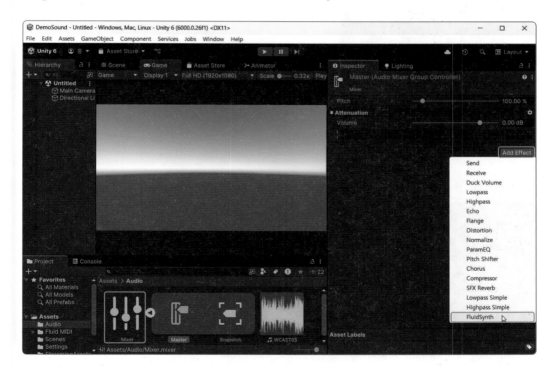

Mixer의 Master 항목이 다음과 같이 설정되었는지 확인합니다.

미디 플레이어 설정하기

상단 메뉴의 [Game Object] → [Create Empty]를 선택하여 빈 오브젝트(GameObject)를 추가합니다. 오브젝트의 이름을 MidiPlayer로 바꿉니다.

FluidMIDI/Runtime 폴더의 SongPlayer.cs와 Synthesizer.cs 스크립트를 추가합니다.

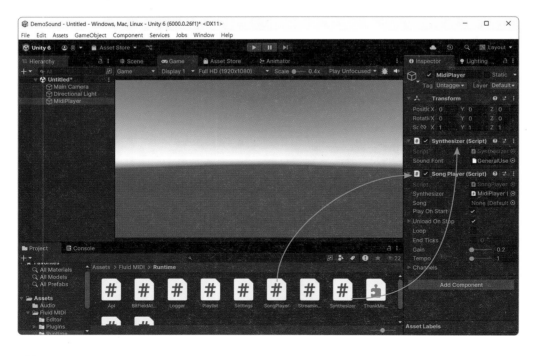

이제 SongPlayer.cs 스크립트의 Song 항목에 Cat.mid를 지정하면 됩니다.

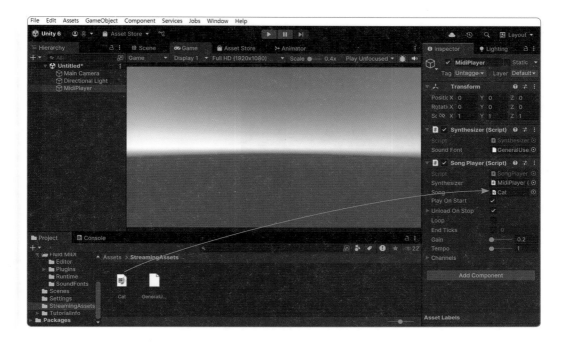

마지막으로 GameObject를 선택하고 [Add Component] → [Audio] → [Audio Source] 컴포넌트를 추가합니다. 추가한 Audio Source의 Output 항목에 Mixer의 [Master] 항목을 지정해줍니다.

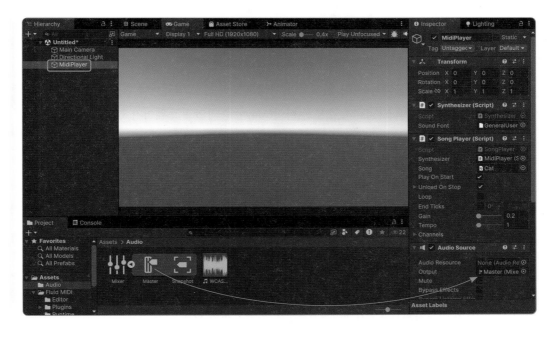

모든 설정이 끝났으면 [플레이] 버튼을 클릭해 미디 음악을 감상해봅니다.

Scene 저장하기

상단 메뉴의 [File] → [Save As]를 이용하여 Scene을 저장합니다. Scene의 이름을 TestMidi
로 저장합니다.

뻐꾸기 시계 제작하기

지금까지 배운 유니티의 모든 지식을 활용하여 실제로 작동하는 뻐꾸기 시계를 만들어봅니다.

사용하는 3D 에셋

이 책은 유니티 에디터를 이용하여 Scene을 생성하고 C# 스크립트로 게임을 개발하는 부분에
치중하고 있습니다. 따라서 게임에 필요한 여러 에셋을 직접 만들지는 않습니다. 그러나 지금은
공부를 위해 3D 게임을 만들 때 사용하는 3D 모델링은 어떻게 만드는지 알아봅시다.

3D 모델링 소프트웨어

3D 모델링은 게임에 사용되는 여러 입체적인 형상을 만드는 작업입니다. 기존에 많이 사용되
는 소프트웨어로는 3ds 맥스(3ds Max) 또는 마야(Maya) 등의 소프트웨어가 있으며 최근 블렌더
(Blender)라는 오픈 소스 3D 모델링 소프트웨어가 큰 인기를 얻고 있습니다. 블렌더는 지속적인
개선을 통해 상용 에디터들과 비교해도 손색이 없는 강력한 기능을 자랑합니다. 블렌더로 작업
한 내용은 유니티로 직접 불러와 에셋으로 사용할 수 있어 편리합니다. 뻐꾸기 시계 예제에서는
블렌더로 작업한 에셋을 이용 실습을 진행합니다. 실습을 위해 새로운 프로젝트의 생성하고 기
능을 추가해보겠습니다.

블렌더로 작업한 3D 모델링 에셋

블렌더 3D를 이용하여 뻐꾸기 시계를 구현하기 위한 모델링 작업 화면입니다. 시계의 몸통 부분
과 지붕, 뻐꾸기가 등장하는 문, 시계바늘 3종류와 시계추까지 모두 구현되어 있습니다.

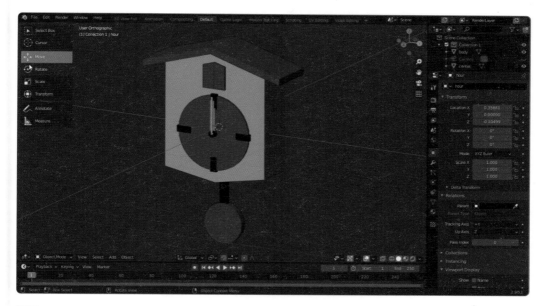

> **TIP** 예제에 필요한 3D 모델링 파일은 https://github.com/proonan29/LearnUnity01/tree/main/Rev01/Ch11/ Modeling에 있습니다. CuckooClockFinal.fbx 파일을 다운로드한 뒤 탐색기의 다운로드 폴더를 열고 Assets 폴더로 복사합니다.

프로젝트 생성하기

유니티 허브에서 새로운 프로젝트를 생성합니다. 프로젝트의 이름은 Clock3D로 합니다. 종류는 [3D]로 설정하고 [프로젝트 생성] 버튼을 클릭합니다.

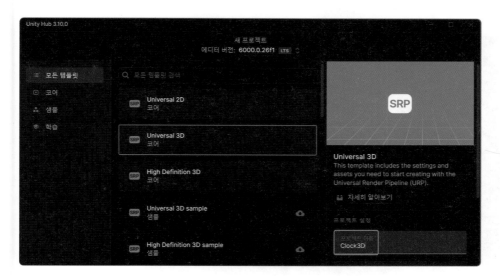

잠시 후 Clock3D 프로젝트의 유니티 에디터가 열립니다. Assets 폴더에 Scripts와 Models 폴더를 추가합니다.

깃허브 예제 폴더에서 CuckooClockFinal.fbx 파일을 다운로드합니다. 모델링 파일을 Models 폴더로 추가합니다. Assets/Models 폴더로 이동하여 모델링 에셋이 잘 추가된 것을 확인합니다.

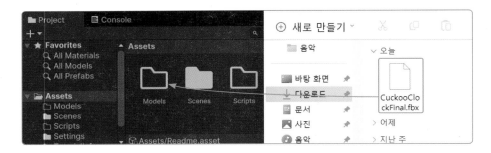

에셋이 문제없이 추가되고 CuckooClockFinal을 클릭하면 아래의 그림과 같이 나타납니다. 이제 모델링 데이터를 드래그하여 Scene에 게임 오브젝트로 추가합니다.

가져온 모델링 파일에는 블렌더 에디터에서 사용했던 카메라 데이터 및 Light 데이터가 들어 있습니다. 현재 유니티 Scene에도 자체적인 Camera 및 Light 설정이 있습니다. 따라서 중복되는 두 가지 설정이 겹치게 되므로 모델링 내부에 있는 Camera 및 Light 정보를 사용하지 않도록 비활성화합니다.

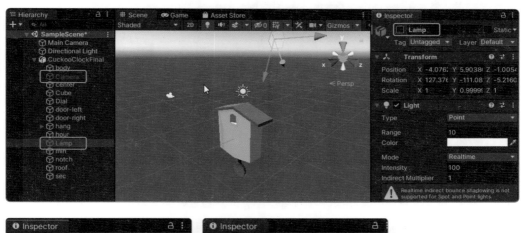

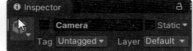

모델링의 Global 좌표 및 방향 수정하기

블렌더 3D의 좌표계와 유니티 에디터의 좌표계는 서로 다른 것을 사용합니다. 따라서 모델링을 가져오는 경우 원래 의도한 방향과 맞지 않을 수 있습니다. 이런 경우 모델링 오브젝트의 방향을 바꾸어야 합니다.

상단의 [Game] 탭을 클릭해 게임 화면을 확인합니다.

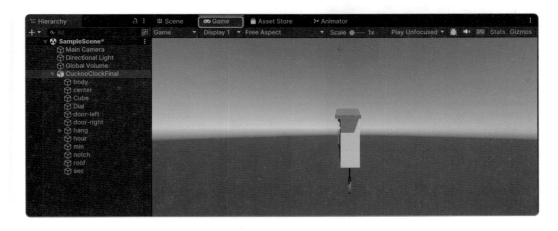

시계의 모델링 오브젝트가 카메라 방향인 -Z 축을 향하게 하려면 Transform의 Rotation Y 값을 -90으로 지정합니다. 모델링의 정면이 카메라를 향하게 됩니다.

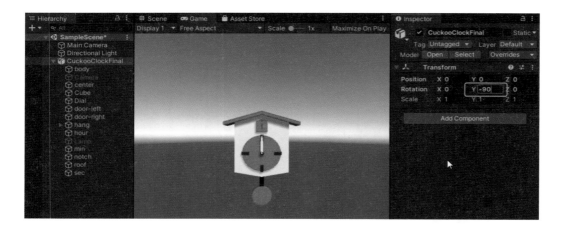

이제 새로운 게임 오브젝트를 생성하여 시계를 구동하는 스크립트를 지정해보도록 합니다. 먼저 상단 메뉴 [GameObject] → [Create Empty]를 이용하여 새로운 게임 오브젝트를 만듭니다. 만들어진 오브젝트의 이름을 Clock으로 바꿉니다. 그런 다음 깃허브에서 필요한 소스코드를 다운로드합니다.

TIP 예제에 필요한 스크립트 파일은 https://github.com/proonan29/LearnUnity01/tree/main/Rev01/Ch11/ Scripts에 있습니다. 다운로드한 뒤 탐색기의 다운로드 폴더를 열고 Assets/Scripts 폴더로 복사합니다.

Clock.cs 스크립트를 드래그하여 Scripts 폴더로 복사합니다.

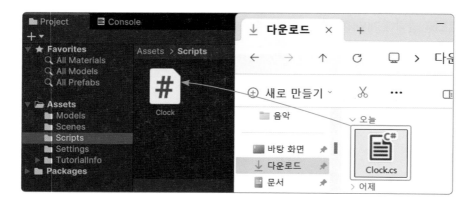

스크립트를 드래그하여 GameObject에 추가합니다.

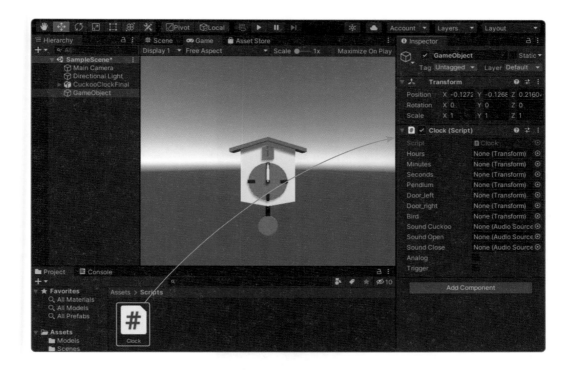

사운드 소스 추가하기

뻐꾸기 시계를 이루는 재미 요소 중 하나는 '뻐꾹' 하는 효과음입니다. 새 소리와 함께 문이 열리고 닫히는 소리를 깃허브에서 다운로드합니다.

TIP 예제에 필요한 오디오 파일은 https://github.com/proonan29/LearnUnity01/tree/main/Rev01/Ch11/Audio에 있습니다. 다운로드한 뒤 탐색기의 다운로드 폴더를 엽니다.

깃허브에서 cuckoo.wav, door.wav, open.wav 3개 파일을 다운로드합니다. 파일을 Assets 폴더 아래에 Audio 폴더를 생성한 뒤 복사합니다.

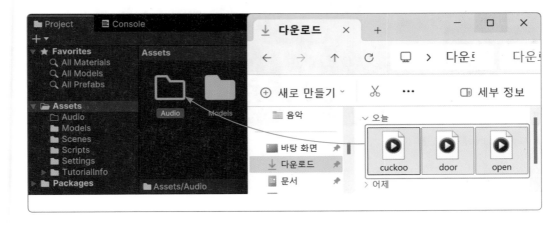

상단 메뉴 [GameObject] → [Audio] → [Audio Source]를 선택하여 3개의 사운드 소스를 만듭니다.

사운드 소스 오브젝트의 이름을 각각 AudioCuckoo, AudioOpen, AudioClose로 합니다. 다음 그림과 같이 오브젝트가 추가되면 됩니다.

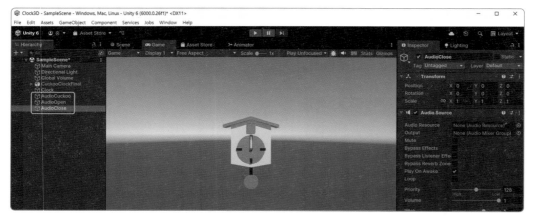

▲ Audio Source를 3개 만듭니다.

AudioCuckoo 오브젝트에는 cuckoo.wav를 지정합니다. AudioOpen에는 open.wav를 지정합니다. AudioClose에는 door.wav를 지정합니다.

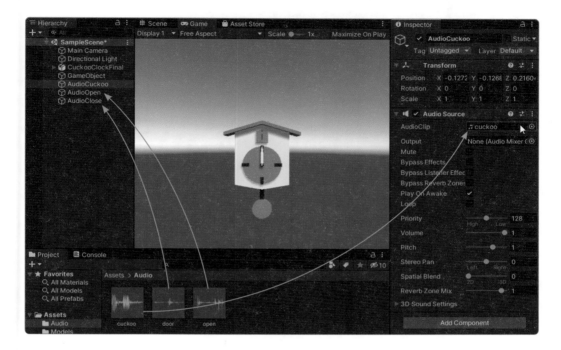

모든 AudioSource 항목에서 Play On Awake를 비활성화합니다. 이제 Clock 스크립트에 시계바늘 및 오디오 소스의 정보를 지정해야 합니다.

스크립트 변수의 설정

게임 오브젝트를 선택한 뒤 Clock 스크립트에 필요한 변수를 설정합니다.

- Hours에는 CuckooClockFinal의 hour 오브젝트를 지정합니다.
- Minutes에는 CuckooClockFinal의 min 오브젝트를 지정합니다.
- Seconds에는 CuckooClockFinal의 sec 오브젝트를 지정합니다.
- Pendlum에는 CuckooClockFinal의 hang 오브젝트를 지정합니다.
- Door_left에는 CuckooClockFinal의 door-left 오브젝트를 지정합니다.

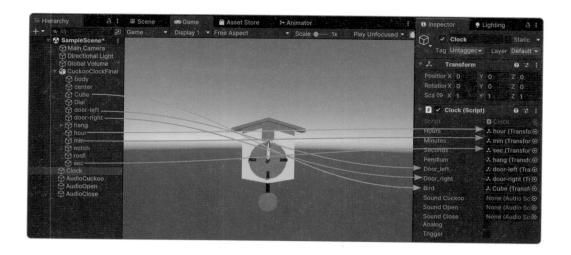

- Door_right에는 CuckooClockFinal의 door-right 오브젝트를 지정합니다.
- Bird에는 CuckooClockFinal의 Cube 오브젝트를 지정합니다.
- Sound Cuckoo에는 AudioCuckoo 오브젝트를 지정합니다.
- Sound Open에는 AudioOpen 오브젝트를 지정합니다.
- Sound Close에는 AudioClose 오브젝트를 지정합니다.

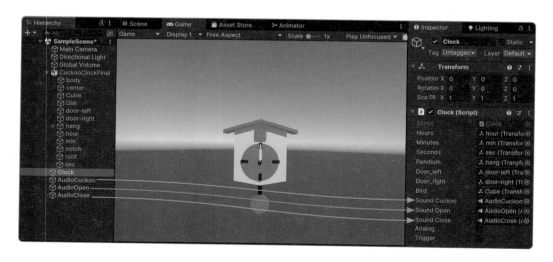

이제 [플레이] 버튼을 클릭해 뻐꾸기 시계가 작동하는지 테스트해봅니다. 문제가 없을 경우 컴퓨터의 현재 시간에 맞게 시계의 바늘이 표현되어야 합니다. 또한 아래의 시계추가 흔들리며 1분에 한 번씩 뻐꾸기가 문을 열고 나와 시간에 맞춰 '뻐꾹' 소리를 내야 합니다. 만일 3시라면 뻐꾸기가 3번을 울고 들어가야 합니다.

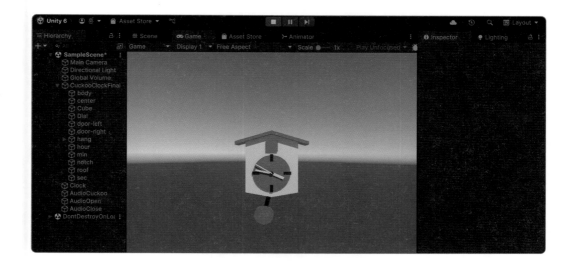

모든 작업이 완료되었다면 상단메뉴 [File] → [Save]를 이용하여 Scene을 저장합니다.

스크립트에서 눈 여겨 봐야 할 것은 코루틴(Coroutine)의 사용 방법입니다. 유니티의 코루틴은 Update()에서 수행할 내용을 알아보기 쉽도록 별도로 적어놓은 것을 말합니다. Clock.cs 스크립트를 열어 소스코드의 내용을 확인해봅시다.

Clock.cs

```
01  using System;
02  using System.Collections;
03  using UnityEngine;
04
05  public class Clock : MonoBehaviour {
06
07      private const float
08      hoursToDegrees = -360f / 12f,
09      minutesToDegrees = -360f / 60f,
10      secondsToDegrees = -360f / 60f,
11
12      speed = 3.0f,    // swing speed
13      swing = 20.0f,   // swing angle
14
15      door_time = 0.8f,
16      door_angle = 160f,
17      door_speed = door_angle/door_time,
18
19      birdmove_time = 0.2f,
```

```
20          birdmove_distance = 0.5f,
21          birdmove_speed = birdmove_distance/birdmove_time;
22
23      public Transform hours, minutes, seconds, pendlum;
24      public Transform door_left, door_right, bird;
25
26      public AudioSource SoundCuckoo;
27      public AudioSource SoundOpen;
28      public AudioSource SoundClose;
29
30
31      public bool analog;
32      public bool trigger;
33
34      // bird movement
35      private bool bird_active;
36      private int bird_pahse;
37
38      // pendlum & cuckoo
39      private float t;
40      private float last_sec;
41
42      void Start()
43      {
44          t = 0.0f;
45          // cuckoo.Play();
46
47          last_sec = 0.0f;
48          bird_active = false;
49          StartCoroutine(PlayCuckoo());
50
51          trigger = false;
52      }
53
54      void Update() {
55          float ang;
56          DateTime time = DateTime.Now;
57          TimeSpan timespan = DateTime.Now.TimeOfDay;
58
```

```
59      ang = -90.0f+(float)timespan.TotalHours * hoursToDegrees;
60      hours.localRotation = Quaternion.Euler(ang, 0f, 0f);
61      ang = -90.0f+(float)timespan.TotalMinutes * minutesToDegrees;
62      minutes.localRotation = Quaternion.Euler(ang, 0f, 0f);
63
64      if (analog) {
65          ang = -90.0f+(float)timespan.TotalSeconds * secondsToDegrees;
66          seconds.localRotation = Quaternion.Euler(ang, 0f, 0f);
67      }
68      else {
69          ang = -90.0f + time.Second * secondsToDegrees;
70          seconds.localRotation = Quaternion.Euler(ang, 0f, 0f);
71      }
72
73      // pendlum control
74      if (time.Second < last_sec ¦¦ trigger) {
75          StartCoroutine(PlayCuckoo());
76          trigger = false;
77      }
78      last_sec = time.Second;
79
80      t += Time.deltaTime * speed;
81      ang = -90.0f + Mathf.Sin (t) * swing;
82      pendlum.localRotation = Quaternion.Euler(ang, 0f, 0f);
83  }
84
85  IEnumerator PlayCuckoo() {
86      float t;
87      Vector3 door_left_rot = door_left.rotation.eulerAngles;
88      Vector3 door_right_rot = door_right.rotation.eulerAngles;
89
90      if (!bird_active) {
91          bird_active = true;
92
93          SoundOpen.Play();
94          // 1. open door in 1 sec
95          t = 0.0f;
96          while (t < door_time) {
97              t += Time.deltaTime;
```

```
 98            door_left.Rotate(
 99                new Vector3(0f, 0f, Time.deltaTime * door_speed));
100            door_right.Rotate(
101                new Vector3(0f, 0f, -Time.deltaTime * door_speed));
102            yield return null;
103        }
104        door_left.rotation =
105            Quaternion.Euler(door_left_rot + new Vector3 (0f, 0f, door_angle));
106        door_right.rotation =
107            Quaternion.Euler(door_right_rot + new Vector3 (0f, 0f, -door_angle));
108        yield return new WaitForSeconds(0.3f);
109
110        // 2. move bird out
111        t = 0.0f;
112        while (t < birdmove_time) {
113            t += Time.deltaTime;
114            bird.Translate(
115                new Vector3(-Time.deltaTime * birdmove_speed, 0f, 0f));
116            yield return null;
117        }
118        yield return new WaitForSeconds(0.3f);
119
120        // bird sing multiple
121        int count = DateTime.Now.Hour;
122        if (count == 0) {
123            count = 12;
124        }
125        if (count > 12) {
126            count -= 12;
127        }
128
129        for (int i = 0; i < count; i++) {
130            // 3-1. bird swing
131            SoundCuckoo.Play();
132
133            t = 0.0f;
134            while (t < 0.4f) {
135                t += Time.deltaTime;
136                bird.Rotate(
```

```
137                         new Vector3 (0f, -Time.deltaTime * 80.0f, 0f));
138                     yield return null;
139                 }
140
141             // 3-2. bird swing back
142             t = 0.0f;
143             while (t < 0.4f) {
144                 t += Time.deltaTime;
145                 bird.Rotate(
146                     new Vector3 (0f, Time.deltaTime * 80.0f, 0f));
147                 yield return null;
148             }
149
150             yield return new WaitForSeconds (0.3f);
151         }
152
153     // 4. move bird back
154     t = 0.0f;
155     while (t < birdmove_time) {
156         t += Time.deltaTime;
157         bird.Translate(
158             new Vector3(Time.deltaTime * birdmove_speed, 0f, 0f));
159         yield return null;
160     }
161
162     yield return new WaitForSeconds(0.3f);
163
164     // Final phase, close door
165     SoundClose.Play();
166     t = 0.0f;
167     while (t < door_time) {
168         t += Time.deltaTime;
169         door_left.Rotate(
170             new Vector3(0f, 0f, -Time.deltaTime * door_speed));
171         door_right.Rotate(
172             new Vector3(0f, 0f, Time.deltaTime * door_speed));
173         yield return null;
174     }
175     door_left.rotation = Quaternion.Euler(door_left_rot);
```

```
176              door_right.rotation = Quaternion.Euler(door_right_rot);
177
178              bird_active = false;
179          }
180      }
181  }
```

- 7~21행: 아날로그 시계의 표시에 필요한 다양한 상수를 선언합니다.

- 8행: 시침의 각속도(12시간에 360도)

- 9행: 분침의 각속도(60분에 360도)

- 10행: 초침의 각속도(60초에 360도)

- 12행: 시계추의 왕복 주기

- 13행: 시계추의 왕복 각도

- 15행: 문이 열리고 닫히는 시간

- 16행: 문이 열리는 각도

- 17행: 문이 열리는 속도(속도 = 거리 / 시간)

- 19행: 뻐꾸기가 이동하는 시간

- 20행: 뻐꾸기가 이동하는 거리

- 21행: 뻐꾸기가 움직이는 속도(속도 = 거리 / 시간)

- 23~24행: 스크립트의 조작 대상이 되는 게임 오브젝트

- 23행: 시침, 분침, 초침, 시계추 오브젝트의 트랜스폼

- 24행: 왼쪽 문, 오른쪽 문, 뻐꾸기 오브젝트의 트랜스폼

- 26~28행: 뻐꾸기 시계에 사용되는 사운드 소스

- 26행: 뻐꾸기 소리(오디오 소스)

- 27행: 문 열리는 소리(오디오 소스)

- 28행: 문 닫는 소리(오디오 소스)

- 35행: 뻐꾸기 작동 여부(true = 작동 중, false = 쉬는 중)

- 39~40행: 시간을 계산하기 위한 용도의 변수

- 42~52행: Start() 이벤트 메소드(초기화 용도)

- 49행: PlayCuckoo() 코루틴의 시작

- 54~83행: Update() 이벤트 메소드(한 프레임마다 실행)

- 56~57행: 현재 시간을 알아낸다(0:00:00~23:59:59 형태).

- 59~60행: 시침의 각도를 현재 프레임의 시간에 맞춰 조정한다(0~360도 형태).

- 61~62행: 분침의 각도를 현재 프레임의 시간에 맞춰 조정한다(0~360도 형태).

- 64~71행: 초침의 각도 처리. 아날로그 모드 여부에 따라 움직임이 조금 다릅니다. 아날로그 모드에서는 초침은 항상 균일하고 일정하게 움직입니다. 반대로 아날로그 모드가 off라면 1초에 한 번씩 초침이 6도씩 움직입니다(움직이고 멈추기를 반복).
- 74~78행: 1분에 한 번 뻐꾸기 소리 처리
- 75행: PlayCuckoo 코루틴을 새로 발동합니다.
- 80~82행: 시계추의 움직임 처리
- 85~180행: 뻐꾸기 소리 코루틴.
- 87~88행: 왼쪽과 오른쪽 문의 초기 각도를 저장합니다.
- 91행: 뻐꾸기 시계가 작동하고 있음을 표시합니다.
- 93행: 문이 열리는 소리를 시작합니다.
- 95~96행: 문이 열리는 시간동안 97~102행을 반복합니다.
- 98~101행: 왼쪽과 오른쪽 문이 프레임 속도에 맞춰 조금씩 이동합니다(문이 열림).
- 104~107행: 문을 최종 열림 위치로 이동시킵니다.
- 108행: 0.3초 대기합니다.
- 111~117행: 뻐꾸기가 프레임 속도에 맞춰 조금씩 앞으로 이동합니다.
- 118행: 0.3초 대기합니다.
- 121~127행: 뻐꾸기가 몇 번 소리를 내야 하는지 계산합니다. 현재 시간에서 시간 부분만 이용하는데 0시일 경우는 12시로, 13~23시는 각각 1시에서 11시로 수정합니다.
- 129~151행: 뻐꾸기가 정해진 횟수만큼 '뻐꾹' 소리를 내며 아래위로 움직입니다.
- 131행: '뻐꾹' 소리를 냅니다.
- 134~139행: 뻐꾸기가 아래로 고개를 숙입니다.
- 142~148행: 뻐꾸기가 원위치로 고개를 올립니다.
- 149행: 매번 고개를 숙일 때마다 0.3초를 대기합니다.
- 154~160행: 뻐꾸기가 시계 속으로 다시 돌아갑니다.
- 162행: 0.3초를 대기합니다.
- 165행: 문이 닫히는 소리를 냅니다.
- 166~174행: 프레임에 맞춰 조금씩 문이 닫힙니다.
- 175~176행: 문을 원래 저장한 위치로 되돌려 놓습니다(문이 닫힘).
- 178행: 모든 이벤트가 종료된 것으로 상태 값을 설정합니다.

유니티를 이용하여 배경음악을 표현하는 경우 오디오 소스가 필요합니다. 오디오 소스는 음악을 재생하는 기능이 있습니다. 반면 오디오 클립은 음악 파일 그 자체를 말합니다. 보통 음악을 듣기 위해서 컴퓨터, MP3 플레이어, 스마트폰 등을 사용합니다. 음악은 USB 메모리 등의 매체에 담아서 사용하게 됩니다.

마찬가지로 여러 오디오 클립을 정보를 가지고 있다가 하나의 오디오 소스를 이용하여 자유롭게 재생하면 편리할 것입니다. 이러한 기능을 하는 사운드 매니저 스크립트를 만들어보겠습니다.

TIP 예제에 필요한 오디오 파일은 https://github.com/proonan29/LearnUnity01/tree/main/Rev01/Ch11/Audio에 있습니다. 다운로드한 뒤 탐색기의 다운로드 폴더를 엽니다.

Audio Manager 스크립트의 작성
Scripts 폴더에서 마우스 오른쪽 버튼을 클릭해 [Create] → [C# Script]를 이용하거나 상단 메뉴 [Assets] → [Create] → [C# Script]를 이용하여 AudioManager라는 새로운 스크립트를 생성합니다. 이후 AudioManager 스크립트를 더블클릭하여 비주얼 스튜디오를 엽니다.

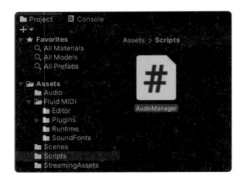

보통 게임에서는 여러 개의 배경음악과 효과음을 가지고 있습니다. 예를 들어 마을에 있던 전사 캐릭터가 필드로 나오면 배경음악이 바뀌는 경우가 많습니다. 또는 슈팅 게임에서 다양한 폭파음과 사격음 그리고 아이템 획득 시 사용되는 효과음이 모두 다릅니다.

한 개의 오디오 소스를 이용하여 여러 개의 오디오 클립 중 하나를 선택하여 원하는 대로 재생할 수 있다면 배경음악에 사용할 수 있는 오디오 매니저를 만들 수 있습니다. 배경음악은 주로 한번에 한 가지만 재생되니까, 만일 배경음악이 바뀐다면 이전 음악을 정지한 뒤 재생하면 됩니다.

반대로 효과음 같은 경우 여러 효과음의 사운드가 동시에 혹은 약간의 시간 간격을 두고 발생할 수 있습니다. 슈팅 게임을 생각해보면 엄청나게 많은 총소리가 동시에 들릴 수 있는 것과 같습니다.

여러 가지 사운드 리소스를 관리하고 재생하려면 오디오 매니저를 만들어서 사용하면 편리합니다. 우리가 만들 AudioManager.cs는 배경음악 및 사운드 효과음을 관리하고 사용하기 편리한 멤버 함수를 제공해줍니다. 이제 위에서 사용한 스크립트의 소스코드를 분석해보겠습니다.

AudioManager.cs

```
01  using System.Collections;
02  using System.Collections.Generic;
03  using UnityEngine;
04
05  public class AudioManager : MonoBehaviour
06  {
07      private int currentBGM = -1;
08
09      public AudioSource sourceBGM;
10      public AudioSource sourceSound;
11
12      public List<AudioClip> bgms;
13      public List<AudioClip> effects;
14
15      // Start is called before the first frame update
16      void Start()
17      {
18
19      }
20
21      // Update is called once per frame
22      void Update()
23      {
24
25      }
26
27      public void PlayBGM(int idx)
28      {
29          if (currentBGM != idx && idx >=0 && bgms.Count > idx)
30          {
31              sourceBGM.Stop();
32              currentBGM = idx;
33              sourceBGM.clip = bgms[idx];
34              sourceBGM.Play();
```

```
35              }
36          }
37
38      public void PlaySound(int idx)
39      {
40          if (idx >= 0 && effects.Count > idx)
41          {
42              //sourceSound.clip = effects[idx];
43              sourceSound.PlayOneShot(effects[idx]);
44          }
45      }
46
47      public int NumSounds()
48      {
49          return effects.Count;
50      }
51
52      public int NumBGMs()
53      {
54          return bgms.Count;
55      }
56
57      public int GetCurrentBGM()
58      {
59          return currentBGM;
60      }
61
62      public void PlayNextBGM()
63      {
64          currentBGM++;
65          if (bgms.Count <= currentBGM)
66          {
67              currentBGM = 0;
68          }
69          if (bgms.Count > currentBGM)
70          {
71              Debug.Log("Playing BGM #" + currentBGM);
72              sourceBGM.clip = bgms[currentBGM];
73              sourceBGM.loop = true;
```

```
74              sourceBGM.Play();
75          }
76
77      }
78  }
```

AudioManager.cs의 내용을 위와 같이 작성합니다. 소스코드를 깃허브에서 다운로드해서 복사한 뒤 붙여 넣어도 됩니다.

- 1~3행: 기본적인 라이브러리 선언
- 7행: 현재 재생되는 배경음악의 인덱스 값 변수. 현재 재생되는 곡을 숫자로 적어둡니다.
- 9행: 배경음악 재생에 사용되는 사운드 소스
- 10행: 효과음 재생에 사용되는 사운드 소스
- 12행: 배경음악으로 사용될 오디오 클립 목록, 여러 개의 오디오 클립을 대입합니다.
- 13행: 효과음으로 사용될 오디오 클립 목록, 여러 개의 오디오 클립을 대입합니다.
- 27~36행: 주어진 인덱스 값의 배경음악을 재생합니다.
- 29행: 인덱스 값은 0~배경음악 오디오 클립의 개수-1 사이의 값이여야 합니다. 또한 이전에 재생되던 인덱스 값과 달라야 합니다.
- 31행: 이전의 음악을 정지합니다.
- 32행: 새로운 음악의 인덱스 값을 저장합니다.
- 34~35행: 재생할 오디오 클립을 지정하고 음악을 시작합니다.
- 38~45행: 주어진 인덱스 값의 효과음을 재생합니다. 이 함수는 하나의 오디오 소스를 이용해 동시에 여러 오디오 클립을 재생하는 멀티 플레이 기능이 있습니다.
- 40행: 인덱스 값은 0~효과음 오디오 클립의 개수-1 사이의 값이여야 합니다.
- 43행: 지정된 효과음을 중복 여부에 관계없이 무조건 재생합니다.
- 47~50행: 지정된 효과음의 개수를 알려줍니다.
- 52~55행: 지정된 배경음악의 개수를 알려줍니다.
- 57~60행: 현재 사용되는 배경음악의 인덱스를 알려줍니다.
- 62~77행: 현재 재생되고 있는 배경음악의 다음 배경음악을 재생합니다. 만일 현재 음악이 마지막 음악이라면 첫 번째 음악으로 돌아가 재생합니다.

배경음악과 효과음 사용하기

앞에서 만든 오디오 매니저를 실제로 이용하는 샘플을 만들어보겠습니다. 먼저 아래의 그림과 같이 3개의 배경음악과 3개의 효과음을 사용하는 예제를 만들어보겠습니다.

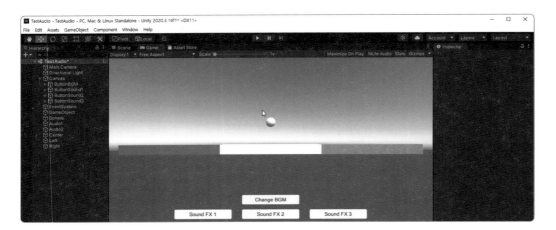

이 예제는 이전에 배웠던 물리엔진, UI, 키보드 입력 및 사운드 매니저를 모두 사용하고 있습니다. 먼저 유니티 허브에서 [새 프로젝트]를 클릭해 새로운 유니티 프로젝트를 생성합니다. 프로젝트의 이름은 TestAudio라고 합니다.

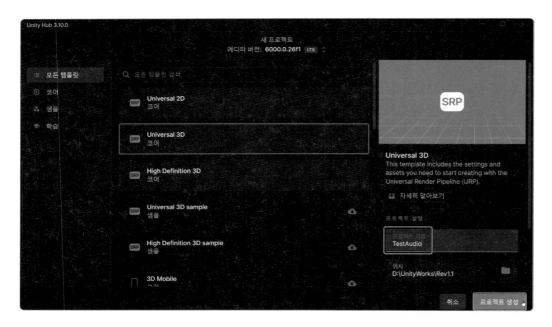

커스텀 에셋 불러오기

이번 예제는 커스텀 에셋을 사용하여 간편하게 만들어 보겠습니다. 커스텀 에셋은 이전에 만들어둔 프로젝트에서 작업한 내용을 다른 프로젝트로 내보내기 위한 방법입니다. 커스텀 에셋을 사용하면 프로젝트 전체를 복사하지 않고 필요한 일부의 에셋을 뽑아내어 커스텀 에셋이라는 묶음으로 만들 수 있습니다.

TIP 예제에 필요한 커스텀 에셋 파일은 https://github.com/proonan29/LearnUnity01/tree/main/Rev01/Ch11/ Export에 있습니다. 다운로드한 뒤 탐색기의 다운로드 폴더를 엽니다.

커스텀 에셋을 사용하기 위해 상단 메뉴 [Assets] → [Import Package] → [Custom Package]를 이용합니다.

가져올 커스텀 에셋은 TestAudio입니다. 다운로드 폴더에서 가져올 수 있습니다.

이 에셋을 선택한 뒤 [열기] 버튼을 클릭하면 다
음 그림처럼 포함하고 있는 내용이 나타납니다.

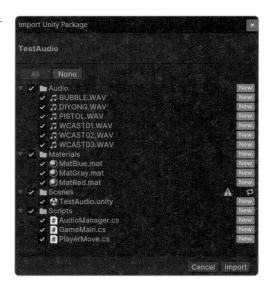

앞의 화면에서 확인한 것 같이 6개의 오디오 파일과 2개의 머티리얼, 1개의 Scene 그리고 3개의
스크립트로 이루어져 있습니다. [Import] 버튼을 클릭해 모든 에셋을 가져옵니다. 리소스를 모
두 가져오고 나면 아래의 그림과 같이 Project 창에 4개의 폴더가 나타나게 됩니다.

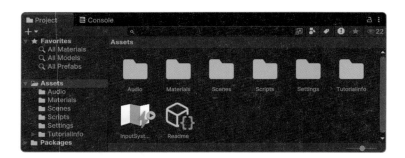

이제 Scenes 폴더 안에 들어 있는 TestAudio Scene을 더블클릭하여 열어봅니다.

TestAudio를 열어보면 아래와 같이 스테이지를 구성해놓은 것이 보입니다. 스테이지는 세 가지 영역으로 나누어져 있으며 플레이어의 역할을 하는 공이 서로 다른 영역에 위치할 때마다 배경음악이 바뀌게 설계되어 있습니다. [Scene] 탭과 [Game] 탭을 클릭해 게임의 전체적인 모습을 파악할 수 있습니다.

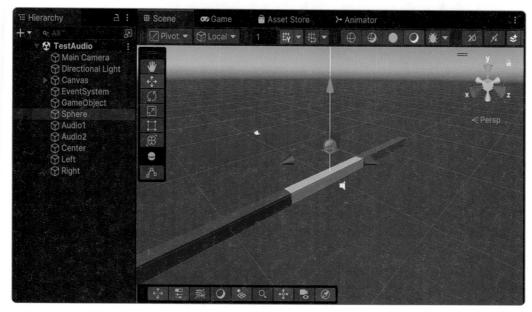

▲ [Scene] 탭 배치 화면

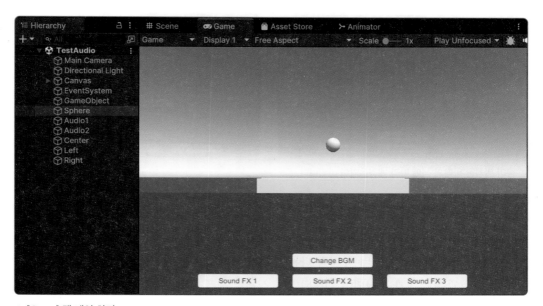

▲ [Game] 탭 게임 화면

[플레이] 버튼을 클릭해 게임을 실행시켜 보겠습니다.

공이 바닥에 도착하면 바로 배경음악의 재생이 시작됩니다. 게임 화면을 선택한 상태에서 좌우 방향키를 누르면 공이 좌우로 이동합니다. 색상이 다른 영역에 들어가면 배경음악이 바뀌는 것을 확인할 수 있습니다.

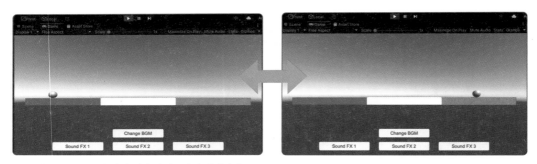

▲ 공이 위치한 바닥의 색에 따라 배경음악이 바뀝니다.

화면 하단의 버튼의 역할

ChangeBGM 버튼, 배경음악을 순차적으로 바꿉니다. 세 번째 배경음악에서 처음 음악으로 되돌아 갑니다. Sound FX1~3 버튼, 각각 다른 사운드 효과가 지정되어 있습니다. 빠르게 여러 번 누를 경우 효과음 소리가 중첩되어 재생됩니다. 실제로 샘플 게임 또는 상용 게임에서도 이렇게 사운드 매니저를 이용하여 배경음악 및 효과음을 제어하는 것이 대단히 편리합니다.

TestAudio Scene의 해설

오디오 소스 오브젝트

오디오 매니저 스크립트는 오디오 소스가 2개 필요합니다. 하나는 배경음악용이고 또 하나는 효과음을 위한 것입니다. 따라서 TestAudio Scene에 2개의 오디오 소스를 담은 오브젝트(Audio1과 Audio2)가 생성되어 있습니다.

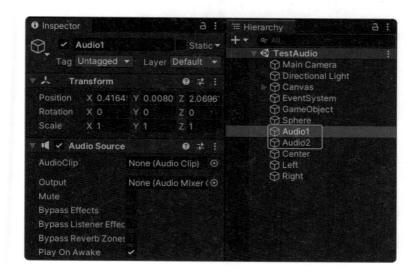

Sphere 오브젝트(플레이어 역할)

이 샘플에서 공은 플레이어의 역할을 합니다. 좌우 방향키로 입력을 받아야 하기 때문에 PlayerMove.cs 스크립트를 사용하고 있습니다. 충돌 체크와 중력의 적용을 위해 Sphere Collider와 Rigidbody를 가지고 있습니다.

게임 매니저

게임의 전반적인 관리를 담당하는 게임 매니저(GameMain.cs) 스크립트와 오디오 매니저 스크립트를 함께 컴포넌트로 가지고 있습니다. 오디오 매니저 스크립트에는 2개의 오디오 소스, 3개의 배경음악, 3개의 효과음이 지정되어 있습니다.

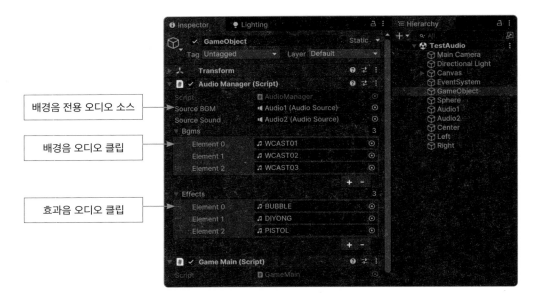

배경음 전용 오디오 소스

배경음 오디오 클립

효과음 오디오 클립

바닥 플랫폼(Center, Left, Right)

바닥 플랫폼은 3개로 구성되어 있으며 각각 Center, Left, Right라는 이름으로 존재합니다.

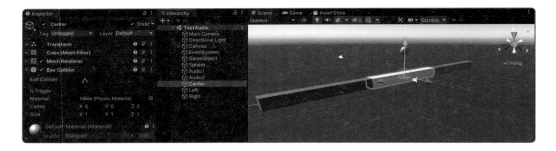

공이 바닥으로 떨어지는 것을 막기 위해 Box Collider를 가지고 있습니다. 바닥 플랫폼은 움직이면 안 되므로 Rigidbody를 적용하지 않습니다.

PlayerMove.cs

```csharp
01 using System.Collections;
02 using System.Collections.Generic;
03 using UnityEngine;
04
05 public class PlayerMove : MonoBehaviour
06 {
07     const float POWER = 3.0f;
08
09     private bool moveLeft = false;
10     private bool moveRight = false;
11     private Rigidbody playerRB;
12
13     public GameMain game;
14
15     // Start is called before the first frame update
16     void Start()
17     {
18         playerRB = GetComponent<Rigidbody>();
19     }
20
21     // Update is called once per frame
22     void Update()
23     {
24         if (Input.GetKeyDown(KeyCode.LeftArrow))
25         {
26             moveLeft = true;
27         }
28         if (Input.GetKeyUp(KeyCode.LeftArrow))
29         {
30             moveLeft = false;
31         }
32
33         if (Input.GetKeyDown(KeyCode.RightArrow))
34         {
35             moveRight = true;
36         }
37         if (Input.GetKeyUp(KeyCode.RightArrow))
38         {
39             moveRight = false;
```

```
40            }
41        }
42
43    private void FixedUpdate()
44    {
45        if (moveLeft)
46        {
47            //playerRB.AddForce(Vector3.left * POWER);
48            playerRB.velocity = Vector3.left * POWER;
49        }
50        if (moveRight)
51        {
52            //playerRB.AddForce(Vector3.right * POWER);
53            playerRB.velocity = Vector3.right * POWER;
54        }
55    }
56
57    private void OnCollisionEnter(Collision collision)
58    {
59        switch (collision.gameObject.name)
60        {
61            case "Left":
62                game.PlayBGM(0);
63                break;
64            case "Center":
65                game.PlayBGM(1);
66                break;
67            case "Right":
68                game.PlayBGM(2);
69                break;
70        }
71    }
72 }
```

이 스크립트의 주요 목적은 키보드 입력에 따라 공을 움직여주는 부분과 공이 위치한 바닥면의 이름을 확인하여 배경음악을 바꾸어주는 부분입니다.

- 7행: 상수의 정의(밀어주는 힘 또는 공의 속도에 사용)
- 9~10행: 방향키가 눌린 상태

- 11행: 공에 연결된 리지드바디 인스턴스
- 13행: 게임 매니저 인스턴스
- 16~19행: Start() 이벤트 함수는 초기화용으로 사용됩니다.
- 18행: 현재 오브젝트에 연결되어 있는 리지드바디 인스턴스를 가져옵니다.
- 22~41행: Update() 이벤트 함수는 매 프레임마다 실행됩니다. 여기서는 키보드의 입력을 감지하여 움직일 방향을 결정하는 역할을 합니다.
- 24~27행: 왼쪽 방향키가 눌러지면 실행됩니다. moveLeft 변수를 true로 지정합니다.
- 28~31행: 왼쪽 방향키가 떨어지면 실행됩니다. moveLeft 변수를 false로 지정합니다.
- 33~36행: 오른쪽 방향키가 눌러지면 실행됩니다. moveRight 변수를 true로 지정합니다.
- 37~40행: 오른쪽 방향키가 떨어지면 실행됩니다. moveRight 변수를 false로 지정합니다.
- 22~41행: FixedUpdate 이벤트 함수는 정해진 시간마다 실행됩니다. 리지드바디에 속도 및 힘을 가하는 모든 작업은 FixedUpdate 함수에서 실행되어야 합니다(유니티 물리엔진 사용 규칙입니다). Update()에서 결정된 이동 방향에 따라 실제로 이동하게 만들어주는 부분을 담당합니다.
- 45~49행: 왼쪽으로 움직이도록 리지드바디의 속도를 바꿉니다.
- 50~54행: 오른쪽으로 움직이도록 리지드바디의 속도를 바꿉니다.
- 57~71행: OnCollisionEnter는 물리엔진과 연동하는 이벤트 함수입니다. 만일 스크립트에 연결된 오브젝트가 다른 콜라이더와 접촉하면 이 이벤트가 실행됩니다.
- 59~70행: Switch 문을 이용하여 다중 분기합니다. 여기서 collision 인수로 받아오는 정보는 충돌한 대상의 정보입니다.
- 61~63행: Left 플랫폼과 접촉한 경우입니다, 배경음악을 0으로 교체합니다.
- 64~66행: Center 플랫폼과 접촉한 경우입니다, 배경음악을 1로 교체합니다.
- 67~69행: Right 플랫폼과 접촉한 경우입니다, 배경음악을 2로 교체합니다.

유니티에서 배경음악 및 효과음을 구현하는 다양한 원리와 방법에 대해 공부했습니다.
유니티에서는 WAV와 MP3와 같은 오디오 파일 형식을 사용하여 사운드를 재생할 수 있습니다. WAV와 AIFF는 압축률이 낮아 짧은 효과음에 적합하며, MP3는 압축률이 좋아 배경음악에 자주 사용됩니다.

유니티는 Box2D와 Nvidia PhysX와 같은 물리엔진을 사용하여 물리 시뮬레이션을 처리합니다. 물리엔진은 물체에 가해지는 힘과 중력을 계산하여 현실적인 물리적 상호작용을 구현합니다. 오디오 소스는 오디오 클립을 재생하는 컴포넌트로, 재생, 일시정지, 정지와 같은 제어 기능과 오디오 클립을 지정하는 역할을 합니다. 유니티는 미디 파일 직접 지원은 하지 않지만, 무료 에셋을 통해 미디 파일을 사용할 수 있습니다. 게임 개발에 필요한 3D 모델링은 소프트웨어로 3ds 맥스, 마야, 블렌더 등을 사용하여 만들 수 있습니다. 실습에서는 블렌더로 제작한 3D 모델링 에셋을 사용하여 뻐꾸기 시계를 만들어보는 예제를 진행했습니다.

학습 포인트

- 오디오 리소스의 개념 및 오디오 파일의 종류
- 오디오 소스의 개념 및 스크립트를 이용한 오디오 소스의 제어
- 효과음의 처리
- 미디의 원리 및 미디 플레이어 에셋의 사용
- 뻐꾸기 시계의 구현
- 배경음악 매니저 스크립트의 구현
- 게임에서 배경음악 및 효과음의 적용

Chapter 12

파티클 시스템을 이용해
특수효과 구현하기

유니티의 파티클을 이용하면 생동감 있는 게임 화면을 구현할 수
있습니다.

파티클 시스템(Particle System)은 불꽃놀이와 같이 작지만 수많은 효과를 이용하여 게임 화면을 장식하는 방법입니다.

다음 그림은 게임 중간에 자주 등장하는 화려한 화면 효과(FX)입니다. 이러한 효과는 주로 작은 여러 개의 오브젝트(또는 스프라이트)로 이루어진 효과의 집단, 즉 파티클(particle)이라고 합니다. 이렇게 작지만 개별적으로 움직이는 다수의 오브젝트를 통해서 화려한 느낌과 다양한 특수 효과를 구현할 수 있습니다.

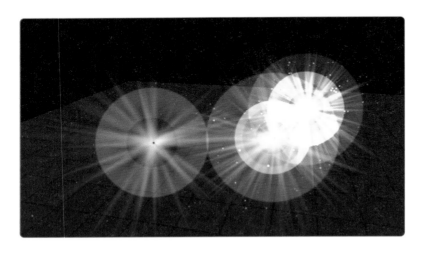

파티클 에셋 가져오기

파티클 시스템을 사용하기 위해 먼저 새로운 프로젝트를 생성합니다. 유니티 허브에서 새 프로젝트를 클릭해 새로운 프로젝트를 생성합니다. 프로젝트의 이름은 DemoParticle로 합니다. [3D]를 선택하고 [프로젝트 생성]을 클릭합니다.

파티클은 초보자가 이용하기 복잡할 수 있습니다. 따라서 무료 파티클 에셋의 사용법을 먼저 알아보도록 합니다. 웹 브라우저를 이용하여 유니티 에셋 스토어 웹사이트에 접속합니다. 에셋 스토어를 사용하기 위해서는 먼저 유니티 ID로 로그인합니다.

로그인이 완료되면 에셋 검색창에 '무료 에셋'을 체크하고 Cartoon Free FX를 검색합니다. Cartoon Free FX는 무료 에셋이기 때문에 자유롭게 사용할 수 있습니다. 이 에셋에는 다양한 만화적인 특수효과가 들어 있기 때문에 예제에서 사용해보겠습니다. 처음에 등장하는 Cartoon FX Free를 선택하고 [내 에셋에 추가]를 클릭합니다. 이제 선택된 에셋을 클릭해 유니티 프로젝트로 가져갑니다.

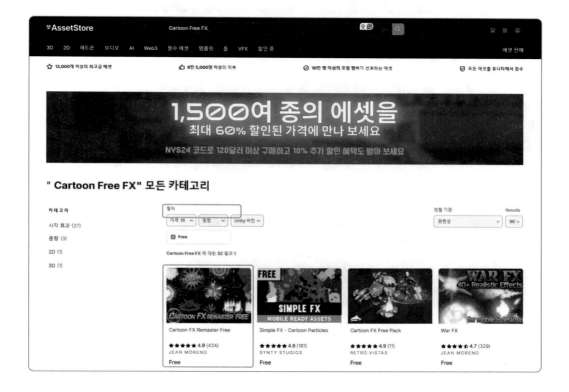

[Unity에서 열기]를 클릭하면 유니티 에디터에서 패키지 매니저가 열립니다.

다운로드가 완료되면 [Import] 버튼을 누릅니다. Import 창에서 또다시 [Import] 버튼을 클릭해 모든 에셋을 프로젝트로 가져옵니다.

모든 에셋의 불러오기가 완료되면 다음 그림처럼 Project 창에 새 폴더가 나타납니다.

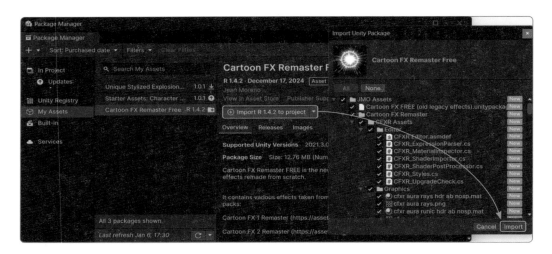

일반적으로 에셋 스토어에서 가져온 에셋은 데모 Scene을 가진 경우가 많습니다. 새로 다운로드된 파티클 에셋의 데모를 찾아서 열어보겠습니다. 데모 Scene의 위치는 Project 창에서 JMO Assets/Cartoon FX/Demo 폴더에 있습니다. 해당 폴더에서 CFX Free Demo Scene을 엽니다.

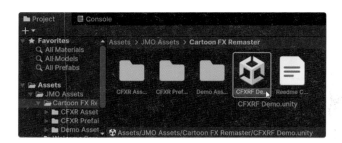

[플레이] 버튼을 클릭해 실행해보면 다양한 특수효과가 구현된 것을 볼 수 있습니다. 화면 상단의 좌우 화살표로 특수효과를 선택하고, 화면의 바닥을 마우스로 클릭하면 효과가 나타납니다.

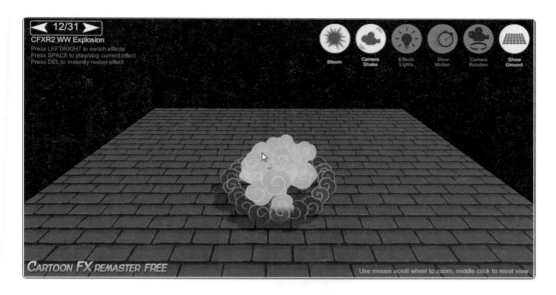

배경 파티클 에셋 이용하기

TestAudio 커스텀 에셋을 불러옵니다. 상단 메뉴 [Assets] → [Import Package] → [Custom Package]를 선택하여 가져올 수 있습니다.

이제 Scenes 폴더에서 TestAudio Scene을 엽니다.

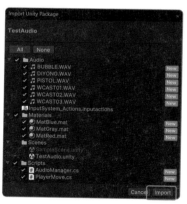

Scene에 신비감을 주는 효과 추가

첫 번째로 화면 배경에 신비로운 반딧불 효과를 추가해보겠습니다. Assets/JMO Assets/ → [Cartoon FX Remaster] → [CFXR Prefabs] → [Misc] 폴더를 엽니다. CFXR3 Ambient Glows 프리팹을 선택합니다. 선택한 프리팹을 드래그하여 TestAudio Scene에 가져다 놓습니

다. 추가된 파티클 오브젝트를 선택한 뒤 Transform의 Position 값을 (2, 2, 2)로 조정합니다.

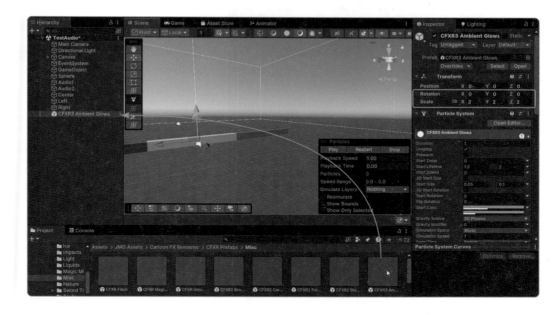

두 번째 프리팹인 CFXR4 Falling Stars를 드래그하여 Scene으로 가져옵니다. 다음 그림을 참조하여 Start Size를 (0.3, 0.6)으로 수정합니다.

[플레이] 버튼을 클릭해 배경에 적용된 두 가지 파티클 효과(별이 떨어지는 파티클과 반딧불 파티클)를 확인합니다. 상단 메뉴의 [File] → [Save]를 클릭해 Scene을 저장합니다.

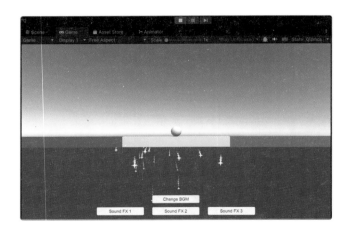

트레일 파티클의 제작

에셋 스토어에는 수많은 특수효과 및 파티클이 존재합니다. 이런 파티클 시스템을 사용해도 되지만 유니티 사용자가 직접 개발할 수도 있습니다. 유니티는 파티클 시스템을 지원하므로 이것을 이용하면 다양한 파티클을 만들 수 있습니다.

트레일 효과 추가하기

여기서는 아주 흥미로운 형태의 파티클을 직접 만들어 보겠습니다. 트레일(trail)이란 따라다닌다는 뜻으로 물체가 이동할 때 생기는 궤적이라고 보면 됩니다. 비행기 또는 액션 게임 등에서 이동하는 물체의 이동 경로를 잔상으로 보여주는 것입니다.

트레일은 [GameObject] 메뉴에서 [Effects] → [Trail]을 선택하여 생성합니다. 여기서는 Sphere에 트레일을 추가합니다. 먼저 Sphere를 선택한 뒤 마우스 오른쪽 버튼으로 [Effects] → [Trail]을 선택합니다.

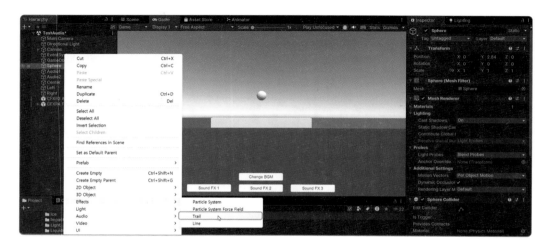

트레일이 추가되면 Inspector 창에서 Trail Renderer의 곡선과 컬러 그러데이션을 조정합니다.

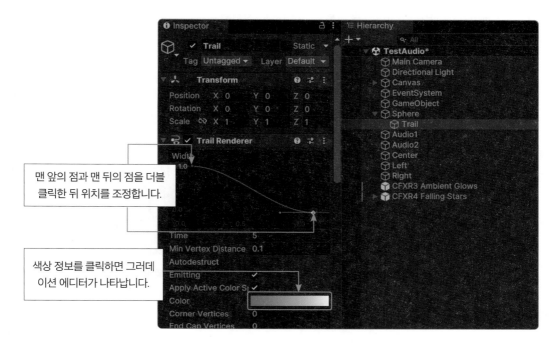

맨 앞의 점과 맨 뒤의 점을 더블 클릭한 뒤 위치를 조정합니다.

색상 정보를 클릭하면 그러데이션 에디터가 나타납니다.

그러데이션 에디터를 사용하여 트레일 색상 값을 변경할 수 있습니다.

[플레이] 버튼을 클릭해 트레일이 적용된 공의 움직임을 확인합니다. 트레일의 꼬리가 너무 길 경우 Inspector 창에서 Time 값을 변경할 수 있습니다.

이 항목을 바꾸면 트레일의 전체 길이를 조절할 수 있습니다.

트레일이 적용된 공의 이동 모습입니다. 공에 붙어 있는 붉은색 궤적이 추가된 트레일 효과입니다. 상단 메뉴의 [File] → [Save]를 클릭해 Scene을 저장합니다.

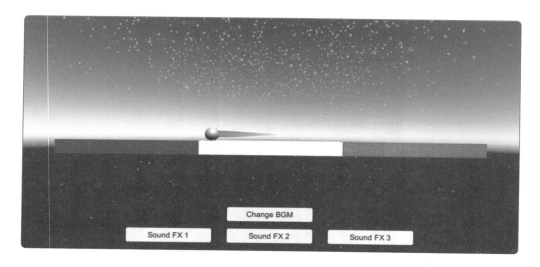

오브젝트와 연동된 파티클

게임에서 움직이는 오브젝트에 파티클이 적용되는 경우를 생각해보겠습니다.

파티클을 자식 노드로 지정하는 경우

먼저 TestAudio 예제에 사용되는 Sphere 오브젝트에 불타오르는 느낌을 주기 위해 CFX4 Prefas/Fire 폴더에 있는 CFX4 Fire 프리팹을 드래그하여 붙여 넣습니다.

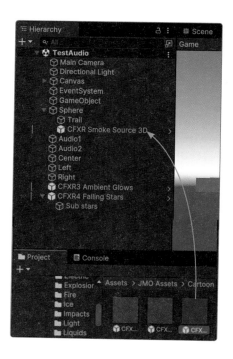

이제 [플레이] 버튼을 클릭해 게임 화면을 확인해보겠습니다. 원래 Fire 파티클은 위쪽으로 불타오르는 것이 정상이나 Sphere가 회전함에 따라 파티클의 진행 방향도 함께 회전하는 것을 볼수 있습니다. 이러한 문제를 해결하기 위해서는 별도의 스크립트를 사용하여 파티클의 방향을 항상 바꿔주거나 부모-자식 관계를 단절하고 위치를 일치시키는 작업이 필요합니다.

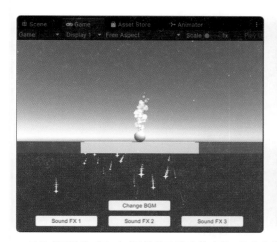 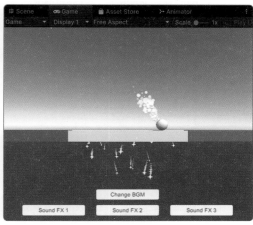

▲ 공이 회전함에 따라 파티클 방향도 같이 회전하는 문제가 생깁니다. 연기가 옆으로 나갑니다.

지정된 오브젝트와 위치를 동일하게 유지하는 스크립트 작성하기

Sphere와 CXF4 Fire 오브젝트가 부모-자식 관계가 아니라면 Sphere가 움직일 경우 파티클은 그대로 남아 있는 문제가 생기게 됩니다. 이 문제를 새로운 스크립트로 해결해보겠습니다.

먼저 Assets/Scripts 폴더를 선택합니다. 상단 메뉴의 [Assets] → [create] → [MonoBehaviour Script]를 이용하여 새로운 스크립트를 생성합니다. 스크립트의 이름은 Follow로 정합니다. Follow.cs를 더블클릭하여 비주얼 스튜디오를 열고 소스코드를 편집합니다.

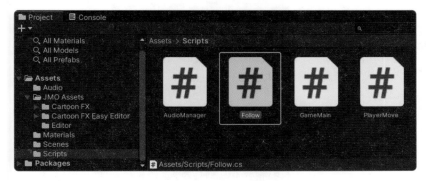

TIP 예제에 필요한 스크립트 파일은 https://github.com/proonan29/LearnUnity01/tree/main/Rev01/Ch12/Scripts에 있습니다. 다운로드한 뒤 탐색기의 다운로드 폴더를 엽니다.

Follow.cs

```
01  using UnityEngine;
02
03  public class Follow : MonoBehaviour
04  {
05      public GameObject toFollow;
06
07      // Start is called before the first frame update
08      void Start()
09      {
10
11      }
12
13      // Update is called once per frame
14      void Update()
15      {
16          transform.position = toFollow.transform.position;
17      }
18  }
```

소스코드의 내용은 아주 단순합니다. 이 스크립트가 속한 게임 오브젝트의 위치를 toFollow라는 퍼블릭 오브젝트의 위치로 매 프레임마다 실시간으로 이동해주는 것입니다. 이 소스코드의 내용은 5행과 16행의 2줄로 이루어집니다.

이제 Sphere 아래에 있는 CFXR Smoke 파티클을 드래그하여 부모-자식 관계에서 독립시킵니다. Follow.cs 스크립트를 드래그하여 CFXR Smoke 파티클에 추가합니다. 추가된 Follow.cs 스크립트의 toFollow 항목에 Sphere 오브젝트를 드래그하여 지정합니다.

모든 설정이 끝나면 [플레이] 버튼을 클릭해 게임 화면을 확인합니다.

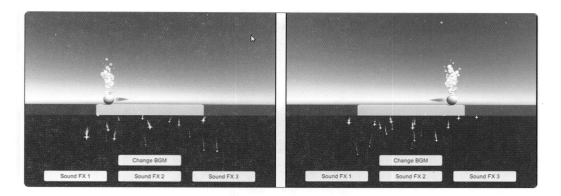

공의 회전에 관계없이 Fire 파티클이 공과 함께 움직이는 것을 볼 수 있습니다. 간단한 스크립트를 통해 오브젝트와 파티클의 원하는 이동 및 관계를 구현할 수 있습니다. 상단 메뉴의 [File] → [Save]를 클릭해 Scene을 저장합니다.

월드 파티클과 로컬 파티클

오브젝트 위치에서 발생하는 파티클의 문제

증기기관차의 연기를 파티클로 표현할 수 있을까요? 유니티 엔진을 이용하여 달리는 증기기관차를 구현하는 경우 굴뚝에서 나오는 증기를 어떻게 표현할까 하는 문제가 생깁니다. 또는 사막을 빠르게 달리는 랠리 경기를 할 때 자동차 뒤로 수많은 먼지와 배기가스가 뿜어져 나올 수 있습니다.

이전에 사용했던 Follow.cs 스크립트를 이용하면 움직이는 오브젝트를 따라다니는 파티클을 구현할 수 있습니다. 다만 이 경우 일반적인 파티클을 증기기관차에 적용하기는 어렵습니다. 증기기관차의 굴뚝에서 뿜어져 나온 연기는 더 이상 기차를 따라다니지 않기 때문입니다. 정확한 이해를 위해 아래의 예제를 구현해보겠습니다.

월드 파티클의 구현

이전 예제에서 만든 CXFR Smoke 파티클은 연기가 항상 위로 올라가는 구조로 되어있습니다. 이는 Sphere가 좌우로 움직이는 상황에서도 연기가 똑바로 올라가기 때문에 어색한 연출이 됩니다. 이제 CXFR Smoke의 파티클의 속성을 약간 수정하여 로컬 파티클을 월드 파티클로 수정합니다.

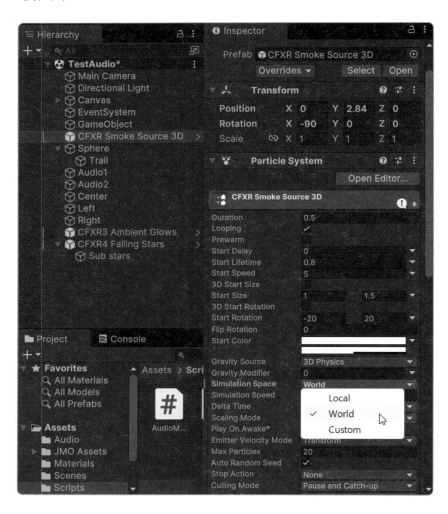

파티클 컴포넌트에서 Simulation Space 항목에서 [Local]을 [World]로 전환합니다. 다시 플레이 버튼을 클릭해 실행 결과를 확인해 봅시다. Sphere의 좌우 이동에 따라 생겨난 파티클이 자신이 생성된 원래 위치에 남겨진 모습입니다. 즉 파티클의 발생 위치는 Sphere를 따라다니지만 일단 생성된 개별적인 파티클 입자들은 생성된 위치를 기반으로 움직이게 됩니다. 이것이 파티클 시뮬레이션 공간을 [Local]에서 [World]로 수정했을 때 생기는 현상입니다.

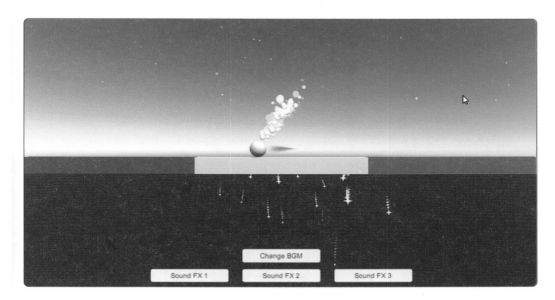

화려한 특수효과는 게임의 생동감을 살리는 매우 중요한 요소입니다. 유니티에서 파티클 시스템은 작은 오브젝트들을 활용하여 게임 화면에 다양한 특수 효과를 구현할 수 있습니다.

파티클은 개별적으로 움직이는 오브젝트들의 집합으로 구성됩니다. 이를 통해 화려한 느낌과 다양한 특수 효과를 구현할 수 있습니다. 프로젝트를 생성한 뒤, 무료 파티클 에셋을 사용하거나 직접 개발하여 구현할 수 있습니다. 또한 파티클을 게임 오브젝트에 적용하여 다양한 상황에서 사용할 수 있습니다. 예를 들어, 증기기관차의 연기나 자동차의 먼지와 배기가스와 같은 효과를 구현할 수 있습니다. 요약하면, 파티클 시스템은 작은 오브젝트들로 구성된 화려한 효과를 구현하는 방법으로 다양한 특수 효과를 게임에 추가할 수 있습니다.

학습 포인트

- 파티클의 개념
- 유니티 파티클 시스템
- 파티클 에셋의 사용
- 트레일 파티클
- 오브젝트와 파티클의 연동 방법
- 시뮬레이션 공간(로컬 공간과 월드 공간의 차이점)

Chapter 13

애니메이션

게임을 생동감 있게 만드는 애니메이션에 대해 알아봅시다.

이 장의 핵심

• 애니메이션을 이용하여 생동감 있는 연출을 구현합시다.

• 애니메이션 관련 무료 에셋을 설치하여 사용합니다.

• 상황에 맞는 애니메이션을 사용해봅시다.

2D 애니메이션의 사용

2D 애니매이션을 사용하여 생동감 있는 연출을 구현해보도록 합니다. 애니메이션은 제작하는 데 복잡한 절차와 많은 노력이 필요하기 때문에 유니티를 배우는 사람들이 처음 접근하기 어려운 점이 많습니다. 따라서 기존에 제작되어 있는 무료 에셋을 통해 애니메이션의 기본적인 사용 방법을 배우는 것이 편리합니다.

무료 애니메이션 에셋의 검색

유니티 허브를 이용하여 새로운 3D 프로젝트를 하나 생성합니다. 프로젝트의 이름을 LessonAnim으로 설정합니다. 다음 유니티 에셋 스토어 웹사이트에 접속합니다. 유니티 ID로 로그인한 뒤 가격 선택 창에 '무료 에셋'을 체크하고 검색 창에 miniature를 검색합니다.

Mimu Studios의 Miniature Army라는 무료 에셋을 선택하여 내 에셋으로 추가합니다. 이제 [Unity에서 열기] 버튼을 클릭하여 현재 작업 중인 LessonAnim 프로젝트로 불러옵니다.

기존 예제와 마찬가지로 패키지 매니저가 나
타나면 [Download] 및 [Import]를 클릭해
에셋을 프로젝트로 가져옵니다.

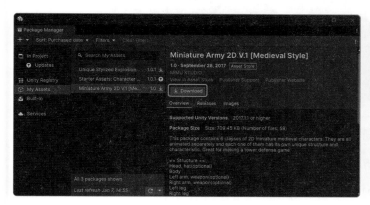
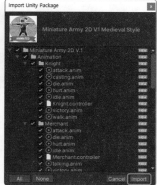

Miniature Army 에셋이 설치되었습
니다. 이 에셋은 Miniature Army 2
D에 있습니다. 해당 에셋에서 지원하
는 샘플 Scene을 열어 작동 여부를 확
인합니다. Assets/Miniature Army
2D V.1/Scene 폴더에서 [character
Scene]을 열면 됩니다.

[플레이] 버튼을 클릭해 애니메이션을 확인해봅니다. Hierarchy 창에서 [Merchant(4)]를 선택
하여 Inspector 창으로 이 오브젝트가 어떤 컴포넌트를 사용하고 있는지 확인해보겠습니다. 화
면에 Animator라는 컴포넌트가 존재함을 알 수 있습니다.

애니메이터 컴포넌트를 사용합니다.

또한 Miniature 에셋의 Animation/Merchant 폴더에는 9개의 애니메이션과 1개의 애니메이터가 포함된 것을 알 수 있습니다.

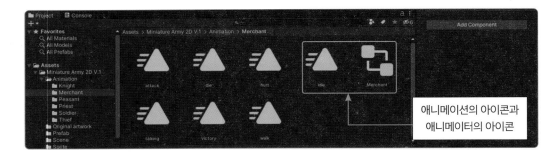

애니메이터는 애니메이션을 관리하는 관리자라고 할 수 있습니다. 하나의 애니메이터는 여러 개의 애니메이션을 이용하여 게임 오브젝트에 필요한 장면 표시하는 역할을 합니다.

Merchant 애니메이터를 더블클릭하면 Animator 창을 열 수 있습니다. 애니메이터 창에서는 사용 중인 모든 애니메이션을 볼 수 있고 하나의 애니메이션과 다른 애니메이션으로의 전환 규칙 등을 볼 수 있습니다. 게임 오브젝트에 Animator 컴포넌트만 가지고 있어도 필요한 스프라이트가 나타나는 것을 알 수 있습니다.

현재 게임 오브젝트는 기본 애니메이션으로 idle이라는 애니메이션을 무한히 반복하게 됩니다. 따라서 게임을 실행시키면 5개의 크기가 다른 캐릭터가 idle 애니메이션을 실행하게 됩니다. idle은 일반적으로 아무것도 하지 않고 서 있는 것을 말합니다.

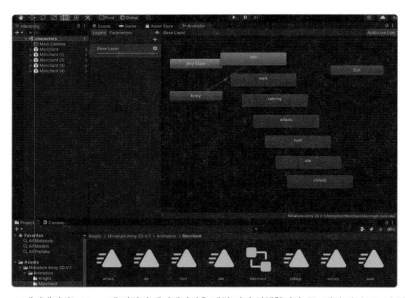

▲ 애니메이터는 Entry에 연결된 애니메이션을 제일 먼저 실행합니다. 즉, 제일 먼저 idle이 실행됩니다.

애니메이션의 호출

만일 우리가 캐릭터에게 다른 애니메이션을 지정하고 싶을 경우 어떻게 해야 하는지 알아보도록 합니다. 앞에서 실행한 예제에서 캐릭터 오브젝트는 단지 Animator 컴포넌트를 가지고 있을 뿐입니다. 캐릭터가 사용하고 있는 Merchant 애니메이터에는 idle 말고 다른 애니메이션이 더 존재합니다. 이것을 사용하기 위해서는 어떻게 해야 할까요? 간단한 예제를 통해 구현해보겠습니다.

Assets/Scenes 폴더 아래에 SampleScene은 프로젝트를 생성할 때 기본 생성되는 Scene입니다. 이것을 더블클릭하여 열어봅니다. Project 창에서 Miniature Army 폴더 아래의 Prefab 폴더를 열어 [Knight] 프리팹을 화면에 드래그하여 배치합니다.

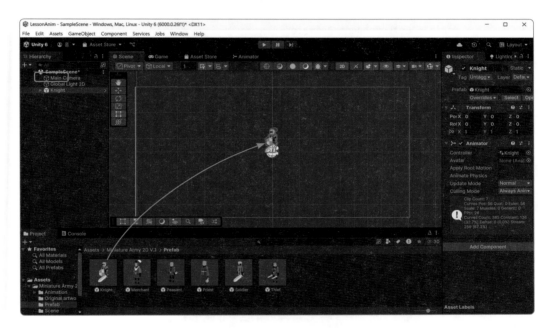

Projects 폴더 아래에 Scripts라는 폴더를 생성합니다. Scripts 폴더를 열고 ChangeAnim. cs이라는 C# 스크립트를 하나 생성합니다. Scripts 폴더에서 마우스 오른쪽 버튼을 클릭해 [Create] → [MonoBehaviour Scripts]를 사용하면 편리합니다.

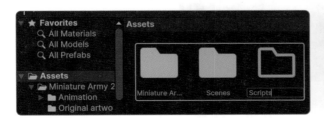

ChangeAnim.cs 스크립트를 더블클릭하여 비주얼 스튜디오로 편집합니다. 내용은 아래와 같습니다.

ChangeAnim.cs

```
01. using UnityEngine;
02.
03. public class ChangeAnim : MonoBehaviour
04. {
05.     Animator anim;
06.
07.     // Start is called before the first frame update
08.     void Start()
09.     {
10.         anim = GetComponent<Animator>();
11.         anim.Play("walk");
12.     }
13.
14.     // Update is called once per frame
15.     void Update()
16.     {
17.
18.     }
19. }
```

스크립트를 복사하여 ChangeAnim.cs를 저장한 뒤, Knight 오브젝트에 드래그하여 붙여 넣습니다. [플레이] 버튼을 클릭해 결과를 살펴봅시다.

게임 개발자가 알려주는 유니티 게임 제작 입문

실행 결과 Knight 캐릭터가 idle 대신 walk 애니메이션을 반복하고 있음을 알 수 있습니다.

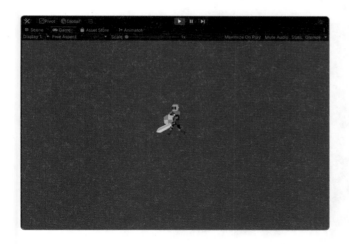

이러한 현상은 ChangeAnim 스크립트에서 처음에 호출되는 Start() 함수 안에서 애니메이터에게 "walk"라는 애니메이션을 시작하도록 요청하고 있기 때문입니다(소스코드의 10~11행 참조). 이와 같이 애니메이터는 자신에게 등록된 여러 애니메이션을 시작할 수 있는 기능을 가지고 있습니다.

애니메이션 종합 예제

위에서 본 것처럼 현재 사용 중인 애니메이션을 바꾸는 것은 Animator 클래스의 Play 함수를 사용하면 됩니다. 만일 여러 개의 애니메이션이 다양하게 작용하는 경우를 살펴봅시다. 우리는 아래의 조건을 만족하는 캐릭터를 만들어볼 예정입니다. 먼저 PlayerControl.cs 스크립트를 깃허브에서 다운로드합니다.

동작	상태 이름	반복 여부	다음 상태
정지	idle	O	
공격	attack	X	정지
걷기	walk	O	

TIP 예제에 필요한 스크립트 파일은 https://github.com/proonan29/LearnUnity01/tree/main/Rev01/Ch13/Scripts에 있습니다. 다운로드한 뒤 탐색기의 다운로드 폴더를 엽니다.

다운로드한 PlayerControl.cs 스크립트를 Assets/Scripts 폴더로 드래그하여 이동시킵니다. 이후 Knight 오브젝트에 드래그하여 컴포넌트로 추가합니다. 이전에 추가한 ChangeAnim.cs 스크립트는 [Remove Component]를 클릭하여 컴포넌트에서 지웁니다.

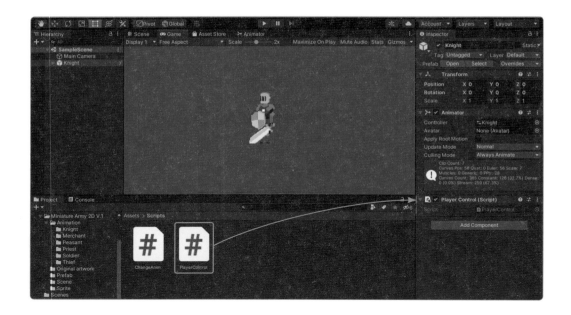

애니메이션 상태 블록 이동시키기

애니메이터 창에 나타난 사각형은 각각 별도의 애니메이션 상태입니다. 애니메이터에서는 여러 개의 애니메이션 레이어를 사용할 수 있고 각각의 레이어들은 복잡한 상태 그래프의 한 가지 상태를 표시할 수 있습니다. 다음 그림은 기본 레이어의 상태 값을 보여 줍니다. 레이어의 목록은 오른쪽 상단의 [Layer] 탭을 선택하여 볼 수 있습니다. 이제 attack이라는 상태 블록을 이동시켜 봅니다.

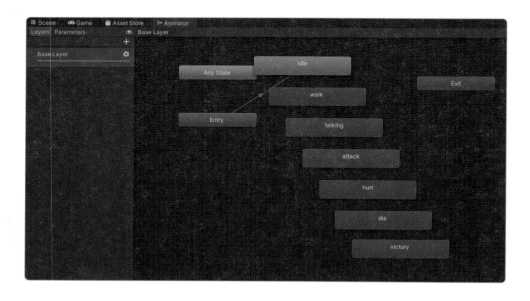

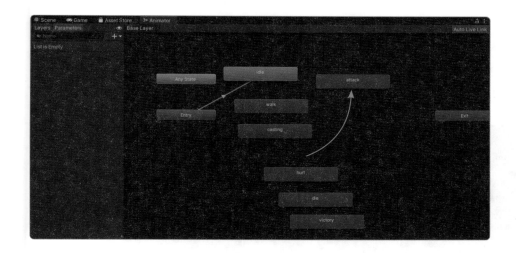

애니메이터 창에서 사용되는 상태 블록은 아래와 같이 사용자가 작업하기 편리한 위치로 이동시킬 수 있습니다.

애니메이션 파라미터의 추가

다음 애니메이터에서 사용할 파라미터를 하나 추가합니다. [Parameter] 탭을 클릭해 다음과 같이 [Bool] 파라미터를 추가합니다. 추가된 파라미터의 이름을 Attacking으로 정합니다. 초기값은 체크하지 않습니다.

이제 상태 블록 사이의 연결을 생성합니다. attack 상태 블록을 클릭한 뒤 마우스 오른쪽 버튼을 클릭해 [Make Transition]을 선택하여 연결선으로 idle과 연결합니다.

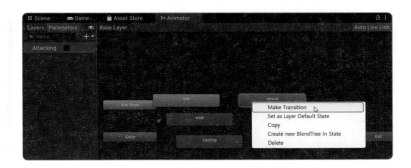

연결선이 완성되면 다음과 그림과 같은 형태로 연결됩니다. 이 그림의 의미는 attack 애니메이션이 종료되면 자동으로 idle 애니메이션으로 되돌아간다는 뜻입니다. 즉 attack 애니메이션을 플레이하도록 anim.Play("attack"); 함수를 사용하면 공격 애니메이션이 1번 실행되고 다시 기본 동작인 idle로 돌아간다는 뜻입니다.

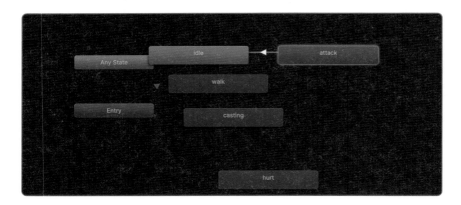

반대로 공격 애니메이션을 실행하려고 할 때 조금 전에 만들어둔 Attacking이라는 파라미터를 사용하도록 설정합니다. 즉, 공격은 자동으로 이루어지는 것이 아니고 사용자가 어떤 버튼을 눌렀을 때만 작동하도록 설정할 수 있습니다.

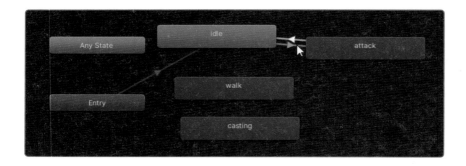

이전과 마찬가지로 idle 블록을 선택한 뒤 [Make Transition]을 이용해 attack으로 연결선을 생성할 수 있습니다. 생성된 연결선을 클릭하면 파란색으로 선택됩니다. 이때 Hierarchy 창에서 연결선에 대한 설정을 할 수 있습니다.

Condition 항목의 [+] 버튼을 클릭해, 이전에 만들어 둔 Attacking이라는 파라미터를 추가합니다. 또한 Exit Time의 체크를 지워 즉시 애니메이션의 전환이 일어날 수 있도록 설정합니다. idle에서 attack로 전환되는 시간도 아주 짧게 수정합니다. 다음의 그림과 같이 설정을 수정합니다. Exit Time의 Check를 지우지 않으면 공격 애니메이션으로 전환이 답답하게 나타납니다.

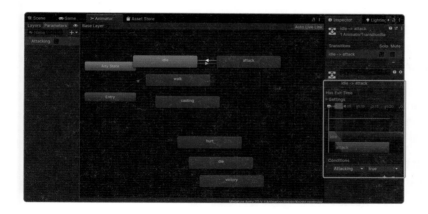

이제 [플레이] 버튼을 클릭해 실행하면 좌우 방향키로 걷는 애니메이션이, 스페이스 키로 공격 애니메이션이 작동하는 것을 볼 수 있습니다.

PlayerControl.cs

```
01. using UnityEngine;
02.
03. public class PlayerControl : MonoBehaviour
04. {
05.     Animator anim;
06.     bool isAttack = false;
07.     bool isMoving = false;
08.     bool isLeft;
09.     bool isRight;
10.     Vector3 initScale;
11.
12.     // Start is called before the first frame update
13.     void Start()
14.     {
15.         anim = GetComponent<Animator>();
16.         initScale = transform.localScale;
```

```
17.    }
18.
19.    void ProcessAttack()
20.    {
21.        if (Input.GetKeyDown(KeyCode.Space) && !isAttack)
22.        {
23.            anim.SetBool("Attacking", true);
24.            isAttack = true;
25.            isLeft = isRight = isMoving = false;
26.            Debug.Log("Attack");
27.        }
28.        else if (Input.GetKeyUp(KeyCode.Space))
29.        {
30.            anim.SetBool("Attacking", false);
31.            isAttack = false;
32.        }
33.    }
34.
35.    void ProcessMove()
36.    {
37.        // 공격 관련 처리를 먼저 한다.
38.        ProcessAttack();
39.
40.        if (Input.GetKeyDown(KeyCode.LeftArrow))
41.        {
42.            isLeft = true;
43.        }
44.        else if (Input.GetKeyUp(KeyCode.LeftArrow))
45.        {
46.            isLeft = false;
47.        }
48.
49.        if (Input.GetKeyDown(KeyCode.RightArrow))
50.        {
51.            isRight = true;
52.        }
53.        else if (Input.GetKeyUp(KeyCode.RightArrow))
54.        {
55.            isRight = false;
56.        }
```

```
57.
58.        if (isLeft || isRight)
59.        {
60.            // 움직이는 상태
61.            if (!isMoving)
62.            {
63.                // 움직이기 시작
64.                isMoving = true;
65.                anim.Play("walk");
66.                Debug.Log("Walk");
67.            }
68.        }
69.        else
70.        {
71.            // 움직이지 않는 상태
72.            if (isMoving)
73.            {
74.                // 움직이고 있다면 정지
75.                isMoving = false;
76.                anim.Play("idle");
77.                Debug.Log("Idle");
78.            }
79.        }
80.        if (isRight)
81.        {
82.            initScale.x = Mathf.Abs(initScale.x) * -1f;
83.            transform.localScale = initScale;
84.        }
85.        else if (isLeft)
86.        {
87.            initScale.x = Mathf.Abs(initScale.x);
88.            transform.localScale = initScale;
89.        }
90.    }
91.
92.    // Update is called once per frame
93.    void Update()
94.    {
95.        ProcessMove();
96.    }
97. }
```

애니메이션은 캐릭터의 움직임을 사실적으로 표현하게 해줍니다.

애니메이터에서Animator 컴포넌트를 사용하여 게임 오브젝트에 필요한 장면을 표현합니다. 애니메이터를 이용하여 애니메이션 사이의 상태 블록을 생성한 뒤 연결선(Transition)을 만들어 상태값의 변화 그래프를 만들 수 있습니다. 파라미터를 이용하여 애니메이션 상태의 변화를 지정할 수 있습니다.

애니메이션을 변경하려면 Animator 컴포넌트를 수정하고, Play 함수를 사용하여 다른 애니메이션으로 전환할 수 있습니다. 예제를 통해 간단한 구현을 확인하고, 상황에 따라 여러 애니메이션이 작용하는 예제도 살펴봅니다.

학습 포인트

- 2D 애니메이션의 개념
- 무료 애니메이션 에셋 사용하기
- 애니메이션 흐름 구성하기
- Animator 클래스의 Play 함수
- 애니메이션 파라미터 사용하기

Chapter 14

플랫포머 게임 만들기

점프와 액션이 가미된 게임인 플랫포머를 만들어봅시다.

가상 조이스틱 설치하기

가상 조이스틱(Virtual Joystick)은 물리적인 키가 없는 스마트폰 등의 모바일 디바이스에서 터치 화면을 이용해 마치 조이스틱을 이용하는 것처럼 사용한다고 해서 붙은 이름입니다.

가상 조이스틱을 사용하면 안드로이드나 iOS를 운용하는 애플 기기에서 편리하게 액션 게임 등을 플레이할 수 있습니다. 이것을 구현하는 방법은 조금 복잡하기 때문에 동작 원리만 설명하고 에셋 스토어에서 제공하는 무료 에셋을 이용해보겠습니다.

가상 조이스틱 에셋 검색하기

유니티 허브를 이용하여 이전에 작업한 Lesson02 프로젝트를 엽니다. 다음 유니티 에셋 스토어 웹사이트에 접속합니다. 유니티 ID로 로그인한 뒤 가격 선택 창에 '무료 에셋'을 체크하고 검색 창에 virtual joystick을 검색합니다.

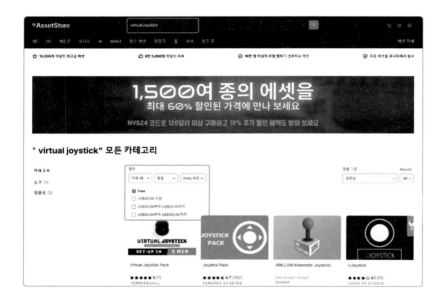

Fenerax Studios의 Joystick Pack 이라는 무료 에셋을 선택하여 내 에 셋으로 추가합니다. 이제 [Unity에서 열기] 버튼을 클릭해 현재 작업 중인 Lesson02 프로젝트로 불러옵니다.

가상 조이스틱 에셋 사용하기

기존 예제와 마찬가지로 패키지 매니저가 나
타나면 [Import] 버튼을 클릭해 에셋을 프로
젝트로 가져옵니다.

가상 조이스틱 에셋이 성공적으로 설치되었습니다. 조이스틱 관련 에셋은 Joystick Pack에 있
습니다. 해당 에셋에서 지원하는 샘플 Scene을 열어 작동 여부를 확인합니다. Assets/Joystick
Pack/Examples 폴더에 Example Scene을 열면 됩니다.

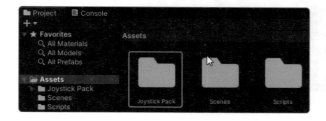

이 에셋의 Scene은 이
전 버전의 유니티로 작
성되었으며 Built-in
Rendering Pipeline
방식을 사용합니다. 따
라서 화면에 그래픽이
제대로 표시되지 않습
니다.

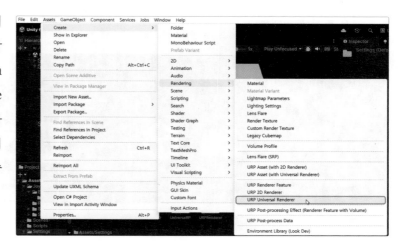

약간의 수정을 거쳐 정상적으로 보이게 일부 세팅을 수정합니다. 먼저, Assets/Settings 폴더에
가서 오른쪽 버튼을 눌러 [Create] → [Rendering] → [URP Universal Renderer] 를 생성합
니다. 생성되는 에셋의 이름을 URPRenderer3D로 지정합니다.

다음, UniversalRP 에셋을 선택한 뒤, Rendering List에서 [+]를 눌러 생성된
URPRenderer3D 렌더러를 추가해 줍니다.

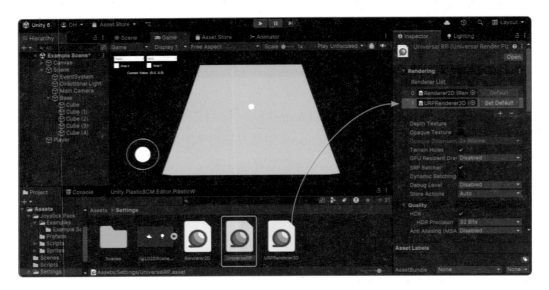

다음 Project창에서 Assets/Joystick Pack/Examples에 있는 두 개의 머티리얼 (Ground 및
Player)을 동시에 선택합니다.

이제 Inspector창에서 Shader를 [Universal Render Pipeline] → [Lit]로 변경해 줍니다. 다음 Hierarcy 창에서 Scene/Main Camera를 선택하여 Rendering 항목의 Renderer를 URPRenderer3D로 교체합니다.

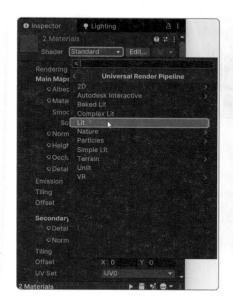
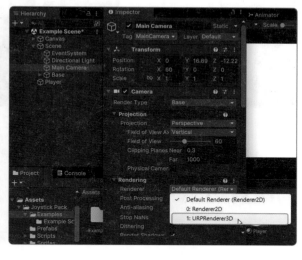

이러한 과정을 거쳐 Scene 화면이 정상으로 작동하게 됩니다.

TIP 이 과정을 요약하면 Rendering 파이프 라인에 3D 렌더러를 추가해야 하고, 머티리얼을 URP를 지원하는 Lit로 변경한 뒤, Camera 항목의 렌더러를 3D로 지정하주면 됩니다.

플레이 버튼을 클릭해 가상 조이스틱의 움직임을 확인해봅니다. 화면의 조이스틱을 마우스로 상하좌우로 움직임에 따라 파란색 공이 움직이는 것을 확인할 수 있습니다.

▲ 가상 조이스틱으로 공을 좌우로 움직일 수 있습니다.

가상 조이스틱 활용하기

이제 가상 조이스틱을 기존 작업 내용에 적용해보겠습니다. 에셋의 가상 조이스틱을 구동하기 위해서는 Assets/Joystick Pack/Prefabs 폴더에 있는 4가지 프리팹 중 하나를 사용하면 됩니다.

기존에 작업했던 Lesson02 프로젝트를 사용합니다. Scene 중 SpriteSheet를 선택합니다.

상단 메뉴의 [GameObject] → [UI] → [Canvas]를 선택해
Canvas를 하나 추가합니다. 모든 UI 오브젝트는 Canvas
가 부모가 되어야 합니다.

이제 [Canvas] 아래에 [Fixed Joystick] 프리팹을 드래그하여 가상 조이스틱을 추가합니다. 가
상 조이스틱은 UI로 분류됩니다.

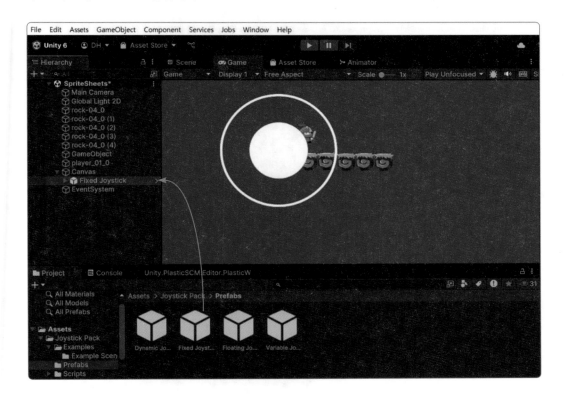

UI 해상도 조절하기

에셋을 그대로 사용할 경우 화면에 가상 조이스틱이 너무 크게 나타나게 됩니다. Scene 화면에
서 UI 크기에 맞게 크기를 조정해야 합니다. 먼저 Canvas 오브젝트를 선택합니다.

Inspector 창에서 Canvas Scaler 항목을 찾아 UI Scale Mode를 [Scale With Screen]으로 수정합니다. 그런 다음 Reference Resolution을 (1920, 1080)으로 바꿉니다. 이것은 표준 해상도를 설정한 것으로 모바일 또는 데스크탑이 서로 다른 화면 해상도를 가지고 있기 때문입니다. 표준을 정해 그 비율을 유지한다면 서로 다른 해상도의 기기라도 비슷한 비율을 유지할 수 있습니다.

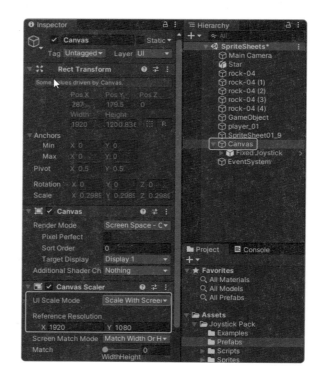

Canvas Scaler의 설정을 바꾸면 가상 조이스틱의 크기가 적당한 규모로 조정됩니다. 다음 그림을 참조하여 자신의 화면에 맞게 위치시킬 수 있습니다.

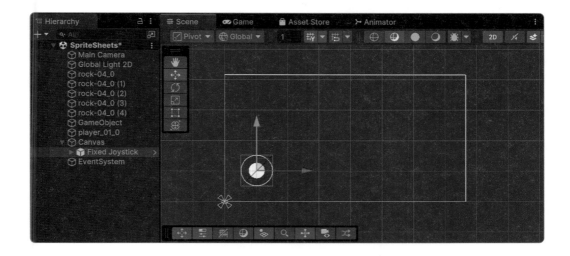

새로운 C# 스크립트를 생성합니다. Scripts 폴더에서 오른쪽 버튼을 클릭해 [Create] → [MonoBehaviour Scripts]를 선택합니다. 스크립트의 이름을 PlayerMoveVirtual로 지정합니다. 스크립트를 더블클릭하여 비주얼 스튜디오를 엽니다.

TIP 소스코드의 내용은 https://github.com/proonan29/LearnUnity01/tree/main/Rev01/Ch14/Scripts에 있습니다. 깃허브의 내용을 복사하여 비주얼 스튜디오 에디터에 붙여 넣을 수 있습니다.

소스코드의 내용을 PlayerMoveVirtual.cs에 복사한 뒤 비주얼 스튜디오에서 [저장]을 클릭합니다.

PlayerMoveVirtual.cs

```
01. using UnityEngine;
02.
03. public class PlayerMoveVirtual : MonoBehaviour
04. {
05.     const float SPEED_JUMP = 5.0f;
06.     const float SPEED_MOVE = 3.0f;
07.
```

```
08.     public FixedJoystick joystick;
09.     private Rigidbody2D rb;
10.
11.     bool leftPressed = false;
12.     bool rightPressed = false;
13.     bool isMoving = false;
14.
15.     Animator anim;
16.
17.     // Start is called before the first frame update
18.     void Start()
19.     {
20.         rb = GetComponent<Rigidbody2D>();
21.         anim = GetComponent<Animator>();
22.     }
23.
24.     // Update is called once per frame
25.     void Update()
26.     {
27.         if (rb != null)
28.         {
29.             float dist = SPEED_MOVE * Time.deltaTime;
30.             Vector2 pos = transform.position;
31.             if (joystick.Horizontal < -0.5f)
32.             {
33.                 leftPressed = true;
34.                 rightPressed = false;
35.             }
36.             else if (joystick.Horizontal > 0.5f)
37.             {
38.                 rightPressed = true;
39.                 leftPressed = false;
40.             }
41.             else
42.             {
43.                 leftPressed = false;
44.                 rightPressed = false;
45.             }
46.
```

```
47.            bool bMoving = false;
48.            // 왼쪽 이동
49.            if (leftPressed)
50.            {
51.                pos.x -= dist;
52.                transform.localScale = new Vector3(-2, 2, 2);
53.                bMoving = true;
54.            }
55.            // 오른쪽 이동
56.            if (rightPressed)
57.            {
58.                pos.x += dist;
59.                transform.localScale = new Vector3(2, 2, 2);
60.                bMoving = true;
61.            }
62.            transform.position = pos;
63.
64.            // 점프
65.            if (joystick.Vertical > 0.5f)
66.            {
67.                Vector2 moveVelocity = rb.linearVelocity;
68.                moveVelocity.y = SPEED_JUMP;
69.                rb.linearVelocity = moveVelocity;
70.            }
71.
72.            // 움직이기 시작할때 한번만 적용
73.            if (bMoving && !isMoving)
74.            {
75.                anim.Play("Player");
76.                isMoving = true;
77.            }
78.            // 멈추기 시작할 때 한번만 적용
79.            if (!bMoving && isMoving)
80.            {
81.                anim.Play("Idle");
82.                isMoving = false;
83.            }
84.        }
85.    }
86. }
```

Hierarchy 창에서 Player_01_0 오브젝트를 선택합니다. 먼저 PlayerMoveLR.cs 스크립트를 컴포넌트에서 해제합니다. 컴포넌트를 선택한 뒤 [Remove Component]를 클릭하면 해제됩니다. 이 스크립트는 여기에서 사용하지 않습니다. 대신에 PlayerMoveVirtual.cs 스크립트를 컴포넌트로 추가합니다. 이후 Joystick 항목에 [Fixed Joystick] 오브젝트를 지정합니다.

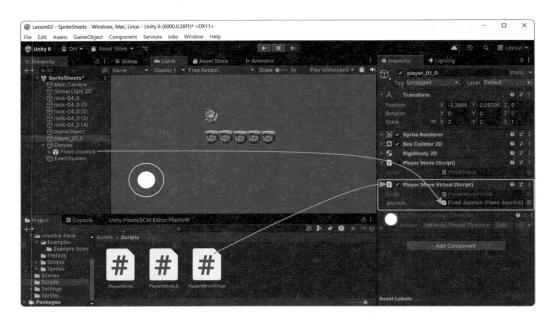

이제 플레이 모드에서 가상 조이스틱을 작동시켜 봅시다.

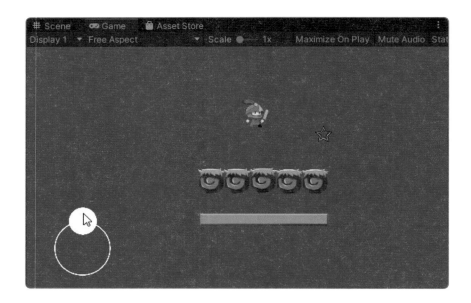

게임이 잘 작동하는 것을 확인했다면 Scene을 새로운 이름으로 저장합니다. 상단 메뉴에서 [File] → [Save As]를 이용하여 Scenes 폴더에 TestVirtual이라는 이름으로 저장합니다.

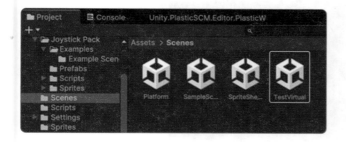

스프라이트 애니메이션 구현하기

애니메이션을 이용하여 주인공 캐릭터의 사실적인 움직임을 만들어보겠습니다. 여기서는 앞서 사용했던 스프라이트 시트를 이용합니다. 이미 Lesson02 프로젝트에는 스프라이트 시트가 추가되어 있습니다. 만일 아래의 그림처럼 SpriteSheet01.png가 Assets 폴더에 없다면 별도로 스프라이트 시트를 추가해야 합니다.

이제 스프라이트를 이용한 애니메이션을 구현해봅시다. 먼저 스프라이트 시트를 열어 모든 스프라이트를 나열합니다. 그 후 처음 2개의 스프라이트를 Ctrl 키를 누른 상태로 선택합니다. 동시에 2개의 스프라이트를 선택하는 것이 중요합니다. 이제 선택된 2개의 스프라이트를 Hierarchy 창으로 드래그합니다.

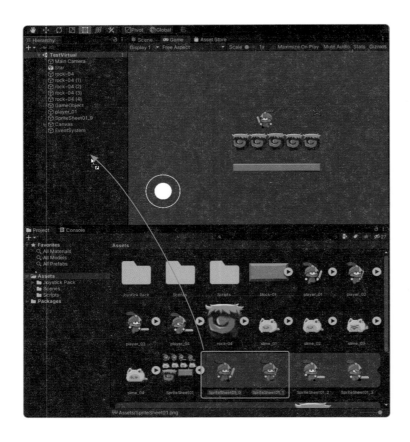

위의 그림과 같이 애니메이션을 생성하는 대화상자가 나타납니다. [새 폴더]를 눌러 Assets/
Animation 폴더를 생성합니다. 다음, Animation 폴더로 들어갑니다. 애니메이션의 이름은
Player.anim으로 저장합니다.

Player.anim을 더블 클릭하면 애니메이션 윈도우가 나타납니다.

애니메이션 윈도우가 나타나면 Hierarchy 창에 생성된 SpriteSheet01_0 오브젝트를 선택하여 Position을 (1, 2, 0)으로, Scale을 (2, 2, 1)로 바꾸어줍니다.

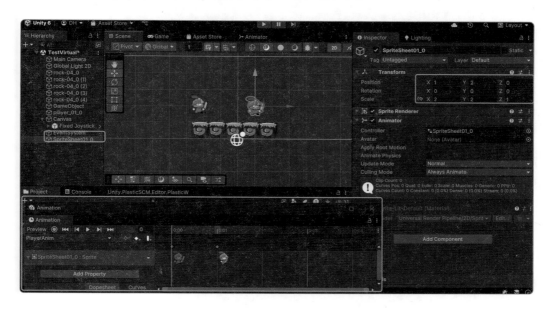

현재 만들어진 애니메이션은 처음에 선택된 2개의 스프라이트를 번갈아 움직이는 것으로 속도가 너무 빠르게 구현되어 있습니다. 자연스러운 움직임을 구현하려면 2번째 스프라이트의 발생 시간을 뒤로 조금 이동시켜 줍니다.

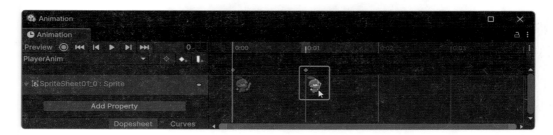

두 번째 스프라이트를 마우스로 드래그하여 0:03의 위치에 이동시킵니다.

그다음 0:06의 위치를 클릭한 뒤 아래 그림처럼 스프라이트를 드래그하여 키 프레임을 추가합니다.

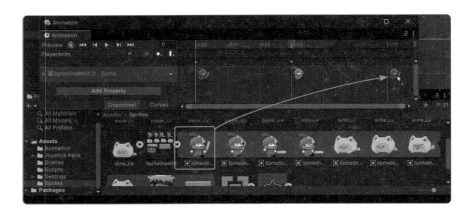

이제 애니메이션 창의 [플레이] 버튼을 클릭해 화면에 추가한 캐릭터가 어떤 움직임을 갖는지 확인해볼 수 있습니다.

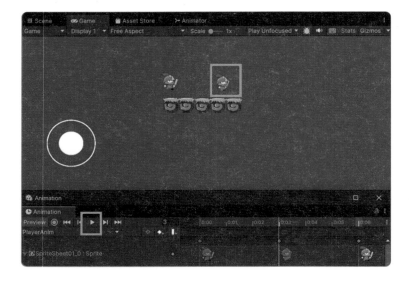

이렇게 추가된 스프라이트는 애니메이션의 연출이 가능합니다. 이제 몇 가지 애니메이션을 추가하여 자연스러운 움직임을 가진 주인공 캐릭터를 만들어 보겠습니다. Idle.anim이라는 애니메이션을 추가합니다.

애니메이션 에디터 창의 [플레이] 버튼을 클릭하면 적용된 애니메이션의 작동을 확인할 수 있습니다. Idle 애니메이션은 가만히 서 있으면 되기 때문에 사용하는 스프라이트 중 1개만 사용하는 단순한 애니메이션으로 만들어봅니다.

[Add Property] 버튼을 클릭해 애니메이션 할 요소를 선택하게 됩니다. 여기서는 [Sprite Renderer]를 선택합니다.

그다음 [Sprite]를 선택합니다.

생성된 애니메이션에는 하나의 스프라이트가 반복적으로 사용되고 있어 움직임이 전혀 없는 상태로 되어 있습니다. Idle 애니메이션으로 적당하기 때문에 이대로 사용합니다.

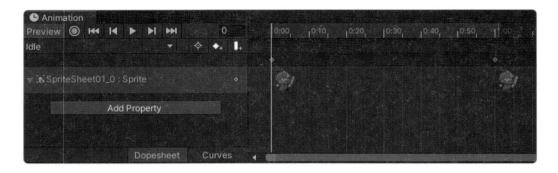

이제 새로 만들어진 캐릭터를 사용하도록 Scene에 배치된 오브젝트를 아래와 같이 정리해줍니다.

- 이전에 사용한 캐릭터 Player_01_0은 비활성화합니다.
- SpriteSheet01_0 오브젝트는 PlayerNew로 이름을 수정합니다.
- PlayerNew에 RigidBody2D, BoxCollider2D를 추가합니다.
- 추가된 RigidBody2D에 Freeze Rotation Z 항목을 체크해줍니다.
- PlayerMoveVirtual 스크립트를 추가합니다. 가상 조이스틱 오브젝트를 드래그 해 joystick 항목에 넣습니다.

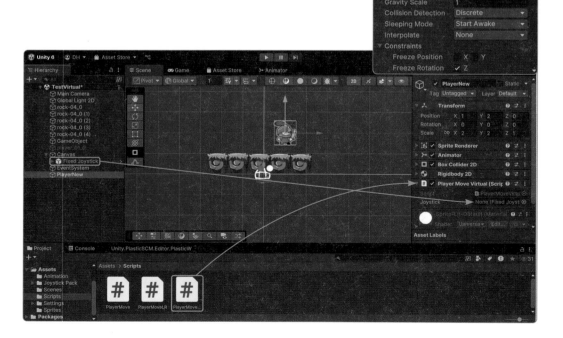

다음과 같이 애니메이터가 잘 세팅되어있는지 확인합니다.

Default 애니메이션 상태를 Idle로 수정합니다. 먼저 Idle 애니메이션 버튼을 선택한 뒤, 오른쪽 버튼을 눌러 [Set as Layer Default Status]를 선택합니다.

[플레이] 버튼을 클릭해 잘 작동하는지 확인해봅시다. 문제가 없도록 위에서 설명한 수정 사항을 확인해보고 가상 조이스틱을 움직여 캐릭터가 이동할 때 애니메이션이 잘 구현되는지 확인해 봅시다.

아이템 구현하기

게임에 등장하는 아이템은 캐릭터에 닿으면 사라지게 만들어야 합니다. 이것을 구현하려면 어떻게 하면 좋을까요? 이전에 만들어 두었던 Star 프리팹을 이용하여 아이템을 구현합니다. Assets/Sprites 폴더에 있는 Star.svg 이미지를 드래그하여 Scene에 배치합니다. 위치는 (2, 3, 0), 크기는 (0.5, 0.5, 1)로 세팅합니다.

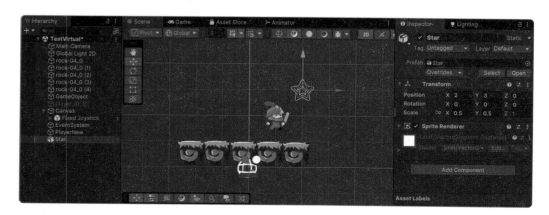

다음 Star 오브젝트를 선택한 뒤 Tag 드롭다운을 클릭해 [Add Tag]를 선택하여 새로운 Tag를 생성해줍니다.

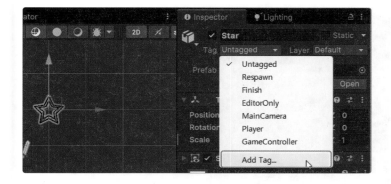

새로운 Tag의 이름은 Item으로 하고 [Save] 버튼을 클릭해 저장합니다.

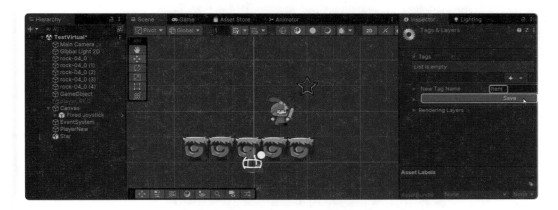

Star 오브젝트를 다시 선택하고 Tag를 [Item]으로 변경합니다. 이제 Star 오브젝트의 Tag 속성은 Item이라고 생각하면 됩니다.

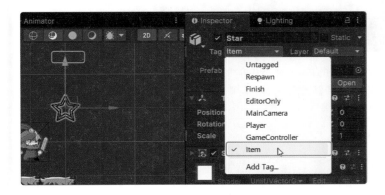

Star 오브젝트가 Polygon Collider 2D를 포함하고 있는지 확인합니다. 없다면 컴포넌트로 추가합니다.

마지막으로 Item을 만나면 해당 오브젝트를 비활성화할 수 있는 스크립트를 추가합니다. Assets/Scripts 폴더에 새로운 스크립트를 추가하여 ItemHandler라고 합니다. ItemHandler 스크립트를 PlayerNew 오브젝트에 컴포넌트 추가합니다.

TIP 소스코드의 내용은 https://github.com/proonan29/LearnUnity01/tree/main/Rev01/Ch14/Scripts에 있습니다. 깃허브의 내용을 복사하여 비주얼 스튜디오 에디터에 붙여 넣을 수 있습니다.

ItemHandler.cs

```
01. using UnityEngine;
02.
03. public class ItemHandler : MonoBehaviour
```

```
04 {
05
06
07     // Start is called before the first frame update
08     void Start()
09     {
10
11     }
12
13     // Update is called once per frame
14     void Update()
15     {
16
17     }
18
19     private void OnCollisionEnter2D(Collision2D collision)
20     {
21         if (collision?.collider.transform.tag == "Item")
22         {
23             collision?.collider.gameObject.SetActive(false);
24         }
25     }
26. }
```

ItemHandler.cs 스크립트로 컴포넌트가 추가되었다면 [플레이] 버튼을 클릭해 테스트해봅니다. 주인공 캐릭터를 움직여 Star 오브젝트에 부딪히면 사라집니다. 이렇게 아이템 획득을 처리할 수 있습니다.

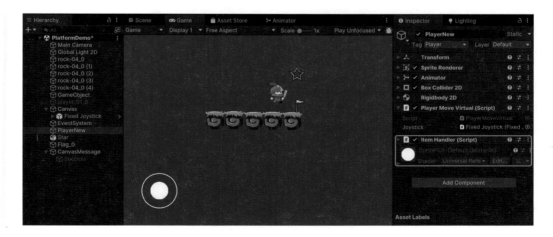

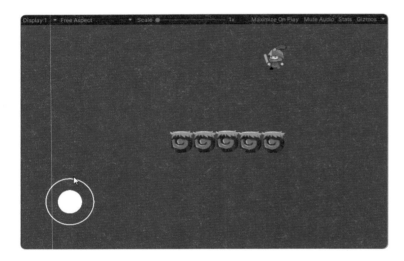

시작 위치와 목적지 지정하기

주인공 캐릭터가 시작 위치를 지정할 수 있습니다. 일반적으로 시작 지점은 에디터에서 캐릭터를 배치하면 간단하게 지정할 수 있습니다. 그러나 예외적으로 다르게 설정해야 하는 경우 PlayerMoveVirtual.cs 스크립트의 Start() 함수에서 지정할 수 있습니다.

목적지를 표시하기 위해 Flag.png 파일을 Sprites 폴더에 추가합니다.

TIP 예제에 필요한 스프라이트 파일은 https://github.com/proonan29/LearnUnity01/tree/main/Rev01/Ch14/
Sprites에 있습니다. 다운로드한 뒤 탐색기의 다운로드 폴더를 엽니다.

Flag 스프라이트를 드래그하여 새로운 오브젝트를 만듭니다. 만들어진 오브젝트에 [Add Component] 버튼을 클릭하고 [Physics 2D] → [Box Collider 2D]를 추가합니다.

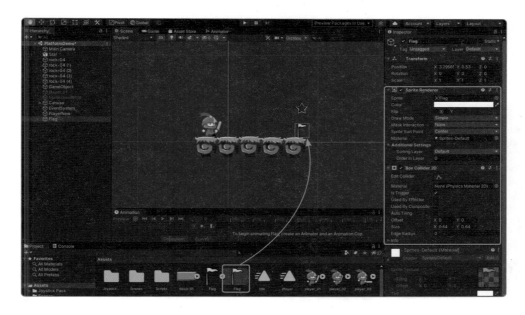

Is Trigger를 체크합니다. Tag에 [Goal] 항목을 추가하여 Flag 오브젝트에 지정합니다.

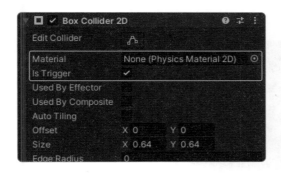

지금까지 작업한 내용을 새로운 Scene으로 저장합니다. 저장할 Scene의 이름을 PlatformDemo라고 지정합니다.

축하 메시지 UI 표시하기

마지막으로 목적지 도달 여부를 판별한 뒤 목적지에 도달하면 축하 메시지를 보여주는 기능을 구현할 것입니다. 게임이 성공했음을 알리는 간단한 UI를 만들어봅니다. 새로운 Canvas를 하나 만들고 이름을 CanvasMessage로 설정합니다. 만들어진 캔버스에 [UI] → [Legacy] → [Text]를 이용, Text를 추가합니다.

만들어진 Text의 이름을 Success로 설정합니다. 텍스트의 설정은 아래의 그림과 같이 합니다. Horizontal Overflow와 Vertical Overflow 둘 다 적용시켜 둡니다. Color는 백색으로 세팅합니다.

목적지 도착의 판정

이제 주인공 캐릭터가 깃발 모양을 한 Flag 오브젝트와 충돌을 판정하는 부분을 만들어야 합니다. Flag 오브젝트의 Box Collider 2D에 Is Trigger를 체크하였기 때문에 주인공 캐릭터는 깃발 영역을 자유롭게 통과할 수 있습니다.

TIP Is Trigger로 설정된 콜라이더는 OnCollisionEnter2D의 함수로 이벤트의 발생을 검출할 수 없습니다. 이럴 경우에는 OnTriggerEnter2D 함수를 대신 사용합니다.

주인공 캐릭터가 목적지인 깃발 영역에 들어온 것을 검출하는 GoalHandler.cs 스크립트를 생성합니다.

TIP 예제에 필요한 소스 파일은 https://github.com/proonan29/LearnUnity01/tree/main/Rev01/Ch14/Scripts에 있습니다. 다운로드한 뒤 탐색기의 다운로드 폴더를 엽니다.

GoalHandler.cs

```
01 using UnityEngine;
02 using UnityEngine.UI;
03
04 public class GoalHandler : MonoBehaviour
05 {
06     public Text success;
07
08     // Start is called before the first frame update
09     void Start()
10     {
11         if (success != null)
12         {
13             success.gameObject.SetActive(false);
14         }
15     }
16
```

```
17      // Update is called once per frame
18      void Update()
19      {
20
21      }
22
23      private void OnTriggerEnter2D(Collider2D collision)
24      {
25          if (collision?.transform.tag == "Player")
26          {
27              if (success != null)
28              {
29                  success.gameObject.SetActive(true);
30              }
31          }
32      }
33  }
```

저장된 GoalHandler.cs 스크립트를 드래그하여 Flag에 컴포넌트로 추가합니다. 주인공 오브젝트인 PlayerNew를 선택한 뒤 Tag를 [Player]로 수정해줍니다.

메시지의 설정이 모두 끝나면 화면 배치는 다음과 같습니다. Flag 오브젝트를 선택한 뒤 Success 오브젝트를 드래그하여 GoalHandler의 Success 항목으로 넣어줍니다.

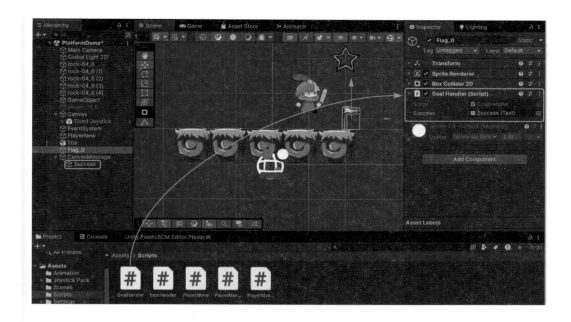

이제 [플레이] 버튼을 클릭해 게임을 실행시킨 뒤, 주인공 캐릭터를 이동시켜 목적지에 도달해봅시다. 다음과 같이 주인공 캐릭터가 목적지로 이동했을 때 'Stage Clear!'라는 메시지가 나타나면 해당 기능이 잘 완성된 것입니다.

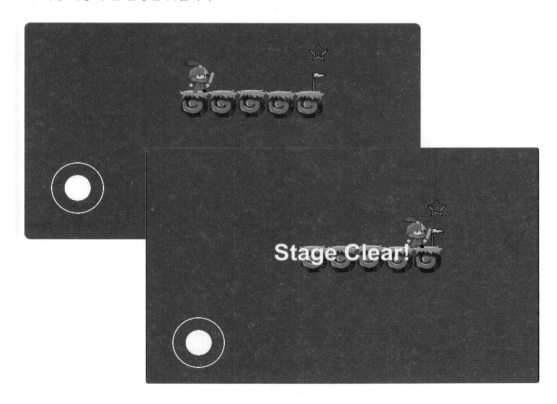

14장 같이 정리해보기

오랜 역사를 가진 플랫포머 게임을 만들어 캐릭터의 기본적인 움직임을 제어하는 방법을 배웁니다. 또한 스테이지의 구성에 대한 지식을 얻을 수 있습니다. 가상 조이스틱은 모바일 디바이스에서 사용되는 터치 화면 기반의 조이스틱입니다. 애니메이션을 활용하여 주인공 캐릭터의 움직임을 사실적으로 구현합니다. 스프라이트 시트를 사용하고, 처음 두 개의 스프라이트를 선택하여 Hierarchy 창으로 드래그합니다. 아이템과의 상호작용을 위해 아이템에 Tag를 추가하고, 충돌 시 사라지도록 설정합니다. 주인공 캐릭터의 시작 위치는 에디터에서 배치하거나 스크립트에서 설정할 수 있습니다.

학습 포인트

- 플랫포머 게임 이해하기
- 가상 조이스틱 에셋으로 캐릭터 이동시키기
- 스프라이트 애니메이션 적용하기
- 아이템을 만들고 획득할 수 있게 만들기
- 트리거를 이용해 캐릭터의 목적지 도착 검출하기

Chapter 15

슈팅 게임 만들기

나타나는 적의 자동 생성 및 다양한 무기를 사용하는 슈팅 게임을
만들어봅시다.

이 장의 핵심

● 적 오브젝트의 생성 및 이동 방법을 알아봅시다.

● 게임 속의 상대를 공격하는 무기의 생성 방법을 알아봅시다.

● 게임의 진행을 나누어 준비 화면, 게임 실행, 종료 화면 등을 구
  분하는 방법을 알아봅시다.

슈팅 데모 패키지

유니티 튜토리얼의 패키지 다운로드

유니티에서 제공하는 다양한 튜토리얼 중 슈팅 게임에 대한 좋은 예제가 있습니다. 다만 이 예제는 더 이상 공식적으로 제공되지 않습니다. 이 장에서는 이전에 제공되던 유니티 공식 튜토리얼을 이용해 간단한 슈팅 게임을 구현하는 방법을 배웁니다.

TIP 예제에 필요한 패키지 파일은 ShootingDemo.unitypackage이며 https://github.com/proonan29/LearnUnity01/tree/main/Rev01/Ch15/Exportt에 있습니다. 다운로드한 뒤 탐색기의 다운로드 폴더를 엽니다.

패키지를 다운로드한 뒤 유니티 허브에서 새로운 3D 프로젝트를 생성합니다. 프로젝트의 이름을 DemoShooting으로 정합니다. [프로젝트 생성] 버튼을 클릭합니다.

새로운 프로젝트가 생성되었다면 [Assets] → [Import Custom Package]를 선택하고 다운로드한 ShootingDemo 패키지를 import합니다.

모든 import가 완료되면 다음의 그림과 같은 Project 구조가 됩니다. 유니티 6 엔진에서 사용되는 클래스의 몇 가지 항목의 이름이 이전 버전 대비 바뀌었습니다. 다행히 자동으로 해당 스크립트를 수정해 줍니다. 모든 스크립트의 API를 바꾼다는 다이얼로그가 나오면 [Yes] 버튼을 눌러줍니다.

ShootingDemo의 예제는 _Complete-Game 폴더의 _Complete-Game scene을 열어 실행할 수 있습니다.

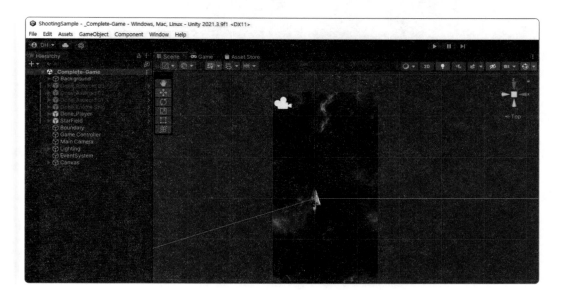

아래의 그림은 [플레이] 버튼을 클릭해 예제를 실행한 화면입니다. 상당히 멋진 그래픽을 볼 수 있습니다.

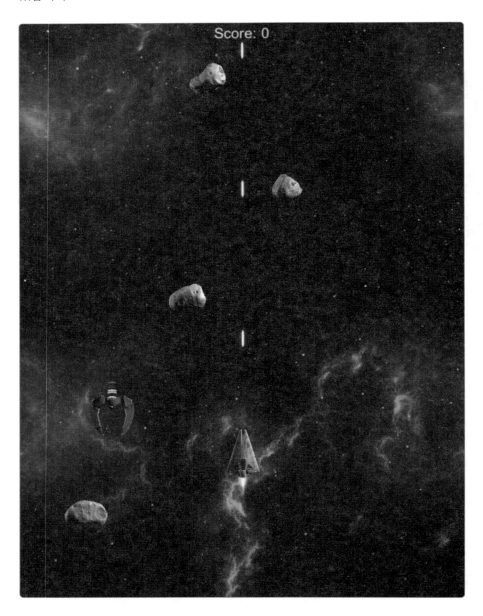

게임 Scene의 구성

이제 게임을 이루고 있는 Scene을 어떻게 구성했는지 살펴보도록 합시다. 먼저 Hierarchy 창의 내용을 보면 Scene에 배치된 모든 오브젝트의 구성을 파악할 수 있습니다.

다음의 그림은 Hierarchy 창의 내용입니다. Scene에 배
치된 모든 오브젝트의 이름과 내용을 확인할 수 있습니다.
따라서 각 오브젝트가 배치된 방식과 이유를 확인하는 것
이 공부에 도움이 됩니다.

플레이어 우주선의 이동

소스코드를 분석하여 플레이어의 우주선이 어떻게 움직이는지 확인해보겠습니다. Hierarchy
창에서 Done_Player 오브젝트는 우리가 조종할 수 있는 우주선을 말합니다. 오브젝트를 클릭
하여 Inspector 창의 내용을 보면 우주선에 어떤 컴포넌트를 사용했는지 알 수 있습니다.

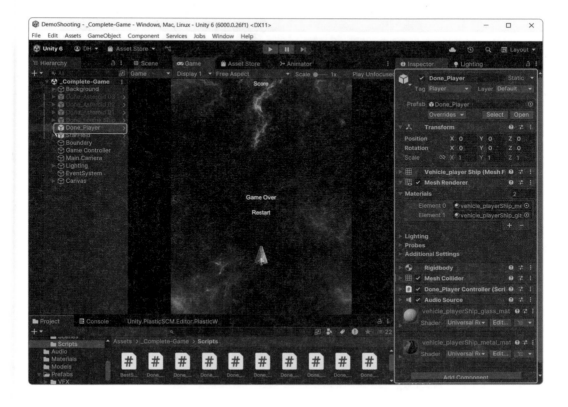

소스코드를 분석하여 플레이어의 우주선이 어떻게 움직이는 지 확인해보도록 합니다. Hierarchy 창에서 Done_Player 오브젝트는 우리가 조종할 수 있는 우주선을 말합니다.

오브젝트를 클릭하여 Inspector 창의 내용을 보면 우주선에 어떤 컴포넌트를 사용했는지 알 수 있습니다.

오른쪽 그림과 같이 Done_Player는 기본 컴포넌트인 Transform, 3D 모델링인 Mesh Filter, Mesh Renderer, Rigidbody, Mesh Collider, Player Controller 스크립트, Audio Source 그리고 머티리얼 2개로 이루어집니다.

간단해 보이는 우주선 오브젝트 하나에 많은 컴포넌트를 이용한 기능이 들어 있는 것이 특징입니다.

Done_PlayerController.cs

```
01  using UnityEngine;
02  using System.Collections;
03
04  [System.Serializable]
05  public class Done_Boundary
06  {
07      public float xMin, xMax, zMin, zMax;
08  }
09
10  public class Done_PlayerController : MonoBehaviour
11  {
12      // for dragging objects
13      public Ray ray;
14      RaycastHit hit;
15      public Vector2 pos;
16
17      public float speed;
18      public float tilt;
```

```
19      public Done_Boundary boundary;
20
21      public GameObject shot;
22      public Transform shotSpawn;
23      public float fireRate;
24
25      private float nextFire;
26
27      void Update()
28      {
29          bool buttonFire = false;
30
31          if (Input.GetButton("Fire1") || Input.GetButton ("Fire2")) {
32              buttonFire = true;
33          }
34
35          if ( buttonFire && Time.time > nextFire)
36          {
37              nextFire = Time.time + fireRate;
38              Instantiate(shot, shotSpawn.position, shotSpawn.rotation);
39              GetComponent<AudioSource>().Play();
40          }
41      }
42
43      void FixedUpdate()
44      {
45          float moveHorizontal = Input.GetAxis ("Horizontal");
46          float moveVertical = Input.GetAxis ("Vertical");
47
48          Vector3 movement = new Vector3 (moveHorizontal, 0.0f, moveVertical);
49          GetComponent<Rigidbody>().velocity = movement * speed;
50
51          GetComponent<Rigidbody>().position = new Vector3
52          (
53              Mathf.Clamp (GetComponent<Rigidbody>().position.x, boundary.xMin, boundary.xMax),
54              0.0f,
55              Mathf.Clamp (GetComponent<Rigidbody>().position.z, boundary.zMin, boundary.zMax)
56          );
57
```

```
58          GetComponent<Rigidbody>().rotation = Quaternion.Euler (0.0f, 0.0f,
    GetComponent<Rigidbody>().velocity.x * -tilt);
59      }
60 }
```

6장에서 설명한 Input 클래스를 이용하여 우주선의 이동 및 총알의 발사를 해결하고 있습니다. 특이한 점은 Update()와 FixedUpdated()의 2개 주기 함수를 사용한다는 점입니다.

Update( )의 경우는 각 화면 프레임이 그려질 때마다 한 번씩 호출되는 특징이 있고 FixedUpdate()는 정해진 시간마다 한 번씩 호출되는 특징이 있습니다. 특히 리지드바디를 사용하는 경우 오브젝트의 이동은 반드시 리지드바디에 포함된 position 값을 이용해야 합니다. 또한 이러한 변경은 반드시 FixedUpdate() 함수 안에서 이루어져야 합니다. 반대로 우주선이 발사한 총알의 경우는 리지드바디를 사용할 필요가 없어서 Update()에서 모든 처리가 가능합니다.

이 소스코드에서 사용하는 Input 키의 종류는 "Horizontal", "Vertical", "Fire1", "fire2"입니다. 실제로 이 키가 어떻게 매핑되어 있는지는 상단 메뉴의 [Edit] → [Player Setting]에서 Input Manager를 참조하면 알 수 있습니다.

중요한 것은 주인공 우주선의 트랜스폼 중 Tag 항목인데 Player로 설정되어 있음을 알 수 있습니다. Tag를 이용하여 오브젝트의 속성을 부여하는 것은 매우 일반적인 방법입니다.

장애물과 적 구현하기

게임이 진행될 때 등장하는 장애물과 적의 처리는 어떻게 할까요? 게임 Scene과 소스코드를 분석하여 슈팅 게임의 가장 큰 특징인 장애물과 적의 출현을 구현하는 방법을 살펴보겠습니다.

위의 Scene을 참조하면 Game Controller라는 오브젝트를 볼 수 있습니다. 이 오브젝트는 게임의 진행을 담당하는 게임 매니저(Game Manager)의 역할을 합니다. 모든 게임의 진행은 이 오브젝트에 연결된 Done_GameController.cs 스크립트를 통해 이루어집니다.

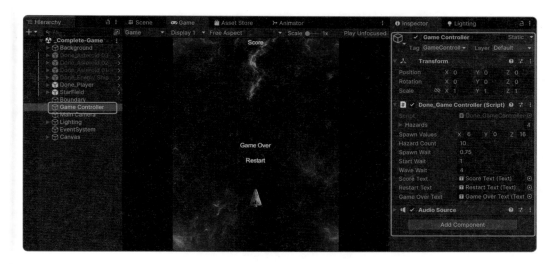

Done_GameController.cs

```
01  using UnityEngine;
02  using UnityEngine.SceneManagement;
03  using System.Collections;
04  using UnityEngine.UI;
05
06  public class Done_GameController : MonoBehaviour
07  {
08      public GameObject[] hazards;
09      public Vector3 spawnValues;
10      public int hazardCount;
11      public float spawnWait;
12      public float startWait;
13      public float waveWait;
14
15      public Text scoreText;
16      public Text restartText;
```

```
17      public Text gameOverText;
18
19      private bool gameOver;
20      private bool restart;
21      private int score;
22
23      void Start()
24      {
25          gameOver = false;
26          restart = false;
27          restartText.text = "";
28          gameOverText.text = "";
29          score = 0;
30          UpdateScore();
31          StartCoroutine(SpawnWaves());
32      }
33
34      void Update()
35      {
36          if (restart)
37          {
38              if (Input.GetKeyDown(KeyCode.R))
39              {
40                  SceneManager.LoadScene(SceneManager.GetActiveScene().buildIndex);
41              }
42          }
43      }
44
45      IEnumerator SpawnWaves()
46      {
47          yield return new WaitForSeconds(startWait);
48          while (true)
49          {
50              for (int i = 0; i < hazardCount; i++)
51              {
52                  GameObject hazard = hazards[Random.Range(0, hazards.Length)];
53                  Vector3 spawnPosition = new Vector3(Random.Range(-spawnValues.
    x, spawnValues.x), spawnValues.y, spawnValues.z);
54                  Quaternion spawnRotation = Quaternion.identity;
```

```
55              Instantiate(hazard, spawnPosition, spawnRotation);
56              yield return new WaitForSeconds(spawnWait);
57          }
58          yield return new WaitForSeconds(waveWait);
59
60          if (gameOver)
61          {
62              restartText.text = "Press 'R' for Restart";
63              restart = true;
64              break;
65          }
66      }
67  }
68
69  public void AddScore(int newScoreValue)
70  {
71      score += newScoreValue;
72      UpdateScore();
73  }
74
75  void UpdateScore()
76  {
77      scoreText.text = "Score: " + score;
78  }
79
80  public void GameOver()
81  {
82      gameOverText.text = "Game Over!";
83      gameOver = true;
84  }
85 }
```

게임의 진행을 담당하는 게임 매니저 입장에서는 현재 게임의 상태를 알아야 합니다. 현재 게임
이 진행 중이라면 19, 20행에 선언된 두 개의 변수 gameOver와 restart가 모두 false이어야
합니다.

• 23~32행: 게임이 처음 시작되면 필요한 초기화를 진행합니다. 특히 SpawnWaves 라는 코루틴에
  대해 gameOver가 false인 경우 무한 반복을 시행합니다.

- 34~43행: 매 프레임마다 처리를 진행합니다. 특히 restart가 true일 때 R키를 누른다면 게임 Scene을 초기화하면서 새로 시작합니다.
- 45~67행: 가장 중요한 장애물 및 적을 생성하는 루틴입니다. 코루틴이기 때문에 매 프레임마다 Update()와 함께 실행된다고 볼 수 있습니다.
- 47행: 첫 번째 장애물 또는 적이 생성되기까지 약간의 시간을 지연시켜 줍니다. 이때 기다리는 시간은 startWait 변수로 지정합니다.
- 48행: 이 코루틴은 무한 반복하도록 지정됩니다. While (true)에서 벗어나려면 반복문의 내부에서 break를 실행합니다.
- 50~57행: 장애물 또는 적을 hazardCount 개수만큼 한꺼번에 랜덤 생성합니다. 생성되는 숫자는 hazardCount변수에서 지정할 수 있습니다. 생성되는 장애물 또는 적은 hazards 배열에 프리팹을 미리 넣어두어야 합니다.
- 60~65행: 만일 게임 오버가 되면 무한 반복문에서 빠져나갑니다. 이와 함께 코루틴이 종료됩니다.
- 69~73행: 스코어를 newScoreValue만큼 증가시킵니다.
- 75~78행: 스코어를 갱신합니다.
- 80~84행: 게임 오버를 처리합니다.

Inspector 창의 정보를 통해 현재 네 가지 장애물/적이 등록되어 있는 것을 알 수 있습니다.

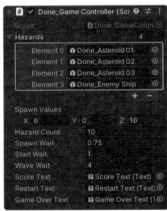

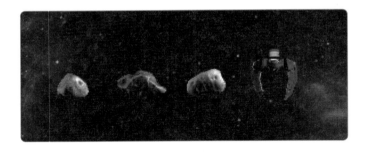

배경의 구성과 스크롤

게임의 배경화면을 보면 우주를 배경으로 반짝이는 효과와 함께 천천히 스크롤되고 있는 것을 볼 수 있습니다. 과연 이것은 어떻게 구현한 것일까요?

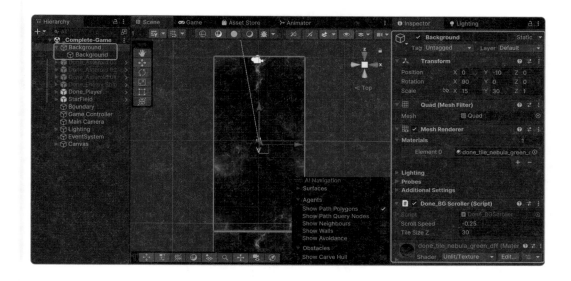

먼저 배경을 장식하고 있는 별의 효과는 StarField 오브젝트로 구현하고 있습니다.

StarField는 이름 그대로 별들이 반짝이는 효과를 상징하고 있으며 두 개의 파티클을 겹쳐 더욱 다양한 느낌을 주도록 배치되어 있습니다.

중요한 우주의 배경 및 스크롤은 Background 오브젝트를 통해 구현하고 있습니다. 여기에도 무한 스크롤을 가능하게 하는 몇 가지 중요한 기술이 숨어 있습니다.

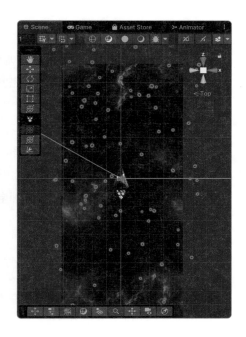

한 장의 이미지로는 무한히 연결되어 스크롤되는 연속된 패턴을 그리기 어렵습니다. 따라서 여기서는 2장의 동일한 이미지를 붙여서 사용하고 있습니다. 실제적인 이미지를 움직이는 부분은 Done_BGScroller.cs 스크립트를 통해 구현하고 있습니다.

Done_BGScroller.cs

```
01  public class Done_BGScroller : MonoBehaviour
02  {
03      public float scrollSpeed;
```

```
04        public float tileSizeZ;
05
06        private Vector3 startPosition;
07
08        void Start ()
09        {
10            startPosition = transform.position;
11        }
12
13        void Update ()
14        {
15            float newPosition = Mathf.Repeat(Time.time * scrollSpeed, tileSizeZ);
16            transform.position = startPosition + Vector3.forward * newPosition;
17        }
18 }
```

- 3행: 스크롤되는 속도를 지정합니다. 1초에 얼만큼 스크롤될지 결정합니다.
- 4행: 이미지의 크기를 지정합니다. 크기만큼 움직이면 맨 위의 위치인 (0, 0, 0)로 다시 돌아가게 됩니다.
- 6행: 이미지를 처음 배치한 초기 위치를 기록하는 변수입니다.
- 8~10행: 이미지의 처음 위치를 기록해둡니다.
- 13~18행: 매 프레임마다 시간 진행에 따라 정확한 위치를 계산하여 새로운 위치로 이미지를 이동시킵니다. 새로운 위치는 초기위치에 현재 시간 * 스크롤 속도를 곱한 값을 이미지 크기로 나눈 나머지를 더하여 계산합니다.

```
  새로운 위치 = 초기값 + (현재 시간 * 속도) % 이미지 크기
```

- 15행: 정수형의 %(나머지) 연산자를 사용하는 대신에 실수형 함수인 Mathf.Repeat를 사용한 것에 주목합니다. 실제로는 같은 동작을 한다고 생각하면 좋습니다.

적 우주선의 움직임 구현하기

이 게임에서 가장 복잡한 구현은 아마 적 우주선이 공격을 하고 또 부드러운 이동을 하는 것이라고 생각됩니다. 다음과 같이 적 우주선의 움직임과 공격 및 파괴 등을 구현하기 위해 상당히 복잡한 구성을 하고 있는 것을 볼 수 있습니다.

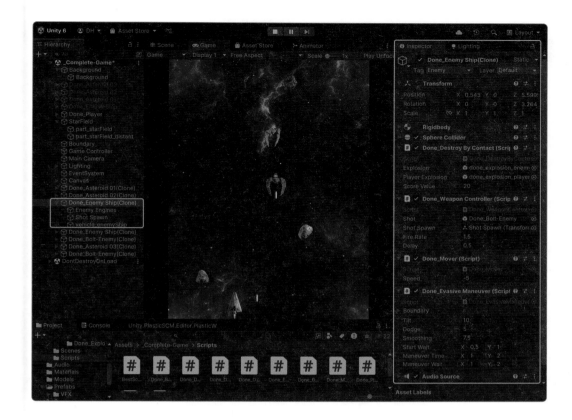

적의 우주선이 이용하는 스크립트는 무려 네 가지나 되는데 각각 스크립트가 담당하는 영역은 서로 다릅니다. 이제 각 스크립트가 담당하는 부분을 알아봅시다.

Done_DestroyByContact.cs 스크립트

이 스크립트는 다른 리지드바디(예를 들어 상대편의 총알)가 닿으면 오브젝트를 파괴하는 작용을 담당합니다.

Done_WeaponController.cs 스크립트

이 스크립트는 스스로의 공격을 진행합니다. 아주 낮은 단계의 인공지능이라고 할 수 있습니다. 이 스크립트로 인해 적의 우주선은 주인공 우주선을 향해 일정 시간마다 총알을 발사하는 공격을 감행합니다.

```
01 using UnityEngine;
02 using System.Collections;
03
04 public class Done_WeaponController : MonoBehaviour
05 {
06     public GameObject shot;
```

```
07        public Transform shotSpawn;
08        public float fireRate;
09        public float delay;
10
11        void Start ()
12        {
13            InvokeRepeating ("Fire", delay, fireRate);
14        }
15
16        void Fire ()
17        {
18            Instantiate(shot, shotSpawn.position, shotSpawn.rotation);
19            GetComponent<AudioSource>().Play();
20        }
21 }
```

- 6행: 총알의 프리팹 오브젝트입니다.
- 7행: 적 우주선에서 총알이 발사되는 위치입니다.
- 8행: 총알이 발사되는 최초 간격입니다.
- 9행: 첫 번째 이후의 총알이 발사되는 간격(반복 적용)입니다.
- 11~14행: 적 우주선이 총탄의 발사를 무한히 반복하도록 InvokeRepeating 함수를 이용하여 설정합니다.
- 16~20행: 하나의 총탄을 발사합니다. 발사하는 위치는 shotSpawn이라는 자식 오브젝트의 위치를 사용합니다. 적의 총탄은 아래를 향해 발사되어야 하기 때문에 shotSpawn의 Y축 회전 값은 180도 (또는 -180도) 입니다.

Done_Mover.cs 스크립트

이 스크립트는 적 우주선의 기본적인 움직임을 구현합니다. 이 스크립트로 인해 적 우주선은 아래로 내려오는 움직임을 가지게 됩니다.

```
01 using UnityEngine;
02 using System.Collections;
03
04 public class Done_Mover : MonoBehaviour
05 {
06     public float speed;
07
08     void Start ()
```

```
09    {
10        GetComponent<Rigidbody>().velocity = transform.forward * speed;
11    }
12 }
```

- 6행: 오브젝트의 속도를 지정하는 변수입니다.
- 8~11행: 초기화, 지정된 오브젝트에 연결된 리지드바디의 속도를 지정 속도로 설정합니다. 이렇게 되면 오브젝트는 관성의 영향으로 계속 동일한 속도로 움직이게 됩니다.
- 10행: 이 오브젝트가 바라보는 방향(transform.forward를 통해 얻을 수 있습니다)으로 리지드바디의 속도를 맞추게 됩니다. 적의 우주선이 아래로 내려오는 이유는 speed 값이 음수로 설정되어 있기 때문입니다.

적 우주선의 회피 동작 구현하기

적의 우주선의 움직임을 살펴보면 약간의 좌우 이동을 통해 회피 기동을 하고 있습니다. 이러한 움직임을 잘 구현하는 것은 프로그래머가 해야 할 업무 중의 하나입니다.

오른쪽의 그림에서 보면 적 우주선은 아래와 같은 패턴을 반복하고 있음을 알 수 있습니다.

- 직선 비행
- 왼쪽/오른쪽 사선으로 비행
- 왼쪽, 오른쪽 사선으로 움직일 경우 해당 방향으로 기체를 기울임

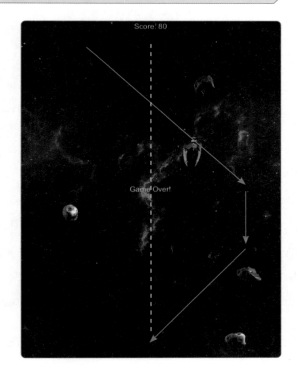

이러한 움직임은 전적으로 Done_EvasiveManeuver.cs 스크립트에 의해 구현됩니다.

Done_EvasiveManeuver.cs 스크립트

이 스크립트는 아군 우주선 및 아군의 총알을 회피하는 듯한 동작을 만들어냅니다. 아주 간단한 수준의 인공지능을 구현한 것으로 볼 수 있습니다. 하지만 실제로는 랜덤하게 좌우로 움직이도록 구현되어 있으며, 이 정도로 충분히 재미있는 움직임을 볼 수 있습니다.

```csharp
01  using UnityEngine;
02  using System.Collections;
03
04  public class Done_EvasiveManeuver : MonoBehaviour
05  {
06      public Done_Boundary boundary;
07      public float tilt;
08      public float dodge;
09      public float smoothing;
10      public Vector2 startWait;
11      public Vector2 maneuverTime;
12      public Vector2 maneuverWait;
13
14      private float currentSpeed;
15      private float targetManeuver;
16
17      void Start()
18      {
19          currentSpeed = GetComponent<Rigidbody>().velocity.z;
20          StartCoroutine(Evade());
21      }
22
23      IEnumerator Evade()
24      {
25          yield return new WaitForSeconds (Random.Range (startWait.x, startWait.y));
26          while (true)
27          {
28              targetManeuver = Random.Range (1, dodge) * -Mathf.Sign (transform.position.x);
29              yield return new WaitForSeconds (Random.Range (maneuverTime.x, maneuverTime.y));
30              targetManeuver = 0;
31              yield return new WaitForSeconds (Random.Range (maneuverWait.x, maneuverWait.y));
32          }
33      }
```

```
34
35      void FixedUpdate()
36      {
37          float newManeuver = Mathf.MoveTowards (GetComponent<Rigidbody>().
    velocity.x, targetManeuver, smoothing * Time.deltaTime);
38          GetComponent<Rigidbody>().velocity = new Vector3 (newManeuver, 0.0f,
    currentSpeed);
39          GetComponent<Rigidbody>().position = new Vector3
40          (
41              Mathf.Clamp(GetComponent<Rigidbody>().position.x, boundary.xMin,
    boundary.xMax),
42              0.0f,
43              Mathf.Clamp(GetComponent<Rigidbody>().position.z, boundary.zMin,
    boundary.zMax)
44          );
45
46          GetComponent<Rigidbody>().rotation = Quaternion.Euler(0, 0,
    GetComponent<Rigidbody>().velocity.x * -tilt);
47      }
48 }
```

총탄의 움직임 구현하기

주인공 우주선과 적 우주선은 서로를 파괴하기 위해 총탄을 쏠 수 있습니다. 과연 총탄의 구현은
어떻게 하는 것인지 그 구조를 살펴봅시다.

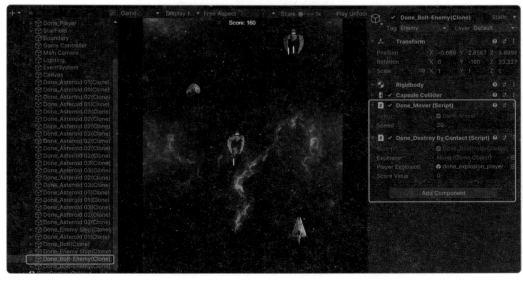

총탄 오브젝트를 보면 아군이 사용하는 총탄 및 적군이 사용하는 총탄이 조금 다른 이름과 구성을 가지고 있음을 알 수 있습니다. 적군의 총탄 및 아군의 총탄은 공통된 스크립트인 Done_Mover.cs와 리지드바디, 충돌 체크를 위한 캡슐 콜라이더(Capsule Collider)를 가지고 있습니다.

Done_Mover.cs 스크립트

리지드바디의 velocity를 이용하여 기본적으로 주어진 방향으로 날아가게 합니다. 적의 총탄과 아군의 총탄은 Z 방향이 서로 반대인 것이 차이점입니다. 적 우주선의 이동에도 동일하게 사용되는 스크립트입니다. 앞에서 설명한 대로 적의 우주선이 총탄을 생성할 때 180도 뒤집은 상태로 생성하기 때문에 적의 총탄은 아래로 내려가는 방향을 가지게 됩니다.

Done_DestroyByContact.cs 스크립트

이 스크립트는 적의 총탄 오브젝트에만 들어 있으며 부딪히는 상대 오브젝트를 파괴하는 기능이 있습니다. 따라서 이 스크립트가 들어 있는 적의 총탄에 주인공 우주선이 부딪히게 되면 파괴되어 게임이 끝나게 됩니다.

```
01  using UnityEngine;
02  using System.Collections;
03
04  public class Done_DestroyByContact : MonoBehaviour
05  {
06      public GameObject explosion;
07      public GameObject playerExplosion;
08      public int scoreValue;
09      private Done_GameController gameController;
10
11      void Start()
12      {
13          GameObject gameControllerObject = GameObject.FindGameObjectWithTag("GameController");
14          if (gameControllerObject != null)
15          {
16              gameController = gameControllerObject.GetComponent <Done_GameController>();
17          }
18          if (gameController == null)
19          {
20              Debug.Log("Cannot find 'GameController' script");
21          }
22      }
23
```

```
24      void OnTriggerEnter(Collider other)
25      {
26          if (other.tag == "Boundary" || other.tag == "Enemy")
27          {
28              return;
29          }
30
31          if (explosion != null)
32          {
33              Instantiate(explosion, transform.position, transform.rotation);
34          }
35
36          if (other.tag == "Player")
37          {
38              Instantiate(playerExplosion, other.transform.position, other.
    transform.rotation);
39              gameController.GameOver();
40          }
41
42          gameController.AddScore(scoreValue);
43          Destroy (other.gameObject);
44          Destroy (gameObject);
45      }
46  }
```

- 6~7행: 적 및 아군 우주선의 폭파 효과 파티클입니다.
- 8행: 상대를 파괴하면 얻는 스코어입니다.
- 9행: 게임을 총괄하는 게임 컨트롤러의 인스턴스 값입니다.
- 11~22행: 초기화, 게임 컨트롤러의 인스턴스를 찾아서 가져옵니다.
- 24~45행: 총탄이 주인공 우주선에 닿은 경우 폭파 처리하고 게임을 종료합니다.

아군 총탄은 Tag 값이 Untagged로 지정되고 적의 총탄은 Tag 값이 Enemy로 설정되어 서로
다른 성질임을 나타내고 있습니다. 만일 총탄끼리 부딪치면 어떤 일이 벌어질까요? 아무런 일도
일어나지 않습니다. 그 이유는 총탄끼리 서로를 파괴하는 스크립트가 없기 때문입니다. 기존에
총탄에 있는 스크립트만으로는 상대가 총탄일 경우 파괴하지 않습니다.

화면을 벗어난 적과 운석 처리하기

화면을 벗어난 적과 운석을 그대로 방치하면 어떻게 될까요? 아무리 성능이 좋은 컴퓨터나 디바이스라도 메모리의 한계가 있기 때문에 계속 남겨둔 상태로 새로 생성한다면 어느 순간에는 메모리가 부족하게 됩니다.

따라서 사용되지 않는 게임 오브젝트를 적절하게 처리하는 것이 중요합니다. 처리하는 방법은 Destroy() 함수를 이용하거나 또는 재활용하는 방법이 있습니다.

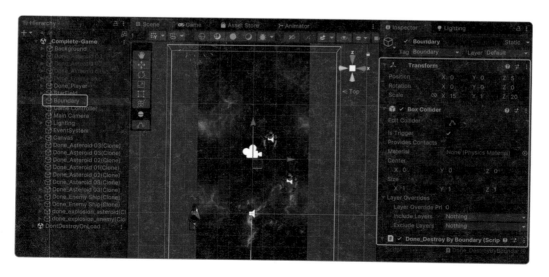

게임 Scene에 포함된 Boundary 오브젝트는 바로 이러한 목적을 위해 추가되었습니다. 전체적인 게임 화면의 영역을 지정하는 용도의 Boundary는 트랜스폼에 있는 Scale 정보를 이용하여 영역을 지정하고 있습니다.

박스 콜라이더는 Scale 값만큼 크기가 확대가 되어 사용되게 됩니다. 따라서 화면 좌표상 X축으로 15, Z축으로 20만큼의 크기를 가지고 있습니다. 이 영역을 벗어나게 되면 운석과 적 우주선은 자동으로 소멸되도록 스크립트가 작성되어 있습니다. 박스 콜라이더는 Is Trigger가 설정되어 있으므로 다른 오브젝트의 통과가 가능합니다.

Done_DestroyByBoundary.cs

```
01  using UnityEngine;
02  using System.Collections;
03
04  public class Done_DestroyByBoundary : MonoBehaviour
05  {
06      void OnTriggerExit (Collider other)
07      {
08          Destroy(other.gameObject);
09      }
10  }
```

• 6~9행: OnTriggerExit() 함수는 다른 오브젝트가 콜라이더의 영역을 벗어나면 호출됩니다. 영역을 벗어난 오브젝트를 삭제합니다. 매우 단순한 스크립트지만 영역을 벗어난 운석과 적 우주선을 처리하기에는 충분합니다.

새로운 공격 무기 구현하기

주인공 우주선의 공격력을 증가시키는 방법을 생각해보겠습니다. 슈팅 게임에 많이 사용되는 방법은 3방향 총탄이 있습니다. 기존의 총탄 발사는 Done_PlayerController.cs 스크립트의 Update()에서 이루어집니다. Input.GetButton 함수를 이용하여 Fire1 또는 Fire2 키가 눌러진 경우 ButtonFire 변수는 true로 설정되고 이전 총탄을 발사한지 충분한 시간이 지난 경우라면 프리팹을 통해 총탄이 생성됩니다.

실제 총탄의 발사는 따라서 Instantiate() 함수를 이용한 부분이 돈다고 볼 수 있습니다. 지금은 1번에 1개의 총탄만 생성하고 있습니다. 만일 3방향으로 총탄을 발사하려면 3개의 총탄을 인스턴스화(Instantiate)하면 됩니다. 따라서 Update() 함수의 내용을 아래와 같이 조금 수정하면 3방향 총탄으로 손쉽게 구현됩니다.

이전의 Update 내용

```
27    void Update()
28    {
29        bool buttonFire = false;
30
31        if (Input.GetButton("Fire1") || Input.GetButton ("Fire2")) {
32            buttonFire = true;
33        }
34
35        if ( buttonFire && Time.time > nextFire)
36        {
37            nextFire = Time.time + fireRate;
38            Instantiate(shot, shotSpawn.position, shotSpawn.rotation);
39            GetComponent<AudioSource>().Play ();
40        }
41    }
```

새로 고친 Update 내용

```
27 void Update()
28 {
29     bool buttonFire = false;
30
31     if (Input.GetButton("Fire1") || Input.GetButton ("Fire2")) {
32         buttonFire = true;
33     }
34
35     if ( buttonFire && Time.time > nextFire)
36     {
37         nextFire = Time.time + fireRate;
38         Instantiate(shot, shotSpawn.position, shotSpawn.rotation);
39         Quaternion leftShot = Quaternion.Euler(0, 10, 0);
40         Instantiate(shot, shotSpawn.position, shotSpawn.rotation * leftShot);
41         Quaternion rightShot = Quaternion.Euler(0, -10, 0);
42         Instantiate(shot, shotSpawn.position, shotSpawn.rotation * rightShot);
43         GetComponent<AudioSource>().Play ();
```

```
44        }
45 }
```

- **39~42행**: 기존 직선으로 발사되는 총탄 이외에 좌우 각각 10도의 기울기를 갖는 총탄을 새로 추가합니다. 총탄의 각도를 10도 기울일 때 유니티 게임엔진은 쿼터니언(quaternion)이라는 값을 사용합니다. 각도의 덧셈은 쿼터니언 곱셈을 사용하기 때문에 leftShot과 rightShot 값을 곱하면 원하는 각도가 생성됩니다.

쿼터니언이란?

쿼터니언(quaternion)이란 사원수라는 개념으로 1차원 값을 나타내는 실수, 2차원의 값을 표현할 수 있는 복소수의 상위 개념입니다. 3차원을 표현하기 위한 수의 체계라고 생각 할 수 있습니다. 벡터와는 다른 개념으로 사원수는 3차원을 표시하기 위해 4개의 실수를 사용하는 점이 다릅니다.

쿼터니언은 복잡한 수의 개념으로 여기서는 자세하기 다루지는 않습니다. 단지 각도의 변화를 다루기에 적합한 개념으로 생각하면 좋습니다. 게임엔진에서는 연산 속도의 이유로 쿼터니언을 회전값에 대응하여 사용하는 경우가 많습니다.

쿼터니언을 사용할 때에는 우리가 일반적으로 사용하는 X, Y, Z의 3차원 각도(오일러 각도)를 이용해서 쿼터니언으로 변환해서 사용하는 것이 일반적인 방법입니다.

오일러 각도를 쿼터니언으로 변환하기 위해서는 Quaternion.Euler 함수를 사용합니다.

```
예: Quaternion angleQ = Quaternion.Euler(0, -10, 0);
```

반대로 쿼터니언 값을 오일러 각도로 변환할 수 있습니다.

```
예: Vector3 angle = angleQ.eulerAngles;
```

빠른 액션과 순발력이 필요한 슈팅 게임을 만들어봅시다.

다양한 탄환의 궤적을 프로그래밍하는 방법을 배웠습니다. 주인공 우주선의 움직임을 확인하기 위해 Done_Player 오브젝트를 분석하고, 사용된 컴포넌트를 살펴봅니다. 장애물과 적의 처리 방법을 게임 Scene과 소스코드를 분석하여 확인합니다. 배경화면은 우주를 배경으로 반짝이는 효과와 함께 스크롤되는 기능을 구현합니다. 적 우주선은 좌우 이동을 통해 회피 기동을 수행하며, 주인공 우주선과 상호작용하여 파괴할 수 있습니다. 총탄의 구현은 주인공 우주선과 적 우주선이 쏘는 총알을 생성하여 처리합니다. 주인공 우주선의 공격력을 증가시키기 위해 3방향 총탄을 사용할 수 있습니다.

학습 포인트

- 주인공 우주선의 조작 방법
- 적의 발생 및 게임을 컨트롤 하는 게임 컨트롤러
- 자연스러운 적의 움직임 만들기
- 쿼터니언을 이용한 각도의 계산
- 기존 방법을 개량하여 새로운 공격 패턴 만들기

Chapter 16

기초 과정 이후에 알아야 할
중급 과정

초급 과정에서 다루지 못한 프로그래밍의 기술에 대해 알아보겠습니다. 중급 과정에서 필요한 지식에 대해 알아봅니다.

이 장의 핵심

- 유니티 게임엔진의 좀 더 복잡한 기능에 대해 알아봅시다.
- 사용자 데이터를 저장하고 관리하는 백엔드(backend) 서버의
  개념에 대해 배웁니다.

에셋 스토어를 이용해 학습용 예제 실행하기

유니티를 공부하는 가장 좋은 방법의 하나는 예제를 따라 실습해보는 것입니다. 예제는 유니티 공식 홈페이지를 통해 찾을 수 있으며 유튜브에도 예제가 많습니다. 아래의 URL을 이용하여 자신의 능력에 맞는 각종 예제를 찾을 수 있습니다. 아래 그림은 유니티 공식 학습 사이트이며 Unity Enssential과 Junior Programmer 항목에서 많은 개념을 습득할 수 있습니다.

▲ 유니티 학습 공식 홈페이지(learn.unity.com)

타일을 이용한 맵 에디터의 사용

플랫포머와 같은 2D 게임 또는 2D RPG 등을 만들 때 사용하면 편리한 기능이 있습니다. 유니티에 기본 제공되는 타일 맵 에디터(Tile Map Editor)를 사용하면 타일화된 스테이지를 쉽게 구성할 수 있습니다. 타일 맵 에디터를 사용하면 간격이 일정한 스프라이트의 배치가 원활하게 되어 작업 효율이 높아집니다.

타일맵 에디터는 2D 패키지에 포함되어 있으며 Package Manager에서 사용하도록 세팅할 수 있습니다.

유니티 6에서 Universal 2D 템플릿을 이용하여 프로젝트를 생성한 경우, 패키지 매니저에서 2D Tilemap Editor가 설치 되어있으며 Unlock 하는 것만으로 사용할 수 있게 세팅됩니다.

▲ 유니티 타일 맵 정보(docs.unity3d.com/Manual/class-Tilemap.html)

텍스처 패커 사용하기

6~7장에서 설명한 스프라이트 시트를 간단하게 만드는 방법을 소개합니다. 일반적으로 스프라이트 시트는 포토샵과 같은 이미지 편집 툴을 이용해 관리해야 하지만 각각의 스프라이트 모아 하나의 스프라이트 시트로 정렬시켜주는 유틸리티를 사용하기도 합니다. 여기서 소개하는 텍스처 패커(Texture Packer) 유틸리티는 유료로 제공되고 있지만 강력한 기능을 제공하기 때문에 사용하면 게임 개발의 생산성을 높일 수 있습니다.

스프라이트 시트를 이용하면 다음과 같은 장점이 있습니다. 일단 하나의 텍스처를 이용하여 많은 스프라이트를 한 번에 렌더링 할 수 있어 렌더링 속도를 향상시켜 줍니다. 또한 스프라이트 자체가 가지는 여백을 공유할 수 있어 저장 용량이 많이 줄어들게 됩니다. 특히 하드웨어 압축을 지원할 수 있어 게임 자체의 용량을 많이 줄일 수 있습니다.

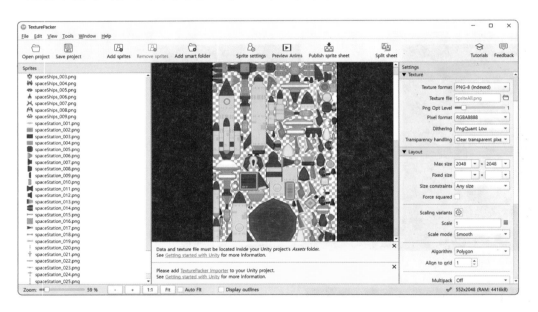

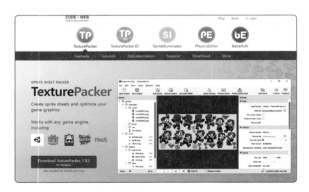

▲ Texture Packer 홈페이지(www.codeandweb.com/texturepacker)

스파인 2D 사용하기

스켈레톤을 이용하는 2D 애니메이션의 경우 유니티가 제공하는 공식적인 방법보다 편리한 방법이 존재합니다. 스파인 2D(Spine 2D)는 유료 소프트웨어로 2D 게임에 특화된 솔루션입니다. 유니티에서도 간단하게 스파인 2D에서 작업된 내용을 불러와 사용할 수 있습니다. 평가판을 사용해보고 마음에 드는 경우 구매하여 사용할 수 있습니다.

▲ Spine2D 홈페이지(esotericsoftware.com)

스파인 툴은 도프시트를 이용한 스켈레톤 애니메이션, 스킨의 지정, IK를 이용한 애니메이션, 메시의 자유 변형 등을 지원하는 강력한 툴입니다.

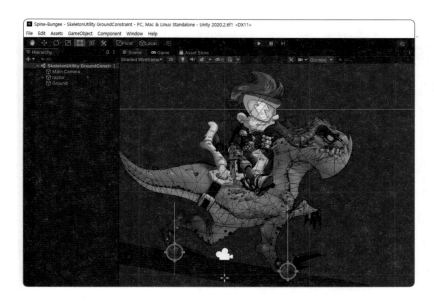

스파인 툴은 일정 기간 무료로 사용할 수 있습니다. 다만 계속 사용하려면 유료로 구매해야 합니다. 유니티 샘플은 스파인 공식 홈페이지에서 무료로 받아서 테스트해볼 수 있습니다.

홈페이지에서 Spine-unity라는 unity package를 다운로드한 뒤 프로젝트에서 custom package import를 이용하여 해당 패키지를 불러오면 됩니다.

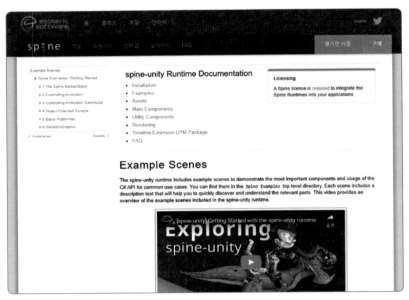

▲ 유니티 데모 다운로드 웹페이지 (en.esotericsoftware.com/spine-unity-download)

디바이스 빌드(데스크탑, 안드로이드, iOS)

유니티의 강점 중 하나는 다양한 디바이스에 잘 대응한다는 것입니다. 기본적인 개발 작업은 PC 또는 Mac에서 에디터를 이용해 이루어집니다. 그 후 모바일 기기에서 테스트를 진행하는 것이 매우 간단합니다. 특히 안드로이드는 아주 간단한 설정과 연결만으로 자신이 사용하는 디바이스에서 동작을 확인해 볼 수 있습니다.

디바이스 빌드는 에디터에서 작동하는 것을 확인한 게임을 디바이스에서 유니티 없이 단독으로 실행시킬 때 하는 작업입니다. 즉 빌드가 된 형태의 게임은 유니티 에디터 없이 작동할 수 있고 앱 스토어에 올리거나 스팀에 올려 판매할 수 있는 형태가 됩니다.

TIP 가장 간단한 디바이스 빌드는 Windows 또는 MacOS와 같은 데스크탑 빌드입니다.

Clock3D 예제를 이용하여 디바이스 앱 빌딩을 실습해 봅시다. 디바이스 빌드를 위해서는 먼저 상단 메뉴 [File] → [Build Settings]를 선택합니다.

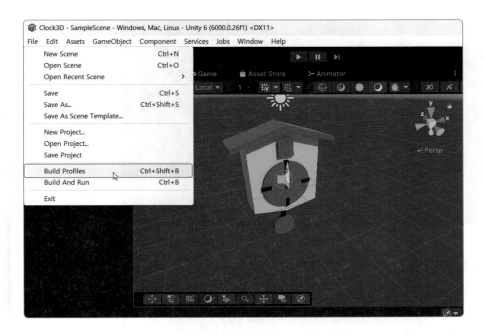

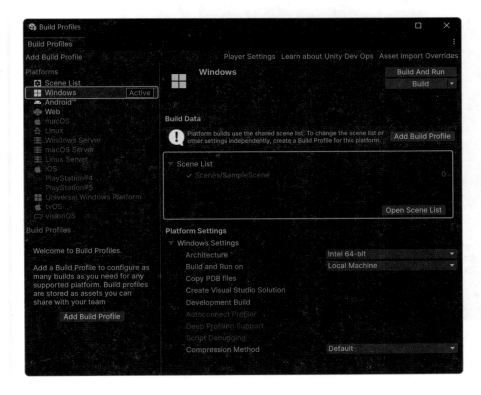

Scene List에는 최소한 1개 이상의 Scene이 포함되어야 합니다. 유니티 6에서는 자동으로 현재의 scene을 포함합니다. 아래 그림을 참조하여 Scene List 목록을 확인합니다.

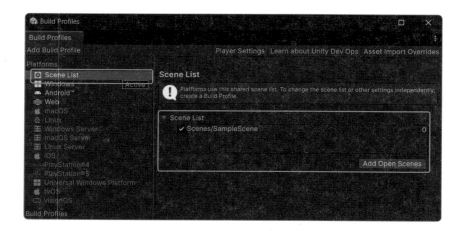

화면 하단의 [Build] 버튼을 클릭해 빌드가 저장될 위치를 지정합니다. 빌드를 저장할 위치는 프로젝트 내부의 bin 폴더를 새로 만들어 사용합니다.

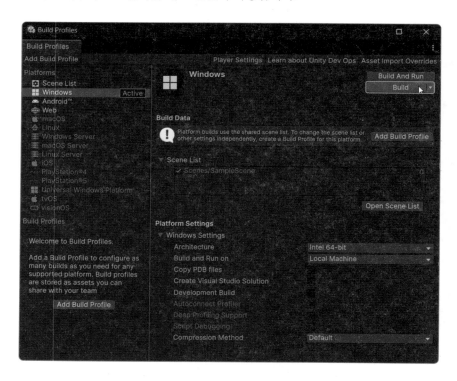

Bin 폴더를 선택한 뒤 [폴더 선택]을 클릭하면 빌드가 진행됩니다.

이제 모든 빌드가 끝나면 프로젝트의 bin 폴더를 열어보면 새롭게 빌드된 애플리케이션이 존재합니다. 이 애플리케이션은 별도의 실행 파일이므로 유니티 없이 친구에게 보내거나, 작업 결과물인 포트폴리오로 사용할 수 있습니다.

여기서 프로젝트의 이름과 동일한 Clock3D.exe라는 실행 파일을 실행하면 에디터와 동일한 작동을 하는 별도의 애플리케이션으로 만들어 졌음을 알 수 있습니다.

인 앱 결제

인 앱 결제(In-App-purchase)는 초보자에게 약간 어려운 내용이 될 수 있습니다. 따라서 중급 이상의 실력을 갖춘 개발자가 시도해보는 것을 추천합니다.

안드로이드 또는 iOS의 경우 앱의 명칭과 ID를 등록해 놓은 다음 앱이 제공하는 여러 가지 판매 용품을 등록할 수 있습니다. 이러한 작업을 위해서는 공식 개발자 등록을 마쳐야 합니다.

개발자가 판매할 수 있는 용품의 종류는 한 번 결제하여 지속 사용이 가능한 비소모성 아이템과 사용을 할 때마다 사라지는 소모성 아이템으로 나눌 수 있습니다. 만일 다양한 용도로 사용되는 게임 머니를 구매한 것이라면 소모성 아이템에 해당하며 반대로 특정 스테이지를 구매한 것이라면 1회 구매로 영구히 사용할 수 있다고 생각할 수 있습니다.

데이터를 로컬에 저장하기

게임의 진행 정도를 저장하는 것은 매우 중요합니다. 진행된 내용을 저장하는 방법은 서버를 이용하는 방법과 로컬에 저장하는 두 가지 방법을 생각해 볼 수 있습니다. 일반적으로 서버를 이용하는 방법은 초급자를 상대로 설명하기 어렵습니다. 따라서 로컬 디바이스에 저장하는 방법을 알아보겠습니다.

PlayPrefs를 이용한 저장

유니티에서 정보를 저장하는 가장 간단한 방법은 PlayPrefs를 이용하여 진행한 내용을 저장하는 방법이 있습니다. 여기서는 제 15장에서 사용한 슈팅 게임에 최고 점수를 넣는 방법을 생각해 보겠습니다.

> **TIP** 예제에 필요한 소스 파일은 BestScore.cs이며 다음 깃허브 주소의 https://github.com/proonan29/
> LearnUnity01/tree/main/Rev01/Ch16/Scripts에 있습니다. 다운로드한 뒤 탐색기로 Scripts 폴더에
> 복사합니다.

BestScore.cs라는 스크립트를 작성합니다. 스크립트의 내용은 다음과 같습니다.

```
01  using System.Collections;
02  using System.Collections.Generic;
03  using UnityEngine;
04  using UnityEngine.UI;
05
06  public class BestScore : MonoBehaviour
```

```
07 {
08     public Text bestScoreText;
09     public int bestScore = 0;
10
11     // Start is called before the first frame update
12     void Start()
13     {
14         bestScore = PlayerPrefs.GetInt("BestScore");
15         ShowBest();
16     }
17
18     // Update is called once per frame
19     void Update()
20     {
21
22     }
23
24     void ShowBest()
25     {
26         bestScoreText.text = "Best Score: " + bestScore.ToString();
27     }
28
29     public void SetBestScore(int score)
30     {
31         if (bestScore < score)
32         {
33             bestScore = score;
34             ShowBest();
35         }
36     }
37
38     public void SaveBestScore()
39     {
40         PlayerPrefs.SetInt("BestScore", bestScore);
41     }
42 }
```

그다음 Best Score를 표시할 수 있는 UI Text를 Canvas에 추가합니다. Canvas 오브젝트 아래에 마우스 오른쪽 버튼을 눌러 [UI] [Legacy] [Text]를 추가합니다. 오브젝트의 이름을 Hi Score로 변경합니다. 아래와 같이 오브젝트의 세팅을 바꾸어 화면에 잘 보이도록 합니다.

BestScore 스크립트를 GameController 오브젝트에 추가합니다. BestScore의 Text항목에
High Score Text 오브젝트를 드래그하여 연결시켜 줍니다.

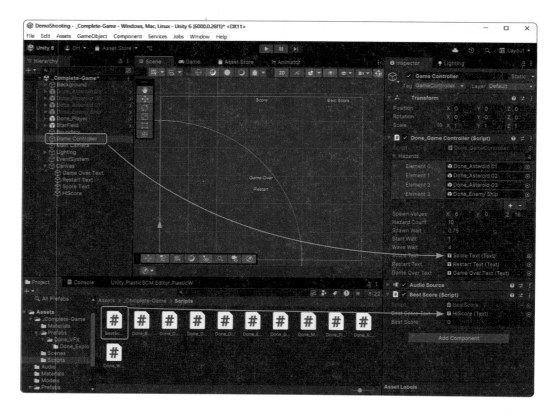

마지막으로 기존의 Done_GameController.cs를 수정하여 최고 점수가 저장되게 합니다. 수정된 Done_PlayerController.cs 내용입니다.

Done_GameController.cs

```
01  using UnityEngine;
02  using UnityEngine.SceneManagement;
03  using System.Collections;
04  using UnityEngine.UI;
05
06  public class Done_GameController : MonoBehaviour
07  {
08      public GameObject[] hazards;
09      public Vector3 spawnValues;
10      public int hazardCount;
11      public float spawnWait;
12      public float startWait;
13      public float waveWait;
14
15      public Text scoreText;
16      public Text restartText;
17      public Text gameOverText;
18
19      private bool gameOver;
20      private bool restart;
21      private int score;
22      private BestScore best;        // 추가
23
24      void Start()
25      {
26          gameOver = false;
27          restart = false;
28          restartText.text = "";
29          gameOverText.text = "";
30          score = 0;
31
32          best = GetComponent<BestScore>();        // 추가
33
34          UpdateScore();
35          StartCoroutine(SpawnWaves());
36      }
```

```csharp
37
38      void Update()
39      {
40          if (restart)
41          {
42              if (Input.GetKeyDown(KeyCode.R))
43              {
44                  SceneManager.LoadScene(SceneManager.GetActiveScene().
    buildIndex);
45              }
46          }
47      }
48
49      IEnumerator SpawnWaves()
50      {
51          yield return new WaitForSeconds(startWait);
52          while (true)
53          {
54              for (int i = 0; i < hazardCount; i++)
55              {
56                  GameObject hazard = hazards[Random.Range(0, hazards.Length)];
57                  Vector3 spawnPosition = new Vector3(Random.Range(-spawnValues.
    x, spawnValues.x), spawnValues.y, spawnValues.z);
58                  Quaternion spawnRotation = Quaternion.identity;
59                  Instantiate(hazard, spawnPosition, spawnRotation);
60                  yield return new WaitForSeconds(spawnWait);
61              }
62              yield return new WaitForSeconds(waveWait);
63
64              if (gameOver)
65              {
66                  restartText.text = "Press 'R' for Restart";
67                  restart = true;
68                  break;
69              }
70          }
71      }
72
73      public void AddScore(int newScoreValue)
```

```
74      {
75          score += newScoreValue;
76          UpdateScore();
77      }
78
79      void UpdateScore()
80      {
81          scoreText.text = "Score: " + score;
82          best.SetBestScore(score); // 추가
83      }
84
85      public void GameOver()
86      {
87          gameOverText.text = "Game Over!";
88          gameOver = true;
89          best.SaveBestScore(); // 추가
90      }
91 }
```

이전 소스코드와 바뀐 부분은 최고 점수를 유지하고 저장하기 위한 로직이며 BestScore 클래스를 이용하도록 몇 가지가 새롭게 추가되었습니다. '추가'라고 표시된 주석을 보면 쉽게 찾을 수 있습니다.

TIP 예제에 필요한 소스 파일은 Done_GameController.cs이며 https://github.com/proonan29/LearnUnity01/ tree/main/Rev01/Ch16/Scripts에 있습니다. 다운로드한 뒤 탐색기로 Scripts 폴더에 복사합니다.

이제 게임을 실행해보면 최고 점수가 저장되고, 새로 게임을 시작한 경우에도 이것이 유지되어 표시되는 것을 알 수 있습니다.

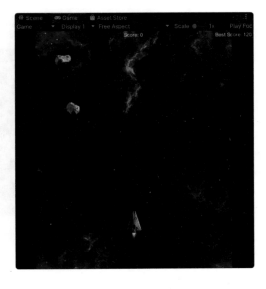

깃허브에 소스코드 저장하기

이 책에서 사용된 소스코드는 깃허브에 공개 저장되어 있어 편리하게 가져다 사용할 수 있습니다. 일반적인 게임을 만들 때 공개하지 않는 저장소를 만들어 사용하면 편리합니다.

게임 소스코드 및 프로젝트의 전반적인 내용을 저장할 필요가 있습니다. 유니티 프로젝트의 경우라면 프로젝트가 있는 폴더를 통째로 다른 디바이스나 디스크에 복사하면 됩니다. 그러나 깃허브과 같은 소스 컨트롤 유틸리티를 사용하여 온으로 저장해 두면 협력 작업 및 다른 디바이스로 쉽게 이전할 수 있습니다. 깃허브에 가입하면 무료로 저장 공간을 확보할 수 있습니다.

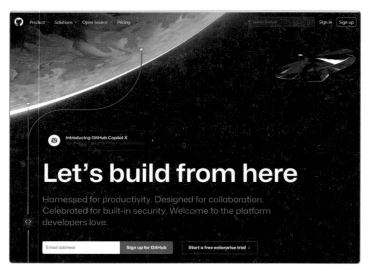

▲ 깃허브 홈페이지(github.com)

서버로 소스를 올리기 위해서는 깃허브 데스크탑과 같은 프로그램을 설치하여 이용하면 편리합니다.

▲ 깃허브 데스크탑의 홈페이지(desktop.github.com)

깃허브의 사용 방법은 이 책에서 다루는 내용 범위는 아닙니다. 다만 향후 유니티를 이용하여 게임을 개발하게 되면 많이 사용하게 되는 소스관리 방법이므로 잘 알아두는 것이 좋습니다.

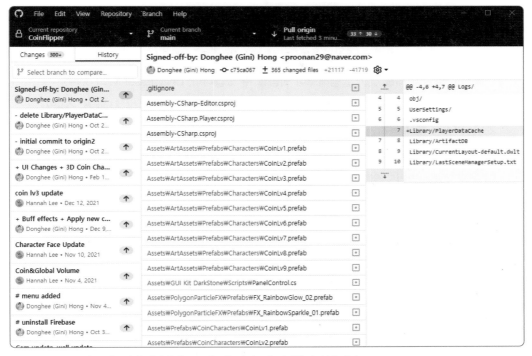

▲ 깃허브 데스크탑을 이용하면 편리하게 프로젝트를 깃허브에 저장할 수 있습니다.

초급 과정을 마치고 중급 개발자로 성장하기 위해 필요한 내용을 간략하게 소개합니다. 유니티 공부에는 예제를 실습하는 것이 가장 좋습니다. 유니티 공식 홈페이지와 유튜브에서 다양한 예제를 찾아 실행해보며 학습할 수 있습니다. Unity Essential과 Junior Programmer 항목에서도 개념을 익힐 수 있습니다. 타일 맵 에디터, 텍스처 패커, 스파인 2D 등의 도구를 사용하면 게임 개발을 편리하게 할 수 있습니다. 또한 다양한 디바이스에 게임을 빌드하여 테스트하고 배포할 수 있습니다. 인 앱 결제 방법과 로컬에 게임 진행 상태를 저장하는 방법도 알아보았습니다. 또한 깃허브를 사용하여 소스 코드를 저장하고 협력 작업에 활용할 수 있습니다.

학습 포인트

- 에셋 스토어를 이용한 학습용 예제의 실행
- 타일을 사용한 타일맵 에디터
- 텍스처 패커의 사용
- 스파인 툴의 사용
- 디바이스 빌드
- 인 앱 결제
- 데이터의 저장
- 깃허브를 이용한 소스코드의 관리

이상으로 초보 유니티 개발자가 되고 싶은 사람들을 위한 게임 개발 강의를 마쳤습니다.

이 책에서 설명한 내용은 초심자를 위한 설명으로, 특히 새롭게 개편된 유니티 6를 바탕으로 에디터를 다루는 법과 중요한 기본 개념 및 작동 방법을 배웠습니다. 이제 위에서 설명한 내용을 가지고 조금 더 진보된 자신만의 게임을 차근차근 만들어보도록 합시다.

아직 상용 게임에 근접하는 작업을 할 수는 없을지 모릅니다. 그러나 기초를 잘 알아두면, 이 책에서 소개된 예제보다 복잡한 게임도 충분히 개발할 수 있다고 생각합니다. 앞으로 발간될 중급편에서는 좀 더 다양한 예제와 프로그래밍 기법 그리고 발전된 게임제작 기술을 소개하려고 합니다. 많은 기대와 성원 바랍니다.

천리길도 한걸음 부터라는 것을 명심하세요. 게임제작의 즐겁고도 신기한 세계에 오신 여러분의 앞날에 행운이 함께하길 바랍니다.

감사합니다.

게임 개발자가 알려주는
유니티 게임 제작 입문 개정판

개정판 1쇄 인쇄 2025년 02월 15일
개정판 1쇄 발행 2025년 02월 20일

지은이 : 홍동희 | 펴낸이 : 이동섭

책임편집 : 송정환 | 본문 디자인 : 강민철 | 표지 디자인 : Nu:n
기획편집 : 이민규, 박소진 | 영업·마케팅 : 조정훈, 김려홍
e-BOOK : 홍인표, 최정수, 서찬웅, 김은혜, 정희철 | 관리 : 이윤미

㈜에이케이커뮤니케이션즈
등록 1996년 7월 9일(제302-1996-00026호)
주소 : 08513 서울특별시 금천구 디지털로 178, 1805호
TEL : 02-702-7963~5 FAX : 0303-3440-2024
홈페이지 : http://www.amusementkorea.co.kr
원고투고 : tugo@amusementkorea.co.kr

ISBN 979-11-274-2168-7 (13000)